名校名师通识教育

新形态系列教材

第2版

名校名师

沟通与写作

语言表达与沟通技能

王用源 / 编著

人民邮电出版社

北 京

图书在版编目（CIP）数据

沟通与写作 ：语言表达与沟通技能 / 王用源编著.
2 版. -- 北京 ：人民邮电出版社，2025. --（名校名师
通识教育新形态系列教材）. -- ISBN 978-7-115-66525
-6

Ⅰ. C912.11；H152.3

中国国家版本馆 CIP 数据核字第 2025TH6700 号

内 容 提 要

本书是将传统纸质教材与数字化教学资源融为一体的新形态教材，主要讲解大学生在不同场合中的沟通形式和沟通技能，从语言表达与沟通概述、自我认知与沟通素养讲起，进而介绍日常交际与沟通、命题演讲、即兴发言、成果展示、汇报工作、组织会议、保研与考研面试、求职面试及职场沟通中的语言表达技能等。

本书可作为高等院校通识教育类语言表达与沟通等课程的教材，也可作为普通读者自学和训练语言表达技能的参考书。

◆ 编　　著　王用源

　责任编辑　任书征

　责任印制　陈　犇

◆ 人民邮电出版社出版发行　　北京市丰台区成寿寺路 11 号

　邮编　100164　电子邮件　315@ptpress.com.cn

　网址　https://www.ptpress.com.cn

　涿州市京南印刷厂印刷

◆ 开本：787×1092　1/16

　印张：13　　　　　　　　　　2025 年 7 月第 2 版

　字数：281 千字　　　　　　　2025 年 7 月河北第 1 次印刷

定价：54.00 元

读者服务热线：(010)81055256　印装质量热线：(010)81055316
反盗版热线：(010)81055315

第2版修订说明

语言表达能力包括口语表达能力和书面语表达能力，本书旨在提高学生的口语表达能力。不少院校将本书选作教材或参考用书，经过教学实践，部分任课教师提出了一些很好的修订意见，借此改版的机会，我对原书做了一些修订和补充。

一、提升沟通能力，提高综合素质

2024年，习近平总书记在全国教育大会上强调，加大国家通用语言文字推广力度，促进铸牢中华民族共同体意识。国家通用语言文字作为社会交流的基础工具，其规范使用和熟练掌握对于提升个人的语言表达能力至关重要。良好的语言表达能力不仅体现在能准确、流畅地运用国家通用语言文字进行交流，还体现在能深入理解并恰当运用它进行思想表达和情感传递。

同时，国家通用语言文字的推广和规范使用，也有助于促进文化认同和社会融合，进一步提升全民的语言表达能力和文化素养。通过学习沟通知识，学生可以提高综合素质，增强自己的社会责任感和人际交往能力。通过师生共同学习和讨论，学生可以更加深入地理解社会主义核心价值观，增强对国家和民族的认同感和归属感。

二、增加课堂训练，优化学习效果

针对不同的沟通场景和沟通任务，本书补充了适量的课堂训练题目，并设置了相应的"训练解说"。学生可思考课堂训练题目，并参照"训练解说"的内容进行模拟练习。任课教师可根据不同专业的人才培养需求，有针对性地开展课堂训练，或根据专业特点补充一定量的课堂训练题目，指导学生在实操中提升语言表达能力。课堂训练题目也可用于课堂讨论，任课教师可参照"训练解说"的内容和"知识串讲"的内容对学生的发言进行点评。

三、鼓励使用AI，拓展应用场景

本书设置了"拓展训练"，供学生思考、练习，鼓励学生利用人工智能（Artificial Intelligence，AI）辅助学习。学生可利用AI大模型生成相关训练题目的答案，并对AI大模型提供的解决方案进行辨析，拓展课程的广度和深度，优化学习效果。任课教师可使用AI工具辅助教学，开拓备课的思路，将信息技术与教育教学深度融合，持续改进教学方式，根据不同的沟通场景，引导学生提升使用AI大模型的能力。

四、增删相关内容，补充教学安排

此次修订增删了原书部分内容。本书第1版中的部分内容表述不够严谨，此次我修订了"课堂训练"和"知识串讲"的相关内容，增删了部分案例，力求做到逻辑清晰、层次感强；并将原书"第八章 教学语言与教育沟通"调整为"拓展资料"，供任课教师和学生选用。

为便于任课教师安排教学进度，本书按16个教学周进行课时设计，任课教师可以根据不同专业的人才培养需求进行取舍。本书的课时安排建议如表1所示。

表1 本书课时安排建议

周 次	章节内容	课时
第1周	第一章 语言表达与沟通概述 第一节 沟通概说 第二节 语言沟通（上）	2
第2周	第一章 语言表达与沟通概述 第二节 语言沟通（下） 第三节 非语言沟通	2
第3周	第二章 自我认知与沟通素养 第一节 语音的自我感知 第二节 沟通的心理准备	2
第4周	第二章 自我认知与沟通素养 第三节 体态语言的训练	2
第5周	第三章 日常交际与沟通方法 第一节 相互介绍 第二节 有效交谈（上）	2
第6周	第三章 日常交际与沟通方法 第二节 有效交谈（下） 第三节 电话沟通	2
第7周	第四章 个人展示与沟通方式 第一节 命题演讲	2
第8周	第四章 个人展示与沟通方式 命题演讲课堂集中展示	2
第9周	第四章 个人展示与沟通方式 第二节 即兴发言	2

续表

周　次	章节内容	课时
第10周	第四章　个人展示与沟通方式 第三节　成果展示	2
第11周	第五章　集体交流与沟通效果 第一节　汇报工作 第二节　组织会议（上）	2
第12周	第五章　集体交流与沟通效果 第二节　组织会议（下） 第三节　达成共识	2
第13周	第六章　保研、考研与求职面试 第一节　保研和考研面试 第二节　求职面试（上）	2
第14周	第六章　保研、考研与求职面试 第二节　求职面试（下）	2
第15周	第七章　职场语言与管理沟通 第一节　职场单向表达	2
第16周	第七章　职场语言与管理沟通 第二节　职场多向沟通 总复习	2

　　人民邮电出版社的工作人员征集了部分院校任课教师对本书的意见和建议，选修此课程的部分学生也对相关内容提出了改进意见。在此，我对人民邮电出版社工作人员、相关教师和学生表示衷心的感谢。恐本人学识、阅历有限，书中难免有不足之处，欢迎广大读者继续批评指正！

王用源

2025 年 5 月

第2版修订说明

第1版前言

党的二十大报告指出："教育、科技、人才是全面建设社会主义现代化国家的基础性、战略性支撑。"高等学校肩负着人才培养的重要使命，要培养造就大批德才兼备的高素质人才。党的二十大报告提出要"发展素质教育"，而语言表达与沟通技能类通识教育是落实素质教育的重要途径之一。

"人才是第一资源。"我们要坚持为党育人、为国育才，深入实施"人才强国战略"。随着市场经济体制的不断深化，社会对人才培养提出了更高的要求，高等学校也在对人才培养目标进行调整，以适应社会需求。语言表达能力是一个人综合素质的体现之一，已成为核心的职业能力。本书旨在提高学生的口语沟通能力。下面就如何使用好本书，从学生需求、教改经验、教学方法、教学资源等方面进行介绍。

一、瞄准学生需求，讲求学以致用

学生在大学生涯的不同阶段需要完成各种沟通任务，这也是许多学生成长成才的必经之路。大学期间，学生融入一个新集体，需要用语言展示，如做自我介绍、竞选学生干部等；参加各类学生活动，需要用语言展示，如参加新生风采展示大赛、新生辩论赛、新生演讲比赛、学生主持人大赛等；取得各方面的成绩时，需要用语言展示，如进行评奖评优展示、寒暑假社会实践成果展示等；从事科研工作，需要用语言展示，如参加课外科技项目申报、科技项目中期考核和结项汇报等；毕业之际，如参加保研、考研、求职面试及毕业论文答辩等，也都需要通过语言去展示。升学后，研究生要与导师经常沟通，参加学术活动、做学术报告等；步入职场，员工要与领导沟通、与同事沟通、与下属沟通等，这也需要用语言去展示，还得追求高质量的沟通艺术。本书结合学生和初入职场人士的现实需求，讲解各种情形下的沟通方式与沟通技能，讲求学以致用，帮助学生掌握良好的语言表达技能。

二、推广教改经验，设置教学专题

2012年以来，我在天津大学面向中文系汉语言文学专业本科生和辅修学位的学生开设了"语言交际艺术"和"语言表达技能培养"课程。2013年，我面向作为"国家试点学院"的天津大学精密仪器与光电子工程学院的工程科学实验班开设了"中文沟通与写作"课程。2015年，我面向天津大学机械工程、建筑工程、英语、动画等专业的学生开设了"语言沟通"类课程，这些专业分别属于工科类、文科类和艺术类。不同类型的专业对沟通的教学需求是不同的，或者说侧重点有所不同。在编写此类课程的教学用书时，如何满足普适性需求，就成了我思考的重点和需要攻克的难点。

为增强对不同专业的适用性，本书采用了模块化形式，各章的内容相对独立。本书先对语言表达与沟通进行概述。因为沟通的心理准备和体态语的运用是贯穿所有沟通方式的，所以本书将第二章设置为自我认知与沟通素养，然后分别从日常交际与沟通方法，个人展示与沟通方式，集体交流与沟通效果，保研、考研与求职面试，职场语言与管理沟通，以及教学语言与教育沟通等方面进行讲解，内容安排的顺序与大学生活的各个阶段大致对应，有利于学生循序渐进地提高沟通技能，也便于学生在大学的不同阶段实践。

三、改革教学方法，加强课堂训练

语言沟通的知识是"死"的，只有通过训练才能"活"起来。在编排上，本书为了便于教师教学和学生学习，专门设置了"课堂训练"环节，另外将其置于"知识串讲"之前，也是为了凸显其重要性。本书将日常学习和生活中常见的沟通问题设置为课堂训练题目，意在采用问题导入的方式引发学生思考。教师在课堂教学时，可以先练后讲，肯定课堂训练中学生表现优秀的方面，指出学生的待改进之处，将沟通知识融入对学生的点评之中，从而达到理论联系实际的效果，这样更有利于学生将沟通知识转化为沟通能力。

在有限的课时内，针对设计哪些内容、哪些模块、哪些训练题目才有助于学生尽快提升语言沟通能力，并且为以后步入职场奠定基础，本书进行了一定的探索与尝试。任课教师可选用本书的课堂训练题目或根据专业需求自行设计练习题进行课堂训练。课堂训练是训练学生沟通心理素质的重要环节。我多年的教学经验证明，任课教师在讲授这类课程时，一定要让学生在讲台上进行练习。光说不练是"假把式"，要提升语言表达和沟通能力，唯有不断实践方能奏效。

四、分享教学资源，敬请匡谬补缺

书的厚度是有限的，但电子资源的拓展可以是无限的。基于学生成长的现实需求和未来职场的沟通需求，本书虽设计了8章内容，但难以涵盖大学生活的方方面面，因此根据教学实践情况，本书将丰富的教学内容以电子资源的形式进行持续性拓展。读者可登录人邮教育社区（www.ryjiaoyu.com）下载本书的相关电子资源，具体包括配套PPT课件、教学大纲、教学参考资料和一些关于沟通的经验之谈等，相关资源将持续更新。

在编写过程中，本书引用了一些网站和微信公众号发布的材料，在此我向在本书中直接引用和参考的、已注明和未注明的教材、专著、文章、案例的作者致以诚挚的谢意！另外，本书虽结合了本人近年来开设的"中文沟通与写作""语言交际艺术"等课程中的一点体会，但囿于学识阅历浅薄，书中难免有不足之处，恳请读者匡正。

王用源

2025 年 5 月修订

目　录

目 录

03

07

第一章
语言表达与沟通概述

　　语言表达能力包括口语表达能力和书面语表达能力，是一个人综合素质和能力的体现。提高语言表达能力，能使人与人之间、人与社会之间达成思想上的一致和感情上的畅通，能实现人际间更好的沟通，从而提高学习效率、工作效率，助力事业发展。

第一节　沟通概说

● 学习目标

1. 了解沟通的含义及其重要性。
2. 理解沟通的类型和构成要素。
3. 明确沟通训练的目的和作用。

● 课堂训练

1. 无语练胆训练。

教师请两位同学轮流走上讲台，然后微笑着扫视台下所有同学，不讲话，让视线笼罩全场，使台下每位同学都感到自己在被关注着；台下的同学微笑着看着台上同学的面部，时间为20秒或直到台上的同学不感到十分紧张为止。

训练解说

这是一个克服紧张情绪的实训。紧张是人体在精神和肉体两方面对外界事物反应的加强，是人在没有自信的时候很容易出现的一种情绪，并且突发性的紧张会带来一种恐惧感。

教师点名后，同学起身，大大方方、稳步走向讲台。同学从讲台一侧上台，不要低头，将目光投向讲台另一侧的同学，边走边移动视线，走到讲台中央后，站定。身体不要离讲台太近或倚靠讲台，应与讲台保持10~15厘米的距离，站在这个位置有利于控场，也有利于在讲话时做一些手势而不至于触碰讲台。站定后，同学保持微笑，目光从左到右或从右到左扫视全场，相当于跟在场的每一个人打照面。这一系列动作就是上台发言之前的准备，然后台上同学面向台下一侧同学说"各位同学"，再面向另一侧同学说"大家好！下面……"，当众发言就此展开。

2. 模拟竞选训练。

大一新生入学教育期间，小王所在的班级将组织班委竞选活动，有意竞选的同学需向班主任（辅导员）报名，并择时进行全班公开竞选演讲。上大学了，小王特别想在大学期间锻炼自己的综合素质，有意竞选班长，想在为同学服务的同时，提升自己的管理、组织和协调能力。如果你是小王，你将如何与班主任沟通，并表达自己竞选班长的想法？

训练解说

小王要与班主任沟通并表达自己竞选班长的想法，需要做好多方面的沟通准备。比如，了解班主任的日程，确定与班主任沟通的途径，准备谈话内容，在沟通前调整好心态；设计好有礼貌的开场，向班主任表达自己的竞选意愿，阐述竞选动机，初步展示自己的竞选优势，对未来班级工作提出设想并表达决心；在沟通互动环节询问班主任意见，争取得到支持与指导，最后表达感谢。可见，要做好沟通，需要综合考虑沟通的对象、时间、内容、目的、途径、效果等。

⚑ 知识串讲

一、语言表达能力

表达之"表"是把思想感情等显露出来；表达之"达"有通达、畅通之意，是将意思清楚地呈现出来。表达，就是将思想、情感、想法、观点和意图等用语言、文字、图形、表情、动作等形式呈现出来的一种行为。

表达能力，是指一个人把自己的思想、情感、想法、观点和意图等，用语言、文字、图形、表情、动作等清晰明确地表达出来，并能够让他人理解、体会或掌握的能力。根据表达时所使用的工具，表达能力可分为语言表达能力、数字表达能力、图示表达能力、体态语表达能力等。

语言表达能力包括口语表达能力和书面语表达能力，是指通过口语和书面语进行表情达意时运用字、词、句、段、篇、章的能力，是学好专业、成就事业的利器。语言表达能力是一个人综合素质和能力的体现，已成为核心的职业能力，因此，学生语言表达能力的培养也逐渐受到高等学校的重视。对学生来说，如果缺乏书面语表达能力，会导致自己不会写或写不好读书笔记、实验报告、汇报材料、毕业论文等，甚至会影响自己今后的事业和前途。

一个人不善言辞是非常不利的。在求职过程中，大学毕业生首先需要展示的才能就是语言表达能力，或者说需要用语言表达能力去展示其他方面的能力。撰写求职简历体现的是书面语表达能力，参加面试体现的则是口语表达能力。求职简历是获得面试机会的敲门砖，少则几分钟、多则几十分钟的面试，是你展示个人能力和才华的重要途径。面试时，用人单位向你抛出的第一个问题可能就是："为什么要来我们单位应聘？说说你的想法和情况。"虽有才华但不善表达，无论如何用人单位都会认为这是你的一个缺陷。

提高语言表达能力的目的就是使人与人之间、人与社会之间达成思想的一致、感情的通畅，实现更好的沟通，从而提高学习效率、工作效率，助力事业发展。完成好大学各个阶段的沟通"任务"，有意识地加以训练，你的语言表达能力将与日俱增。

二、沟通的含义和类型

"沟通"和"交际"的意义基本相当。《现代汉语词典》（第7版）对"交际"的解释是"人与人之间往来接触；社交"。"交际"一词在英文中的对译词通常被认为是"communication"，而"communication"又可译为"交往、沟通、交流、传播"等。"交际"分为成功的交际和不成功的交际。"沟通"原指"开沟而使两水相通"，后泛指"使两方能通连"。人际交往中的沟通一般指成功的沟通，"沟而不通"通常不被认为是严格意义上的沟通。可以说，交际的重点在于行为和行动，沟通则更强调结果和效果。**沟通**，就是指人与人之间、人与群体之间思想与感情的传递和反馈过程，以求达成思想的一致、感情的通畅的结果。

沟通的类型很多，从不同角度可以将沟通分成不同的类型：按沟通的正式程度，可分为正式沟通与非正式沟通；按沟通的方向，可分为上行沟通、平行沟通和下行沟通；按沟通过程是否需要第三方加入，可分为直接沟通和间接沟通；按沟通的信息反馈情况，可分为单向沟通和双向沟通；按沟通主体的不同，可分为人际沟通、群体沟通、团队沟通、组织沟通和跨文化沟通等类型。

沟通时的媒介很多，语言、文字、旗语、信号灯、电报代码、音乐、舞蹈、体态语等，都是人们沟通的媒介。沟通可分为语言沟通和非语言沟通，其中语言沟通是人类特有的一种非常有效的沟通方式。

三、沟通的构成要素

沟通的构成要素主要包括沟通者、信息、目的、环境和工具。

沟通者，是这5个要素中最主要的要素。沟通者既是沟通活动的开展者，又是沟通目的、沟通环境、沟通工具的选择者。沟通环境各不相同，沟通工具各式各样，沟通者往往会根据不同的沟通目的选择不同的沟通环境和沟通工具。

信息，即沟通的内容。沟通就是传达信息、交换信息的过程。人们会产生交际冲动，是因为需要传达信息；没有需要沟通的内容，人们也就不会产生交际冲动。人们往往根据不同的信息选择不同的交际方式。

目的，即沟通的意图。沟通的目的是建立良好的关系、收集相关信息以及实现相应目标。沟通的目的在沟通过程中起着至关重要的作用，它决定了沟通的方向和内容，也是评估沟通效果的重要标准。

环境，是沟通者所处的地点、时间、场合的总括。环境影响着人们沟通的欲望，也影响着人们对沟通方式的选择。一般来说，良好的环境有助于沟通的开展，恶劣的环境则阻碍沟通的开展，但环境的好和坏是相对的。

工具，即传递信息的载体。交流内容的传达需要经过一定的渠道，采用一定的工具。这些工具包括语言工具和非语言工具，也包括沟通方式、选择的语言、某些实物等，如文字、图形、音响、灯光等在一定的条件下能起到传递信息的作用。不同的工具可以传达不同的信息。在日常沟通中，人们往往不会单独使用一种工具，而是将几种工具结合起来使用，如可将有声语言、表情语言、肢体语言等一并使用，使这几种语言互为补充。

四、沟通的作用

良好的沟通能力是高级人才必不可少的技能，各类学校也越来越重视对学生沟通能力的培养，培养沟通能力成为大学素质教育的重要环节，对于人才培养具有重要的作用。

（1）提高个人竞争力。在全球化和信息化快速发展的今天，良好的沟通能力是衡量人才的一个重要标准。有效的沟通理念和良好的沟通能力已成为人们工作和生活中必不可少的条件。通过提升沟通能力，学生能够更好地展示自己的品质和才能，增强就业竞争力。

（2）增强团队合作能力。在现代社会，团队合作已成为完成复杂任务的关键。合作学习等方式可以培养学生的协作能力和团队意识，这对于他们未来的职业生涯发展至关重要。

（3）促进社会和谐发展。沟通能力的培养不仅影响个人的发展，也会影响全社会的和谐程度。学生作为国家公民的重要组成部分，其沟通能力直接关系到社会的稳定与进步。

（4）提升创新创业能力。沟通能力的培养是提升学生创新创业能力的基本保证。在创新创业过程中，有效的沟通能够帮助学生更好地理解市场需求，协调团队内部关系，以及与外部合作伙伴建立良好的合作关系。

（5）适应多元文化环境。随着国际交流的增加，跨文化沟通能力变得越来越重要。培养学生的沟通能力，尤其是跨文化沟通能力，有助于他们在未来的国际环境中更好地发挥作用。

五、沟通训练及教学要求

语言表达能力可以通过训练获得并日臻完美。一个人可以经过专门训练、日常锻炼来获得较强的语言表达能力，这甚至可以弥补其在其他能力方面的不足。

作为一门通识教育类课程，语言表达能力的训练应以实用为主、"解渴"为要。从教的角度看，教师应做到教学目标明确、内容准确、方法得当；从学的角度看，学生应积极主动、理解透彻、能够运用所学知识提升沟通能力。下面对本课程的训练内容、"教"与"学"的相关要求进行简要说明。

（一）训练心理素质

要与他人实现良好的沟通交流，就需要具备良好的心理素质，特别是面对公众讲话时，更需要具备较强的心理素质。训练心理素质，就是锻炼自己在大庭广众之下，无论面对什么情况，都能大胆、从容、自信地表达自己的思想的能力。同时，在沟通过程中，懂得察言观色，洞察听者的心理反应，能使沟通交流更有针对性，沟通效果会更好。因此，本课程注重培养心理素质，特别是培养自信心，将课堂讲台设计为公众演说的"舞台"，通过课堂发言、演讲、排练、互评等形式，培养学生的"舞台"自信心。

（二）训练倾听能力

沟通是双向的交流。善言者一定善听，只善言而不善听，往往给人以无礼的印象。沟通双方只有在沟通中互相倾听，才能清楚地了解对方的沟通目的，在不损害自身利益的前提下提供对方期待得到的东西，从而才会实现共赢。课堂训练中，同学们应尽全力相互配合，参与点评活动，以实现取长补短、携手共进的教学效果。

（三）训练普通话

普通话以北京语音为标准音，以北方话为基础方言，以典范的现代白话文著作作为语法规范。《中华人民共和国宪法》第十九条规定："国家推广全国通用的普通话。"《中华人民共和国国家通用语言文字法》更明确了普通话"国家通用语言"的法定地位。练习普通话，要掌握基本的现代汉语语音、词汇和语法知识，掌握正确的发音和发声技巧。来自方言区的学生要力争通过训练将普通话讲得较为准确、流利。

（四）训练思维能力

沟通不仅讲究能说会道，还讲究能言善思。要想拥有良好的语言表达能力，沟通者要思维敏捷、清晰，有时候讲话还需要具有一定的深度。平时生活中，有些人能侃侃而谈、滔滔不绝，然而一旦上台发言、公开演讲，因为紧张心理、舞台压力等，就会变得面红耳赤、语无伦次。因此，课堂训练应有意识地在紧张的状态下培养学生的思维能力。

（五）训练优雅体态

语言沟通是通过有声语言实现的，但是人际沟通不单是有声语言交流，常常还需要其他体态语言来辅助交流。在公众交流中，沟通者需要遵循一定的体态要求，讲究形象、体现气质，在"舞台"上讲究"台风"，做到举止优雅。因此，在课堂训练中，学生要有意识地培养发言时的体态语言修养，做到体态自然得体、落落大方。

（六）训练演讲能力

从广义上来说，在生活中，任何当众讲话都可视为演讲。无论是命题演讲还是即兴发言，都要面对观众发表自己的意见。演讲是沟通中的单向形式，是一种独白体。要达到理想的效果，演讲应以讲为主，以演为辅。演讲者要与观众在思想和情感上进行互动。因此，学生应通过课堂即兴发言训练，锻炼演讲技巧、互动能力，同时培养语言表达的综合能力。

此外，沟通训练还应包括交谈能力训练、诵读能力训练、辩论能力训练等，本书难以涵盖沟通交际的所有方面，因此在"沟通能力"的选择上有所取舍。在训练沟通能力的同时，我们还必须注重学习文化知识，培养和锻炼创新思维能力、组织能力以及其他能力，了解和掌握一般的礼仪知识。就这门课程来说，任课教师要当好"导演"，学生要做好"演员"，在任课教师的引导下积极参与课堂训练和课后拓展训练，在沟通方面努力实现从"敢说"到"能说"再到"会说"的转变。

🔄 拓展训练

1. 如果你有意竞选班长，请拟写一份竞选演讲稿，并在课后进行试讲排练。
2. 你认为怎样才能在沟通交流中体现尊重原则？
3. 请谈谈你对加强语言表达能力培养的认识。
4. 请谈谈你对加强工科学生人文素质教育的认识。

第二节　语言沟通

● 学习目标

1. 了解口语沟通和书面语沟通的区别。
2. 能够区分不同语体的特点，并能正确使用各种语体。

● 课堂训练

1．与项目指导教师沟通时，你会选择哪种沟通方式?

假如你是一名大二的学生，正在参加一项国家大学生创新创业训练项目，项目快接受中期审查了，指导教师让你尽快汇报研究进展和下一步的研究计划，你会选择面谈、打电话、发微信、发短信还是发电子邮件向指导教师进行汇报?

2．如何向论文导师当面请教?

小王写好了一篇论文，想请导师指导一下，提一些修改意见。小王给导师发送了一封电子邮件，但两天过去了，一直没有得到回复。小王改用微信联系导师，导师也没有及时回复，但他又不敢打电话直接联系导师，一直在纠结。过了半天，导师回复微信说："下午4点到我办公室面谈吧。"小王想："我该怎么当面向导师请教呢?"

3．与客户沟通时，你会选择哪种沟通方式?

小王在某公司进行暑期实习，部门经理递给他一份近期购买公司新产品的客户联系清单，要他在一周之内联系完清单上的20位客户，调查一下客户对公司新产品的满意度和相关建议，并形成书面材料。小王心想，我与这些客户素不相识，该怎么联系他们呀?

◆◆ 训练解说

在日常生活、学习和工作中，不同人可能会选择不同的沟通方式。可能不少人会选择微信、短信或电子邮件等可以用文字沟通的方式，回避面谈或打电话等沟通方式。当一个人对自己的表达能力缺乏自信时，相对于语言沟通，他更愿意使用文字进行交流。因为文字可以反复修改、斟酌之后再发送，而语言沟通需要一步到位。

1. 电话沟通与文字沟通的压力比较

（1）即时性与准备时间

电话沟通通常需要即时反应，沟通者没有太多时间去思考或组织自己的语言。这种即时性可能增加沟通者的紧张感和压力，特别是在讨论的主题复杂或敏感的情况下。

文字沟通为沟通者提供了更多的时间来思考和编辑信息，从而减少了即时反应的压力，使沟通者可以花更多时间考虑如何更好地表达自己的想法，减少误解发生的可能性。

（2）情感负担与个人空间

电话沟通的时间短，效率高，但可能会让一些人感到更大的社交压力，尤其是内向或社交焦虑的人。电话沟通的即时性要求人们快速反应，这可能会让人们感觉更暴露。

文字沟通则可以提供一种缓冲机制，允许人们在回复之前有时间处理自己的情绪。这种延迟可以减少直接面对冲突时的压力，使人们能更冷静、更理性地表达自己的观点。

（3）记录与追溯

电话沟通时，除非录音，否则很难有确切的记录来追溯对话内容。这种低追溯性可能在某些情况下造成记忆上的差异，增加后续处理的困难和压力。

文字沟通时，所有的交流都有文字记录，可以随时追溯检查。这不仅有助于澄清疑问或误解，还可减少因记忆差异而产生的压力。

（4）沟通效率与清晰度

电话沟通对于处理紧急情况或快速解决问题非常有效。直接的语言交流可以迅速交换信息，减少误解的风险。

文字沟通虽然在处理复杂或敏感信息时更准确，但对于来回发送的邮件或消息，双方可能需要更多时间来达成共识，这在紧急情况下可能不够高效。

2. 对不同的人采用不同的沟通方式

与客户打交道的过程伴随着一次次的信息传递和交换，在这个过程中，常用的沟通方式有打电话、面谈、发微信消息、发短信、发电子邮件等，如何才能提高与客户沟通的效率呢？

在不同年代，不同的人之间可以采用不同的沟通方式。现今，年轻人喜欢用微信来沟通，而以前的人可能倾向于使用电话沟通。在平时与客户的接触中，你可以有意识地与客户建立微信联系，方便日后联系。

如今人们一般不会特意选择占用双方时间进行电话沟通，但是通过微信沟通，人们常常无法传达自己的真实意图，而且也无法准确揣摩对方的意图，这就会造成很多理解偏差。所以，当遇到比较重要的事情或没有对方微信时，还是应当打电话。当然，如果能够当面进行交流，最好还是面谈。如果利用电话沟通，要学会换位思考。在打电话之前应思考"这个时间打电话是否会影响对方""这件事情真的有打电话的必要吗"等问题。

在日常生活中，常见的问题就是无法辨别什么时候该打电话，什么时候该发微信消息。如果事情不是很紧急，但想通过电话联系，我们可以先给对方发一条微信消息，大致说一下事情，然后结尾附上一句"我可以给您打个电话吗"进行询问。这样做的好处是双方可以事先整理好自己的思路，电话沟通时就会更加顺利、流畅，不容易产生误会。如果你突然打电话，对方会被你搞得措手不及，没有做好相关应答准备，可能难以准确表达自己的意图。要想引出对方的真实想法，就要灵活地运用微信和电话。如果是联系一般客户，打电话是讲解产品、调查客户意见或需求的正式方式，效果也更明显。

另外，你只能跟你的微信好友在微信上沟通。对于建立了微信联系的老客户，可利用微信增强社交黏性，让其对你有印象、有好感，这样你们之间的联系会更持久。

知识串讲

一、语言沟通概说

沟通是人们凭借一定的载体来传递和交流信息的一种社会活动。沟通的渠道和方式多种多样，就其载体来看，沟通可以分为语言沟通和非语言沟通。

语言沟通是以语言（包括口语和书面语）为媒介来传递信息、交流思想、传达感情，以求达到某种目的的社会行为。语言是人们交流感情、传递信息的约定俗成的符号系统，是人类最重要的交际工具和思维工具。人在交往时要凭借语言这一工具来表达自己的思想和情感，也要凭借语言去理解别人的思想和情感，这就是人与人之间的语言沟通。

语言符号有两种形式：一种是声音，另一种是文字。相应地，语言沟通也有两种基本形式。**一是口语沟通**，即人们依靠有声语言来进行沟通，其以听、说为外在特征，以有声语言为表现形式。电视电话、网络电话等声音载体的出现，突破了有声语言的时空限制。**二是书面语沟通**，其以文字记载为外部特征，以书面印刷的载体为表现形式。现在很多平面媒体也可以承载文字。在日常生活中，口语沟通比书面语沟通更常用、更直接，也更重要。除了运用现代电子设备进行的口语沟通，口语沟通基本上可以被看作面对面的沟通，它可以表现出语言的重音、语调、停顿、节奏和说话者个人的语音特色及说话的感染力，人们还可以利用身姿、手势、表情等体态语言来弥补口语沟通的不足或表达一些特殊的态度和情感。

书面语沟通是建立在文字的基础之上的。古埃及文字、楔形文字、古印度文字、玛雅文字、古汉字等都是世界上较早出现的文字。这些文字在不同的文化和地理区域独立发展起来，反映了早期人类对于记录和传达信息的需求。书面语沟通是对口语沟通的补充和延伸。可见，口语是第一性的，书面语是第二性的。

二、口语语体

（一）口语语体和书面语体

语体与语言有着紧密的关系，人们只要运用语言进行沟通，其言语必然从属于某一种语体。所谓**语体**，就是人们运用语言进行沟通所形成的语言运用体系，是适应不同交际领域的需要而形成的语言的功能变体。没有语言运用就不可能有语体。同样，没有语体也就不可能有语言运用。口语和书面语是人们运用语言的两种不同表现形式。人们在进行语言沟通时，不仅要遵守语言规范，还要善于使用相应的语体，否则会影响沟通效果。

运用口语时，可以说以下内容。

（1）好久不见，都挺好的吧。

（2）久仰大名，幸会幸会！

运用口语时，一般不说以下内容。

（1）父亲，我回来了！

（2）久疏联系，近来可好？

如果你用书信或电子邮件联系亲朋好友，就可以用"久疏联系，近来可好？"来表示问候。可见，在语言沟通中，口语和书面语因所凭借的媒介以及所使用的场合的不同，会呈现出不同的特点，并逐渐形成不同的语体风格，即**口语语体和书面语体**。注意，口语语体和书面语体并不等同于口语和书面语。许多书面语中存在着口语的表现形式，许多口语中也存在着书面语的表现形式。例如，叙事性的文艺作品中就有大量的口语化描述，口头演讲中也经常出现书面语的内容。

（二）口语语体的种类

根据不同的场合、不同的沟通目的，可以将口语语体分为不同的类型，每种类型有其特殊的沟通形式和语言特点。根据口语语体的语言特点，可将其分为演讲语言、辩论语言、播音语言、主持语言、教师语言、谈判语言、推销语言、求职语言、领导语言、采访语言、答辩语言、朗诵语言和外交语言等。

这些不同类型的沟通语言又可根据沟通交流的主体特点分为独白体和对白体。独白体是说话者独自完成与观众的沟通和交流时所用的语言，而对白体是至少由两个及以上的说话者进行沟通与交流时所用的语言。

三、书面语体

（一）书面语沟通与书面语体

除口语沟通外，书面语沟通也是一种重要的沟通形式。书面语沟通的媒介是文字。由于媒介的性质不同，口语沟通和书面语沟通的性质和规律也有差异。口语沟通对对话时的语境的依赖性很强，并且可以借助副语言和体态语言等辅助手段来表情达意。而书面语沟通没有对话时的语境，也没有对话时的情态、体态的补充，对上下文语境的依赖性很强，省略、重复、跳跃的情况比较少。书面语的加工程度远远高于口语，而且沟通者可在写出初稿后加以修改，再正式成文。因此，进行书面语沟通时，沟通者可以字斟句酌，精心地谋篇布局和遣词造句，追求语言的准确规范和形象生动。在书面语沟通过程中，书面语体逐渐形成了。

（二）书面语体的种类

书面语体的种类很多，常见的有公文语体、科技语体、政论语体和文艺语体4种。

1. 公文语体

公文语体是党政机关、企事业单位、社会团体等采用法定公文或事务性文书来处理公务而形成的一种书面语体。

不同的公文或文书具有不同的写作要求和表达形式，因此公文语体还可细分为党政公文语体、事务文书语体、经济文书语体、法律文书语体、外交文书语体和商务文书语体等。公文语体有以下语言特点：具有固定的程式和规范的格式；不同文种有其固定的习惯用语；用词准确、精当，词语含义单一，不能产生歧义。

2. 科技语体

科技语体是一种专门性的实用语体，它是为满足科学技术领域特定的交际目的、内容、任务的需要而形成的，具体表现为由与科技领域相适应的词汇、语法、辞格以及符号、图表、公式等非语言符号所共同组成的表达体系。

科技语体用于专著、科学论文、科学报告、科技教材、实验报告、技术标准以及读书笔记等中。科技语体的语言特点表现为：用词准确，注重选词的专业性；表达严谨，注重表意的单一性；重视非语言符号的使用，注重表达的科学性。

3. 政论语体

政论语体是论述社会政治生活中的各种现实问题，阐明某种政治主张和社会生活准则的语言体式，如报刊社论。其语言表达以科学论证的逻辑性、说理性与艺术描绘的形象性、情感性相交织为特征；用词上多采用社会政治词汇，并综合运用其他词汇。

政论语体可分为论证体、评论体、宣言体和决议体等。**政论语体的语言特点**表现为：用语准确有力，观点鲜明；论述逻辑严密，说服力强；表达鲜明生动，感染力强。

4. 文艺语体

文艺语体是一种具有突出艺术特征的语言体式，又称文学语体。文艺语体主要借助形象思维，通过语言描绘形象向读者揭示作品所蕴含的思想；其他几种语体则主要借助逻辑思维，直接用语言向读者传递信息、说明道理。

文艺语体的种类有散文体、韵文体和戏剧体等。散文体是指散文等使用的语体，在语言材料和修辞手法的选择上几乎不受什么限制，讲求句子连贯流畅，句式错落有致，辞格不拘一格。韵文体是指诗歌、词曲等使用的语体，其语言富有音乐美。戏剧体是指话剧、歌剧和地方戏等使用的语体，戏剧体的语言特点是个性化、口语化和富有动作性。总的来说，文艺语体重视各种修辞手法的运用，追求语言的艺术美。

拓展训练

1. 下面所示片段选自鲁迅的《孔乙己》，请分析其中蕴含的语体信息和交际效果。

孔乙己是站着喝酒而穿长衫的唯一的人。他身材很高大；青白脸色，皱纹间时常夹些伤痕；一部乱蓬蓬的花白的胡子。穿的虽然是长衫，可是又脏又破，似乎十多年没有补，也没有洗。他对人说话，总是满口之乎者也，教人半懂不懂的。因为他姓孔，别人便从描红纸上的"上大人孔乙己"这半懂不懂的话里，替他取下一个绰号，叫作孔乙己。孔乙己一到店，所有喝酒的人便都看着他笑，有的叫道，"孔乙己，你脸上又添上新伤疤了！"他不回答，对柜里说，"温两碗酒，要一碟茴香豆。"便排出九文大钱。他们又故意的高声嚷道，"你一定又偷了人家的东西了！"孔乙己睁大眼睛说，"你怎么这样凭空污人清白……""什么清白？我前天亲眼见你偷了何家的书，吊着打。"孔乙己便涨红了脸，额上的青筋条条绽出，争辩道，"窃书不能算偷……窃书！……读书人的事，能算偷么？"接连便是难懂的话，什么"君子固穷"，什么"者乎"之类，引得众人都哄笑起来：店内外充满了快活的空气。

2. 请阅读以下3段文字，并判断每段文字所属的语体类型（公文语体、科技语体、政论语体或文艺语体）。

（1）随着科技的不断发展，人工智能已经逐渐渗透我们生活的方方面面。从智能家居到自动驾驶汽车，从医疗诊断到金融分析，人工智能的应用领域越来越广。然而，与此同时，人工智能的应用也引发了一系列关于人工智能伦理和安全的讨论。如何确保人工智能的健康发展，如何平衡技术进步与社会伦理的关系，这些问题亟待我们深入思考和解决。

（2）亲爱的朋友们，让我们共同欢度这个美好的节日！在这辞旧迎新的时刻，让我们携手并进，共同迎接新的一年。愿大家在新的一年里，事业蒸蒸日上，家庭幸福美满，身体健健康康。让我们以更加饱满的热情和坚定的信心，迎接未来的挑战和机遇！

（3）春天来了，万物复苏。小草从泥土里探出头来，柳树抽出了嫩芽，花儿也竞相绽放。整个世界仿佛披上了一层绿色的新装，充满了生机与活力。

3. 电影《林则徐》中，林则徐召见外商，申明清政府关于严禁贩卖鸦片的命令：如有违令者，"船货交公，人即正法"。有外商问："什么叫'正法'？"一个官员答道："正法就是杀头。"请分析其中的语体差异。

第三节　非语言沟通

● 学习目标

1. 了解非语言沟通的含义、特点及其重要性。
2. 理解非语言沟通与语言沟通的关系。
3. 能够有意识地使用体态语来表达沟通意图。

● 课堂训练

1. 请谈谈你在人际沟通中注意到的非语言沟通效果有哪些。

训练解说

在人际沟通中，非语言沟通起着至关重要的作用。它不仅能够补充和强化语言信息，还能在很多情况下独立传达情感和意图。面部表情、肢体语言、声音特征、空间距离、服饰与仪表等都能传递重要的沟通信息，它们往往与语言沟通相辅相成，共同构成完整的信息传递过程。

在今后的人际沟通中，你可以注意以下方面，以提升对非语言沟通的认知，并有意识地使用非语言手段来表情达意。

（1）读懂面部表情

面部表情是情感传递的重要工具。例如，微笑可以表达友好和喜悦，皱眉则可能表示困惑或不满。通过观察对方的面部表情，你可以更直观地理解对方的情感状态。在交流过程中，面部表情可以帮助你更好地解读对方的意图。例如，当一个人在讲述一个悲伤的故事时，他的面部表情可能会显得严肃或悲伤，这有助于你更好地理解他的感受。

（2）留意肢体动作

当你与他人沟通时，有意识地关注自己的肢体动作，留意自己是有意做出相关动作的，还是无意识地做出相关动作的，你想要表达的意思与你的非语言行为是否匹配？在大多数情况下，人们凭借直觉理解他人传达的非语言信息比理解他人传达的语言信息更为准确。

（3）保持眼神接触

在平时的学习或生活中，在与同学、老师或者同事进行交谈时，你的眼神是否自然？你跟对方的眼神交流频次如何？尝试增加眼神接触时长，因为眼神交流能增加信息的可信度，从而建立信任。

（4）保持自信姿态

你的自信不仅来自语言的铿锵有力，还来自你的自信姿态。你的立姿、坐姿、步姿等姿态都在向别人传递交际信息。如果弯腰坐着，你可能是在告诉对方你缺少自信，或对对方不感兴趣。站得很直或者坐得很直，则会传达出你很有自信并对对方感兴趣的强烈信息。

（5）及时接收反馈

当你向整个团队或者一群人做演讲展示时，你要留意受众反馈给你的非语言信息。如果你的受众在降低抬头率，开始无精打采、打哈欠、看手机甚至打瞌睡，这时你需要马上做点调整，改变这种局面，让他们对你的信息感兴趣，重新吸引他们的注意。

（6）倾听自己声音

与他人沟通时，除了分音节的常规语言，说话时的其他语音形式也在传达各种各样丰富的信息。我们可以通过节奏、语气、语调、语速、音量，以及声音的停连、起伏等来表达相关信息。例如，对他人表示嘲讽或敬佩时的语气是完全不同的。

2. 组织视频观摩活动，请同学上台发言，谈谈非语言沟通在信息传递、沟通交流中的作用。

（1）选择一段小品视频，播放时关掉声音。请同学们观察演员的衣着、手势和表情等，思考能获取什么信息。（建议选择陈佩斯和朱时茂的小品《胡椒面》或《吃面条》）

（2）选择一段新闻联播视频，播放时关掉声音。请同学们观察播音员的衣着、手势和表情等，思考能从中获取什么信息。

◆◆◆ 训练解说

如果我们读不懂唇语，是不可能理解"无声"的新闻联播中的信息的。这从另一个方面说明了非语言沟通在传递信息方面的重要性。它重要到什么程度呢？据美国心理学家艾伯特·梅拉比安提出的交际效果公式：交际双方交际的信息效果=7%的文字+38%的声音+55%的表情。另据美国传播学教授杰夫里·菲尔波特的调查，人类有65%的意义成分来自非语言沟通，而只有35%的意义成分来自语言沟通。美国学者明迪·C.皮尔里认为，即使是根据最保守的看法，在某一沟通过程中，35%的社会信息是通过语言传递的，其余65%

的社会信息是由非语言手段传递的。从这3组数据来看，非语言沟通在传递信息的过程中占据着极其重要的地位。

在生活中，有些人偏向于依赖语言进行沟通，但更多的人偏向于依赖非语言手段进行沟通。实际上，非语言沟通的可信度往往要高于语言沟通的可信度，因为非语言沟通常常伴随人的情绪和情感的自然流露。

⚑ 知识串讲

一、非语言沟通的含义

非语言沟通，指的是使用除语言以外的各种符号系统，如肢体动作、副语言、空间语以及沟通环境等来传递信息，以达到沟通的目的。语言沟通和非语言沟通常常"结伴而行"，有时非语言沟通比语言沟通更能传达出人们的真实想法。

用于沟通的非语言信息是一种体态语言。**体态语言**，又叫"肢体语言""动作语言""无声语言""行为语言"等。我们把手势、身势、面部表情、眼神以及沟通者之间的空间位置关系等一系列与沟通双方的身体姿态有最直接关系的伴随语言手段，称为"体态语"。它是用表情、手势、目光等来传递信息和表达情感的辅助工具，是一种伴随语言。

正如耿二岭先生所说："体态语既不是从语言系统中剔除出来的剩余部分，也不是对语言系统的额外补充，它乃是为补偿口头语言在交际中的不足所不可缺少的行为（这种'补偿'作用，可以通过主观能动，即有意识的行为来实现，也可以通过客观被动，即无意识或下意识的行为来实现），是语言活动中具有功能的组成部分，跟每次具体语言交际都有关。"

体态语言很早就出现了，可以说，世界上有了人类，就有了体态语言。美国人类学家路易斯·亨利·摩尔根在《古代社会》（*Ancient Society*）一书中说："即使我们不说那些蒙昧人，就是在野蛮人当中，遇到他们彼此方言不同而要互相交谈的时候，仍然以手势为共同的语言。美洲土著曾发展了一种这样的语言，由此可见，要形成一种适用于普遍交谈的手势语言是可能的。根据他们使用这种语言的情况来看，这种语言使用起来既文雅，又富有表情，还能使人感到有趣。这是一种自然符号的语言，所以它具有通用语的要素。发明一种手势语言比发明一种音节语言要容易；而且，因为手势语言也要方便得多，所以我们做出假定，认为手势语言之出现早于音节分明的语言。"

二、非语言沟通的特点

相对于语言沟通来说，非语言沟通具有以下特点。

1. 无意识性

一个人的非语言行为更多的是对外界刺激的直接反应，往往是无意识的、自然的。例如，与自己不喜欢的人站在一起时，我们与其保持的距离比与自己喜欢的人站在一起时要远些；有心事时，我们会不自觉地给人忧心忡忡的感觉。

2. 情境性

与语言沟通一样，非语言沟通也需要特定的情境。情境决定非语言符号的含义，相同的非语言符号在不同的情境中会有不同的含义。例如，同样是拍桌子，"拍案而起"表示怒不可遏，"拍案叫绝"表示赞赏至极。

3. 可信性

因为语言信息受理性意识的控制，所以它容易被作假。体态语言则不同，体态语言大多发自内心深处，是无意识的，极难压抑和掩盖，所以，当某人说自己毫不畏惧，但他的手却在发抖，我们更相信他是在害怕。当语言符号与非语言符号所表达的意义不一样时，人们更相信的是非语言符号所表达的意义。

4. 社会性

语言沟通和非语言沟通都是在一定社会条件下进行的，非语言沟通会受到沟通双方年龄、性别、身份、地位、文化程度、生活环境、伦理道德、宗教信仰等社会因素的影响。

5. 个性化

一个人的体态语言，同其性格、气质是紧密相关的，爽朗敏捷的人同内向稳重的人的手势和表情肯定是有明显差异的。每个人都有自己独特的体态语言，它体现了每个人的个性特征，人们可以根据一个人的体态语言来解读他的个性。

6. 生动性

非语言行为是人们直接能感受到的，因此更能生动地表达人的思想感情。与语言沟通相比，非语言沟通更能够直接触动人们的感官和情感，从而产生更强烈的沟通效果。

7. 文化性

非语言沟通深受文化因素的影响，不同的文化背景和地域特色会赋予非语言符号不同的含义和解读方式。例如，眼神交流在某些文化中被视为尊重和诚实的表现，而在有些文化中则可能被视为不礼貌或侵犯隐私。因此，在进行跨文化沟通时，了解并尊重对方的文化背景和地域特色至关重要。

三、非语言沟通的重要性

非语言沟通作为人际沟通的重要组成部分，涉及体态语言、个人形象等多个方面，在人际沟通中发挥着重要作用。

1. 强化或补充语言信息

体态语言如手势、面部表情、眼神接触等，能够补充和强化有声语言所传达的信息，使沟通更加完整和准确。在某些情况下，体态语言甚至比有声语言本身更能传达真实的情感和意图。体态语言的这种交际功能，早在汉代就有相关论述。如《礼记·乐记·师乙篇》提到：

故歌之为言也，长言之也。说之，故言之；言之不足，故长言之；长言之不足，故嗟叹之；嗟叹之不足，故不知手之舞之、足之蹈之也。

这就是说，**有声语言和体态语言**都具有交际功能，而当有声语言在表情达意方面发挥的作用不充分时，体态语言就显得尤为重要。

2. 传递复杂情感

非语言沟通在表达复杂情感方面尤为有效。某些微妙的情绪，如尴尬、轻蔑或爱意，往往难以通过语言准确传达，而面部表情、眼神交流和身体姿态等体态语言则能更有效地传递这些情感。例如，在许多场合非语言行为要比语言更具有雄辩力，高兴的时候开怀大笑，悲伤的时候失声痛哭，认同对方的时候深深地点头，这些非语言行为都要比语言更能表达当事人的心情。

3. 反映个人特质和态度

非语言沟通方式，如着装风格、举止仪态等，能够反映出一个人的性格、价值观和文化背景。在人际沟通中，"第一印象"影响着沟通的效果。有一个心理学效应叫作"首因效应"，它是指两个素未谋面的陌生人在第一次见面时会形成关于对方的初次印象。如果初次印象是积极的，双方在后续的沟通中偏向于发掘对方具有美好意义的品质；相反，如果形成否定的心理形势，则会使双方在后续沟通中偏向于揭露对方令人厌恶的品质。例如，某电视台有一档相亲节目，其中"第一印象"环节就是男士在与女士交谈之前先选出"心动女生"，而男士做出这一选择的依据只能是女士的外貌、衣着、举止、发型、气质等外在的非语言因素。

4. 建立和维护关系

非语言沟通在人际关系中起着至关重要的作用，它有助于建立信任、亲密感和尊重。例如，通过眼神接触和温暖的微笑，人们可以迅速拉近彼此的距离，增强对彼此的友好感。相反，缺乏非语言互动或做出不恰当的非语言行为可能导致关系紧张或疏远。

5. 跨文化沟通中的桥梁

相比语言沟通，非语言沟通在跨文化沟通中往往具有普遍性。在国际交流中，如果人们因语言障碍无法交流，微笑则是促进交流迅速进行的润滑剂，微笑和点头几乎在所有文化中都被视为友善和赞同的象征。因此，非语言沟通在促进不同文化背景人群之间的理解和交流方面发挥着重要作用。

四、体态语的沟通功能

在常规的沟通交流中，体态语是一种没有声音的伴随语言，对有声语言起到配合、替代和补充的辅助作用。体态语的沟通功能主要体现在以下4个方面。

1. 辅助传递信息的功能

体态语的伴随性，决定了它具有辅助传递信息的功能。在常规沟通中，体态语一般是配合有声语言使用的，人们有时会不自觉地运用体态语来表情达意，这样可以吸引听话人的注意力。例如，教师在课堂教学的时候，不能站在一个地方一动不动地讲课，而应辅以丰富的体态语（教态），吸引学生的注意力。演讲、辩论、谈判也是如此。体态语可以用来印证有声语言，增加有声语言的可信度。例如，小孩子在保守秘密或者保证永不反悔时，就用拉钩的手势来证明各自的决心。有时，体态语不是为了印证有声语言，而是表示与有声语言相反的意思。比如男女恋人之间，女生嘴上说"讨厌"，但心里未必就"讨厌"，在这种情况下，女生往往辅以一些撒娇的动作，或者使用特殊的语气来说出"讨厌"二字，故作娇嗔。另外，体态语可辅证说话人的讲话内容。例如，一个来自平翘舌不分的方言区的人，在说"四"或"十"的时候，担心口语表达不清，就伸出4根手指，或者伸出10根手指来补充说明。

2. 单独传递信息的功能

体态语不仅可以辅助有声语言传递信息，还可以单独传递信息。体态语的这种临时独立充当交际手段的功能，称为**替代功能**。

经过人类的长期实践，非语言符号，特别是体态语已自成一体，具有一定的替代有声语言的功能。例如，哑剧演员的表情和动作、舞蹈演员的姿态动作、交通警察的指挥手势、裁判员在体育竞技场上所做的各种手势和动作等，都能独立地传递信息，起到沟通的作用。

有时，体态语甚至比有声语言传情达意更为明确、深刻，尤其在表达青年男女之间的爱恋之情方面，会更细腻、更丰富，表达效果更好。例如，对于男女之间的爱慕之情，恋人们在无以言表时，可用体态语传情，"眉目传情""暗送秋波""眉来眼去"等就是描写体态语的一些说法。又如，"老乡见老乡，两眼泪汪汪"的情感流露比千言万语更能体现老乡相见时的感情。再如，列夫·托尔斯泰在长篇小说《安娜·卡列尼娜》中有这样一段话："大人发现安娜后，朝她走过去，眼睛直勾勾地瞧着她，脸上出现甜蜜的笑容，同时像在咀嚼什么东西似的舔着自己的嘴唇……"这里综合描写了人物的步姿语、目光语、微笑语，将一个仪表堂堂但心地肮脏的"大人"刻画得惟妙惟肖，真可谓入木三分。

3. 强化有声语言的功能

体态语的强化功能表现为人们运用一些非语言手段使语言表达的内容更加鲜明、突出，这时，语言和体态语在表达的意义上应该一致，若不一致，就可能使对方困惑不解，最终导致沟通失败。例如，如果一个领导在台上讲话，说"我下面讲三点意见"，同时，比画了一个"三"的手势，这个手势就起到强化作用；如果他比画了一个"四"的手势，观众就会产生疑惑。在演讲中，富有节奏感的手势还可以增强语言表达的语势，让语言表达更有力度。

4. 调节沟通心理的功能

沟通中，有些体态语是人们有意使用的，而有些体态语则是无意识动作，也就是说，人们可以根据沟通的需要**调节**体态语，以适应沟通的需要。例如，两个人谈话时，一方用眼神和语调示意接下来该对方说话了，以此来调节他们之间目前的交际格局和相互关系。有时，沟通者运用体态语是为了调节自己紧张的情绪。人在紧张的状态下，会做出一些下意识动作，如摆弄手中的东西或两手互相捏来捏去，无意中就向对方传达出自己内心紧张的信息。例如，同学们上台发言时，因紧张就会做出一些无意识的手部动作；在求职面试时，体态语能反映应聘者的一些心理素质，这也是面试官考查的一个方面。

拓展训练

1. 请搜集并学习不同民族、不同国家的体态语，了解体态语的差异，并制作成 PPT，在课堂上分享展示。

2. 下文所示片段选自鲁迅的《故乡》，请分析其中有关少年闰土和中年闰土的体态语描写，并说明体态语在表情达意方面的重要作用。

这时候，我的脑里忽然闪出一幅神异的图画来：深蓝的天空中挂着一轮金黄的圆月，下面是海边的沙地，都种着一望无际的碧绿的西瓜，其间有一个十一二岁的少年，项带银圈，手捏一柄钢叉，向一匹猹尽力的刺去，那猹却将身一扭，反从他的胯下逃走了。

这少年便是闰土。……

…………

我于是日日盼望新年，新年到，闰土也就到了。好容易到了年末，有一日，母亲告诉我，闰土来了，我便飞跑的去看。他正在厨房里，紫色的圆脸，头戴一顶小毡帽，颈上套一个明晃晃的银项圈，这可见他的父亲十分爱他，怕他死去，所以在神佛面前许下愿心，用圈子将他套住了。他见人很怕羞，只是不怕我，没有旁人的时候，便和我说话，于是不到半日，我们便熟识了。

…………

一日是天气很冷的午后，我吃过午饭，坐着喝茶，觉得外面有人进来了，便回头去看。我看时，不由的非常出惊，慌忙站起身，迎着走去。

这来的便是闰土。虽然我一见便知道是闰土，但又不是我这记忆上的闰土了。他身材增加了一倍；先前的紫色的圆脸，已经变作灰黄，而且加上了很深的皱纹；眼睛也像他父亲一样，周围都肿得通红，这我知道，在海边种地的人，终日吹着海风，大抵是这样的。他头上是一顶破毡帽，身上只一件极薄的棉衣，浑身瑟索着；手里提着一个纸包和一支长烟管，那手也不是我所记得的红活圆实的手，却又粗又笨而且开裂，像是松树皮了。

我这时很兴奋，但不知道怎么说才好，只是说：

"阿！闰土哥，——你来了？……"

我接着便有许多话，想要连珠一般涌出：角鸡，跳鱼儿，贝壳，猹，……但又总觉得被什么挡着似的，单在脑里面回旋，吐不出口外去。

他站住了，脸上现出欢喜和凄凉的神情；动着嘴唇，却没有作声。他的态度终于恭敬起来了，分明的叫道："老爷！……"

我似乎打了一个寒噤；我就知道，我们之间已经隔了一层可悲的厚障壁了。我也说不出话。

第二章
自我认知与沟通素养

　　通过训练，我们可提高对音强、音高、音长、语调、重音、停顿等的驾驭能力；积累各类当众讲话的经验，培养良好的沟通素养，有意识地储备并使用得体的体态语言，了解并掌握一定的社交礼仪，会让我们更自信、让沟通更有效。

第一节　语音的自我感知

● 学习目标

1. 了解副语言及其沟通功能。
2. 理解音强、音高、音长在语言表达中的功能。
3. 掌握语调、重音、停顿等在语言表达中的常见技巧。

● 课堂训练

1. 练习停顿、抑扬顿挫的最好办法是朗诵诗歌和散文。朗诵时可录音，自我感知朗诵效果，然后在同学或老师面前朗诵，听取他们的反馈。

（1）朗诵徐志摩的《再别康桥》。教师提前安排两位同学进行课下练习，上课时请这两位同学依次上台展示。训练时，注意把握朗诵过程中的停连、重音、语气和节奏。

再别康桥

作者：徐志摩

轻轻的我走了，
正如我轻轻的来；
我轻轻的招手，
作别西天的云彩。

那河畔的金柳，
是夕阳中的新娘；
波光里的艳影，
在我的心头荡漾。

软泥上的青荇，
油油的在水底招摇；
在康河的柔波里，
我甘心做一条水草！

那榆荫下的一潭，
不是清泉，是天上虹；
揉碎在浮藻间，
沉淀着彩虹似的梦。

寻梦？撑一支长篙，

向青草更青处漫溯；

满载一船星辉，

在星辉斑斓里放歌。

但我不能放歌，

悄悄是别离的笙箫；

夏虫也为我沉默，

沉默是今晚的康桥！

悄悄的我走了，

正如我悄悄的来；

我挥一挥衣袖，

不带走一片云彩。

（2）朗诵王怀让的《我骄傲，我是中国人》。教师提前安排两位同学（A和B）进行课下练习。上课时请这两位同学上台展示。

我骄傲，我是中国人

作者：王怀让

（A）在无数蓝色的眼睛和褐色的眼睛之中，我有着一双宝石般的黑色眼睛，我骄傲，我是中国人！在无数白色的皮肤和黑色的皮肤之中，我有着大地般黄色的皮肤，我骄傲，我是中国人！

（B）我是中国人——黄土高原是我挺起的胸脯，黄河流水是我沸腾的热血，长城是我扬起的手臂，泰山是我站立的脚跟。我骄傲，我是中国人。

（A）我是中国人——我的祖先最早走出森林，我的祖先最早开始耕耘，我是指南针、印刷术的后裔，我是圆周率、地动仪的子孙。在我的民族中，不光有史册上万古不朽的孔夫子、司马迁、李自成、孙中山，还有那文学史上万古不朽的花木兰、林黛玉、孙悟空、鲁智深。我骄傲，我是中国人！

（B）我是中国人——在我的国土上，不光有雷电轰击不倒的长白雪山、黄山劲松，还有那风雨不灭的井冈传统、延安精神！

（A）我是中国人——我那黄河一样粗犷的声音，不光响在联合国的大厦里，大声发表着中国的议论，也响在奥林匹克的赛场上，大声高喊着"中国得分"！当掌声把五星红旗送上蓝天，我骄傲，我是中国人！

（B）我是中国人——我那长城一样的巨大手臂，不仅把采油钻杆钻进外国人预言打不出石油的地心；也把通信卫星送上祖先们梦里也没有到过的白云；当五大洲倾听东方的时候，我骄傲，我是中国人！

（合）我是中国人——我是莫高窟壁画的传人，让那翩翩欲飞的壁画与我们同往。我就是飞天，飞天就是我。我骄傲，我是中国人！

❖❖ 训练解说

互联网上有很多经典作品的朗诵音视频，可供参考。

在朗诵时，不是语速快就一定好！有些时候，我们需要有意将语速降下来，这就需要把握好停顿。例如，段与段之间需要停顿，句与句之间以及重要的句子需要停顿。如何掌握语速的快慢呢？就内容来说，表现深思、非常失望、过于哀痛的内容要用慢速；交代情节、插叙故事、引用证词等，要用中速；抒发激情、鼓舞志气、号召行动、抨击责问等，要用快速。就句式来说，陈述句、被动句、松弛句，要用慢速；反问句、感叹句、紧张句，要用快速。

2．请朗读下面文字，测试自己的朗读语速。

早在几千年前，我们的祖先就创造了文字。可那时候还没有纸，要记录一件事情，就用刀把文字刻在龟甲和兽骨上，或者把文字铸刻在青铜器上。后来，人们又把文字写在竹片和木片上。这些竹片、木片用绳子穿起来，就成了一册书。但是，这种书很笨重，阅读、携带、保存都很不方便。古时候用"学富五车"形容一个人学问高，是因为书多的时候需要用车来拉。再后来，有了蚕丝织成的帛，就可以在帛上写字了。帛比竹片、木片轻便，但是价钱太贵，只有少数人能用，不能普及。

❖❖ 训练解说

上面这段文字共214个字符，朗读用时50~60秒，语速则适中。对于大多数非专业的朗读者，每分钟朗读200~250字是比较合理的。这个语速既不会太快，导致听众难以跟上；也不会太慢，使听众感到乏味。

朗读与朗诵在语言表达形式上存在显著的区别。

在声音要求方面，朗读更注重字音标准，力求发出接近生活、自然和本色的声音；朗诵对声音的要求更为风格化、情感化甚至戏剧化，以增强艺术感染力。

在肢体语言方面，朗读者通常可以坐着或站着，其主要任务是传情达意，肢体语言相对简单；朗诵者通常处于站立状态，以脱稿或半脱稿形式，通过形体、手势、表情和眼神的和谐统一来加强表达。

在适用范围方面，朗读适用范围广泛，常用于学校教育和日常阅读；朗诵适用范围相对较小，多见于语言艺术表演和朗诵会等场合。

在教育作用方面，朗读侧重于知识教育和理解，是学校常见的教学形式；朗诵主要用于审美欣赏和精神享受，强调审美教育。

知识串讲

语音是声音的一种，是人在说话时发出的声音。语音是语言的物质外壳，是语言的外部形式，是最直接地记录人的思维活动的符号体系。它是人类通过发音器官发出来的、具有一定意义的、用来进行社会交际的声音。语音的物理基础主要有音高、音强、音长、音色（音质），这也是构成语音的四要素。

从发音的角度讲，人类的交际活动主要分为有声语言交际和无声语言交际两类。有声语言主要包括常规语言和副语言。无声语言主要包括表情、眼神、姿势、动作等体态语言。本节主要介绍有声语言中的副语言。

一、副语言及其沟通功能

1. 能表达特定意义的副语言

常规语言是指我们平时交谈时运用的分音节语言，副语言是有声音而没有固定语义的语言。狭义的副语言指的是超音段音位学中的韵律特征（语调、重音等）、突发性特征（笑声、哭泣声等）以及次要发音等有声形式。这些特征可以表明说话人的态度、社会地位及其他意义。

副语言可分为辅助语言和类语言。辅助语言包括音质、音强、音高、音长、语调、语速、停顿、沉默等。类语言包括笑声、哭声、呻吟声、叹息声、咳嗽声、口哨声等。前者往往与常规语言同时出现，表现为常规语言的表达方式。后者可以单独使用，在具体的语境中有相对独立的语义。

常规语言与副语言的区别在于：首先，常规语言是分音节的语言，而副语言的语音形式，如重音、语调、笑声、咳嗽声等都不是正常的分音节语言；其次，常规语言绝大多数有较为确定的语义，而副语言本身没有固定的语义，只有在具体的语境中才能表达特定的意义。正因为副语言表意的不确定性，所以在交际过程中适当地运用副语言能产生特殊的表达效果。

2. 副语言的沟通功能

副语言主要有以下几个方面的沟通功能。

（1）强调功能。副语言可以借助重音、停顿或语速、语调的变化等形式强调所要表达的内容。

（2）替代功能。在交际过程中，副语言有时能直接替代常规语言并产生特别的表达效果。例如，当甲问乙："你家儿子考上大学没有？"乙发出一声叹息，就等于回答了甲："没有考上，别提了。"

（3）暗示功能。副语言在特定场合具有特定的含义，常用作一种"声音暗示"。例如，咳嗽声可以表示默契、暗中提醒，打哈欠可以表示厌烦，打喷嚏可以表示嗤之以鼻，笑声可以表示蔑视，等等。

（4）否定功能。同样的语句因说话者的语调、语气或重音的不同，可能会表达截然不同的语义。例如，"你来得真早呀！"既可以是直接肯定对方来得确实早，也可以是对对方迟到的讽刺。这句话的否定意义就是通过加重"真"字的发音，放慢语速，并辅以讽刺的语气来表达的。

二、副语言的运用

（一）辅助语言训练

1. 练气、练声、练字

音质也叫音色，指声音的特色，是一种声音与其他声音相互区别的根本标志。每个人都有独一无二的音质，我们可以根据声音判别其人。一个人的声音是否浑厚、是否有磁性、是否悦耳动听，都将对沟通效果产生一定的影响。男性的声音宜充满阳刚之气，女性的声音宜体现阴柔之美。

经常说话的人可以进行发声训练，其目的在于调整气息，改善音质，扩展音域，调节音响，丰富音色。发声训练包括练气、练声、练字。练气时，人需要掌握正确的呼吸方法，一般采用胸腹联合式呼吸法。人各有声，嗓音各异，但嗓音可以通过严格的训练变得优美动听，如专业的主持人就要进行练声。练字，就是练习说好每一个字，做到字正腔圆。

2. 音强、音高、音长、语调的控制训练

音强是声音的大小，也称为音量，它与发音体振动幅度的大小有关。音高是声音的高低，它决定于发音体振动的快慢。音长是声音的长短，它决定于发音体振动时间的久暂。

音量的大小能反映说话者的性别、年龄、性格，也能传递说话者的情绪和态度。在沟通中，我们应结合沟通环境对自己的音量进行控制。例如，根据距离、场合、观众人数等情况调整音量，如果有话筒，就需根据话筒的扩音效果进行调整，确定你和话筒的最佳距离。

一般来说，成年男子声带长而厚，所以声音低；成年女子声带短而薄，所以声音高。老人往往声音低，小孩往往声音高，这也是同一道理。我们可以通过控制声带的松紧来调节音高，让我们的声音动听、悦耳。

说话者为了强调某些特定的信息或让自己的表意更明确，往往可将某些字音故意拖长。因此，音长在沟通交流中具有交际功能。

语调是指语句中声音高低升降的变化，也叫句调。语调是指说话者为了表达意思和感情而表现出来的抑扬顿挫的语句调子。在普通话中，语调有升调、平调、降调和曲折调4种，其中升调和降调最常用。升调多用于疑问句、反诘句，或者表示紧张、愤怒、号召、警告等感情的句子。降调多用于感叹句、祈使句，或者表示自信、赞扬、祝愿、沉痛、悲愤等感情的句子。平调多用于叙述、说明，或者表示思索、冷淡、追忆等感情的句子。曲折调多用于表示讥讽、嘲笑、夸张、双关、诧异等感情的句子。

3. 语速和节奏的控制训练

语速，即语言速度，是指个体在言语表达过程中单位时间内所发出的音节或词汇的数量。它是衡量语言流利度、信息传递效率以及交流效果的重要指标之一。语速在沟通交流中的作

用在于说话者可以利用语速来调整感情，更好地表情达意。

语速的快慢取决于多方面的因素，如说话者自身声音的特质、说话者试图营造的氛围、听者的构成，以及说话的场合等。表达紧张、焦急、慌乱、热烈、欢畅等心情时语速要快，表达沉重、悲痛、缅怀、悼念、失望等心情时语速要慢。在急剧变化发展的场面语速要快，在平静、严肃的场面语速要慢。在辩论、急呼时语速要快，在闲谈、絮语时语速要慢。在进行抨击、斥责、控诉时语速要快，在进行陈述、说明、追忆时语速要慢。

一般来说，将语速控制在200～250字/分钟有利于说话者进行表达，也有利于听者理解。说话者要顾及听者的感受，说得太快，听者跟不上说话者的思路；说得太慢，听者会觉得无聊乏味。如果是讲课、演讲，可适当放慢语速，给听者留点思考、理解的时间。

节奏主要是指语言表达上的快慢、抑扬顿挫、轻重虚实等各种循环交替的语音形式。没有起伏、平淡乏味的声音是说话者没有激情的体现，也会使表达的内容索然无味。因此，在沟通中，我们应根据实际情况调节语速、音量、音高等，形成合适的节奏，从而更有效地传递所要表达的思想和情感。

4．各类停顿的控制训练

停顿是指朗读或说话过程中声音的断和连。我们说话时，既不能一字一停、断断续续地进行，也不能字字相连，一口气念到底。无论是说话者还是听者，无论是为了满足生理要求还是心理要求，语言表达中的停顿都是必不可少的；它既是显示语法结构的需要，更是明晰表达语义、传达感情的需要。

停顿分为常规停顿和超常规停顿。常规停顿是指语法停顿、逻辑停顿（呼吸停顿）和强调停顿，这种停顿并没有产生特殊的语义；而副语言中的停顿是一种超常规停顿。有时停顿能传达特殊的信息，并产生特别的表达效果。适当的停顿可以为说话者赢得思考的时间，也可以为听者提供一定的思考、理解时间。超常规停顿还可用于引起交际中另一方的注意，主要起到警示作用。例如，教师在讲课时，学生在下面说话，教师就停下来，一旦停顿的时间过长，学生就会意识到这是一种警示，并立即停止说话。

讲话或演讲中的停顿是必不可少的。停顿的时长有长有短，段与段之间的停顿时间较长，句与句之间的停顿时间稍短，词组与词组、词与词组、词与词之间的停顿时间更短。当然这也不是绝对的。

恰当的停顿可以使讲话的内容得到清楚的表达，并使语言呈现鲜明的节奏感。戏剧理论"大师"斯坦尼斯拉夫斯基说过："顿歇本身仍然具有影响听众情绪的力量。"**停顿的作用**有3种：一是提示话题，二是呼吸换气，三是增强语言表达效果。下面是3种停顿的控制训练。

（1）**语法停顿**。语法停顿表现在书面语上就是句与句之间（包括分句间）的停顿；表现在讲话或演讲中，除了句与句之间的停顿之外，还有句中的停顿。例如下面的句子。

改革／势在必行。

话／不能这么说，道理／也不能这么讲。

这就是因话题要引起听众重视所做的主语后的停顿，又叫"话题停顿"。

（2）**呼吸停顿**。呼吸停顿是为了换气，我们在讲话时遇到长句子时，就用这种停顿来调节呼吸。当然它不是对语法停顿的破坏，而是在语法停顿的基础上所做的停顿。例如下面这段话。

　　亲爱的朋友们，/今天，我想和大家分享/一个关于呼吸的重要话题。/呼吸，/是我们生命中最基本、也最容易被忽视的动作之一。/它不仅维持着我们的生命，/还深深影响着/我们的言语表达、/情绪状态/甚至整体健康。/当我们学会/正确地呼吸，/我们就能更好地控制/我们的声音、语速和语调。/这不仅能让我们的言语/更加清晰有力，/还能增强/我们与他人沟通的效果。（《演讲学十讲》，严家栋主编）

（3）**强调停顿**。这种停顿不是为了调节呼吸，也不受语法停顿的限制，而是为了强调某个问题，或是突出某种感情。例如下面的句子。

① 只要大家团结起来，/你，/我，/他，/紧紧地拧成一股力量，/就没有克服不了的/困难。

② 他这么做/到底/有什么不对？/请大家/好好想想。

①例中的"你、我、他"一词一顿，就是为了突出和强调"大家"团结的重要性。②例在"做"与"底"之后停顿，就是为了强调他这么做可能有不对的地方；如果在"有"和"什么"之间停顿，并重读"什么"，就是为了强调他这么做没有什么不对。

5. 重音的控制训练

重音是指说话或朗读时把句子中的某些词语念得比较重的语言现象。重音所在的地方需要重读。从句子语法结构来看，有的成分需要读得重一些，有的需要读得轻一些。重音可以起到强调重点、加重语气、突出感情的作用。同一句话，由于重音的位置不同，表达的感情和含义就会不同。例如，"我去演讲"这句话，如果重音放在"我"上，意思是排除其他人，强调"我"；如果重音放在"去"上，强调不拒绝，务必去；如果重音放在"演讲"上，强调我去不是干别的事，而是去演讲。

语言学中的重音有语法重音和强调重音两种。

在不表示特殊的思想和感情的情况下，根据语法结构的特点把句子中的某些成分重读的，就称为语法重音。语法重音是根据句子的语法关系来确定的，它的位置比较固定（见加粗部分）。

谓语部分重读，如："国家**富强**，人民**幸福**。"

名词前面的定语部分重读，如："**改革**的步伐在加快。""孩子有**远大**的理想。"

动词、形容词前面的状语部分重读，如："董事长**慢慢**地走了。""谈判气氛**渐渐**地好起来了。"

补语部分重读，如："讲演稿已经写**完**了。"

疑问代词或指示代词重读，如："孩子们有**什么**不对？""**这**是正确的结论。"

当然，在实际口语交际中，为了表现某种特殊感情，可以对语句的重读做临时的处理，从而强调、突出重音或逻辑重音。强调重音的位置受说话的环境、说话人的特殊要求和表达需要所支配。强调重音的强度比语法重音要强。

强调重音是根据思想内容表达的需要和说话者的感情与心理变化而设置的。

（1）下面的例句可以分别这么处理重音（见加粗部分）。

谁昨天上北京开会去了？（他）

他**什么时候**上北京开会去了？（昨天）

他昨天上**哪儿**开会去了？（北京）

他昨天上北京**干什么**去了？（开会）

（2）下面这段演讲内容可以这样处理重音。

一切都是针对**我们**而来，而不是针对别人。英国政府如此长久地锻造出的锁链要来桎梏我们了，我们该**何以**抵抗？还要靠**辩论**吗？先生，我们已经辩论十年了，可辩论出**什么**更好的抵御措施了吗？**没有**。

强调重音如何确定呢？①应该从全篇内容和演讲主题来考虑和安排，不能只从个别句子出发。②要考虑各重音的力度差别，以上段演讲内容为例，最后的"没有"的读音应该比其他重音力度更强，因为它是总结性的断语。③处理好非重音与重音之间的过渡和渐递（逐渐地增强或减弱），不能忽高忽低，让人听起来有一种一惊一乍的不舒服的感觉。只有把这几点都做好了，才能使重音的思想性和艺术性达到完美的结合。

（二）能独立传情达意的类语言

类语言包括笑声、哭声、叹息声、咳嗽声和嘘声等。

不同的笑声往往反映出沟通者不同的心态。笑是类语言与体态语言的结合，其声音属于类语言，其笑貌属于体态语言。人类的笑多种多样，如狂笑、欢笑、嬉笑、傻笑、耻笑、奸笑、冷笑、苦笑、嘲笑、假笑等。

人类的哭也多种多样，如痛哭、号啕大哭、鬼哭狼嚎、潸然泪下等。不同的哭声隐含着沟通者不同的情绪。

叹息声是一种比较典型的情绪表现形式。当人们感到失望、压抑、无奈和困惑的时候，往往会情不自禁地发出叹息声，借以排解内心苦闷的情绪。例如，当别人向你诉说悲伤的事情时，你适时地叹息一声，这声叹息表示同情、予以安慰。当你在生活或工作中遇到不如意的情况时，别人问及你的情况，你的一声叹息也等于回答了对方。

咳嗽声有时是一种功能性声音，人们可以有意发出咳嗽声并借此传达特定的信息，起提醒、警示作用。咳嗽声还可以用来填补语言间隙，如果在说话时因一时的思维障碍导致讲话突然中断，说话人通常会咳嗽几声，从而使说话声显得连贯。

嘘声表达语义的功能是非常明显的，而且情绪化色彩很强，在公众场合用得较为普遍。嘘声常常表示否定、对抗甚至反抗等负面情绪，如足球比赛中球迷的嘘声就是一种负面情绪的表达。

拓展训练

1．请同学们课下朗读《荷塘月色》，并用录音设备记录下来，然后自己反复地听，对停顿、节奏、语气、音量、语速等进行自我评价，看看哪些地方需要调整，调整后再次进行录音并反复听，看看自己是否有所进步。

郭凯朗读
《荷塘月色》

荷塘月色

作者：朱自清

　　这几天心里颇不宁静。今晚在院子里坐着乘凉，忽然想起日日走过的荷塘，在这满月的光里，总该另有一番样子吧。月亮渐渐地升高了，墙外马路上孩子们的欢笑，已经听不见了；妻在屋里拍着闰儿，迷迷糊糊地哼着眠歌。我悄悄地披了大衫，带上门出去。

　　沿着荷塘，是一条曲折的小煤屑路。这是一条幽僻的路；白天也少人走，夜晚更加寂寞。荷塘四面，长着许多树，蓊蓊郁郁的。路的一旁，是些杨柳，和一些不知道名字的树。没有月光的晚上，这路上阴森森的，有些怕人。今晚却很好，虽然月光也还是淡淡的。

　　路上只我一个人，背着手踱着。这一片天地好像是我的；我也像超出了平常的自己，到了另一世界里。我爱热闹，也爱冷静；爱群居，也爱独处。像今晚上，一个人在这苍茫的月下，什么都可以想，什么都可以不想，便觉是个自由的人。白天里一定要做的事，一定要说的话，现在都可不理。这是独处的妙处，我且受用这无边的荷香月色好了。

　　曲曲折折的荷塘上面，弥望的是田田的叶子。叶子出水很高，像亭亭的舞女的裙。层层的叶子中间，零星地点缀着些白花，有袅娜地开着的，有羞涩地打着朵儿的；正如一粒粒的明珠，又如碧天里的星星，又如刚出浴的美人。微风过处，送来缕缕清香，仿佛远处高楼上渺茫的歌声似的。这时候叶子与花也有一丝的颤动，像闪电般，霎时传过荷塘的那边去了。叶子本是肩并肩密密地挨着，这便宛然有了一道凝碧的波痕。叶子底下是脉脉的流水，遮住了，不能见一些颜色；而叶子却更见风致了。

　　月光如流水一般，静静地泻在这一片叶子和花上。薄薄的青雾浮起在荷塘里。叶子和花仿佛在牛乳中洗过一样；又像笼着轻纱的梦。虽然是满月，天上却有一层淡淡的云，所以不能朗照；但我以为这恰是到了好处——酣眠固不可少，小睡也别有风味的。月光是隔了树照过来的，高处丛生的灌木，落下参差的斑驳的黑影，峭楞楞如鬼一般；弯弯的杨柳的稀疏的倩影，却又像是画在荷叶上。塘中的月色并不均匀；但光与影有着和谐的旋律，如梵婀玲上奏着的名曲。

　　荷塘的四面，远远近近，高高低低都是树，而杨柳最多。这些树将一片荷塘重重围住；只在小路一旁，漏着几段空隙，像是特为月光留下的。树色一例是阴阴的，乍看像一团烟雾；但杨柳的丰姿，便在烟雾里也辨得出。树梢上隐隐约约的是一带远山，只有些大意罢了。树缝里也漏着一两点路灯光，没精打采的，是渴睡人的眼。这时候最热闹的，要数树上的蝉声与水里的蛙声；但热闹是它们的，我什么也没有。

忽然想起采莲的事情来了。采莲是江南的旧俗，似乎很早就有，而六朝时为盛；从诗歌里可以约略知道。采莲的是少年的女子，她们是荡着小船，唱着艳歌去的。采莲人不用说很多，还有看采莲的人。那是一个热闹的季节，也是一个风流的季节。梁元帝《采莲赋》里说得好：

于是妖童媛女，荡舟心许；鹢首徐回，兼传羽杯；櫂将移而藻挂，船欲动而萍开。尔其纤腰束素，迁延顾步；夏始春余，叶嫩花初，恐沾裳而浅笑，畏倾船而敛裾。

可见当时嬉游的光景了。这真是有趣的事，可惜我们现在早已无福消受了。

于是又记起，《西洲曲》里的句子：

采莲南塘秋，莲花过人头；低头弄莲子，莲子清如水。

今晚若有采莲人，这儿的莲花也算得"过人头"了；只不见一些流水的影子，是不行的。这令我到底惦着江南了。——这样想着，猛一抬头，不觉已是自己的门前；轻轻地推门进去，什么声息也没有，妻已睡熟好久了。

2. 课下选择不同体裁的文学作品进行朗读，朗读过程中练习把握停连、重音、语气和节奏。建议选择现代散文、现代诗作为朗读训练材料。

第二节　沟通的心理准备

● 学习目标

1. 克服自己可能产生的羞怯心理。
2. 掌握心理调适的一般方法。
3. 增强人际沟通的自信心。

● 课堂训练

1. 请两位同学上台讲述自己在以往演讲中的心理紧张情况，并说说自己是如何克服的。然后，请同学们讨论：如何克服当众讲话的紧张情绪？

◆◇ 训练解说

沟通中的紧张情绪有利有弊，适度的紧张能让我们更加集中注意力，甚至还会让我们发挥得更好。但绝大多数的紧张是弊大于利的，它常常让我们发挥失常，错失大好机会。在掌握如何克服紧张的方法之前，先了解引发紧张的原因，这有利于我们更好地调节紧张心理。

1. 引发紧张的一些原因

（1）经验不足

引发紧张最主要的一个原因就是经验不足，或者从来就没有任何的上台经验。把握不了节奏，不会和台下听众互动，遇到突发情况不能沉着应对，这些都会引发紧张心理。

（2）过度担心自己会出错

有过上台演讲经历的人通常都有一种共同的心理，就是怕出错。如果你越是害怕出错，那你出错的可能性就会越大。这就是我们常说的越怕什么，越来什么。当怕出错成为"过度担心"，必然引发紧张的情绪。

（3）因不熟悉而缺乏自信

当我们面对不熟悉的领域和演讲内容时，常常缺乏自信。好比上学时背诵一篇课文，如果你背得很熟，就可以很流利地背出来；可是如果你背得不熟，便容易紧张，背了上句，背不出下句，越来越没有信心，最终可能背不下去了。

（4）外界压力

外界的压力常常会给我们带来心理负担，会让我们胡思乱想，瞻前顾后，怕有负众望。例如，老师、同事、领导对我们要沟通处理的一件事十分看重，给予了我们很大期望，在太在意结果的情况下，这往往会干扰到正常的思维和思绪，从而引发严重的紧张心理。

2. 克服紧张的常用方法

那如何克服紧张的心理呢？下面介绍几种常用方法，但需要去实践、去积累经验，方可奏效。

（1）放平心态，不怕出丑

我们在成长的道路上免不了出丑。调整好心态，要有"出丑未必是坏事"的认知。一个人越是害怕出丑，就越容易出丑。当我们敢于正视和直面出丑的时候，紧张心理就会减弱甚至消失。

（2）积极暗示，树立信心

自我暗示可分为积极的自我暗示和消极的自我暗示。消极的自我暗示包括不要紧张、不要出错、不要忘词等，这样消极的自我暗示更容易让我们紧张、出错、忘词。所以，我们要进行积极的自我暗示，如告诉自己要镇定、冷静，相信自己有能力做好，从而树立信心。

（3）提纲挈领，不宜死记

就算是自己写的讲话稿，我们也不一定能完全背下来。切记不要死记硬背演讲稿，这样只会加强不要忘、不要出错的暗示，导致更加紧张。我们可以通过列提纲、记要点等方式来熟悉讲话内容，这样在演讲时就可以灵活应变。

（4）调整呼吸，熟悉环境

临上场讲话之前，可以做一做深呼吸，慢慢吸气再慢慢吐气，这样可以帮助缓解紧张心理。上台前，还可以适当运动一下，这也有助于消除紧张。如果是前往不熟悉的场地，正式上台前最好先熟悉环境，上台排练一下，观察每一个角落，从而减轻紧张心理。

另外，减少"被关注"也可以缓解紧张。例如，你在做报告或演讲时，如果有PPT，讲话时可以用激光笔指示相关内容，将观众的目光从你身上转移到PPT上，这样你就不会感到不自在了。

2. 请阅读以下案例，并分析瓦伦达表演失败的原因。

瓦伦达是一个钢索表演艺术家，他以高超的高空走钢索技艺而闻名，并且他从来没有出过事故，所以当演技团有重要演出时，就决定派他上场。瓦伦达知道这一次上场的重要性：全场观众都是知名的人物，这一次的演出不仅将奠定自己在高空钢索表演界的地位，还会给演技团带来前所未有的支持和利益。因此，他从前一天开始就一直在仔细琢磨表演的过程，把每一个动作、每一个细节都想了无数次。但是，这次的演出并没有成功，瓦伦达走到钢索中间，仅仅做了两个难度并不大的动作，之后就从高空坠落身亡。

事后，有记者采访了瓦伦达的妻子，他的妻子说："我早有预感，这次可能要出事。因为他在出场前就这样不断地说，'这次太重要了，不能失败'。在以前每次成功的表演前，他只是想着走好钢索这件事本身，并不会管这件事可能带来的一切。"

瓦伦达太想成功，太专注于事情的结果，太患得患失了。如果他不去想这么多走钢索之外的事情，以他的经验和技能是不会出事的。后来，心理学家把这种为了达到一种目的总是患得患失的心态命名为"瓦伦达心态"。

◆◆◆ 训练解说 ◆◆◆

瓦伦达表演失败的原因大体可以分为如下几点。

（1）过度关注结果

瓦伦达在这次表演中过于重视演出的结果，包括自己在高空钢索表演界的地位以及给演技团带来的利益。他对结果的过度关注使他无法专注于表演本身，而是被外部的压力和期望所束缚。

（2）患得患失

瓦伦达在表演前不断提醒自己"这次太重要了，不能失败"，这种心态使他陷入了患得患失的境地。他担心失败带来的后果，这种担忧和紧张情绪影响了他的表演状态，使他无法发挥出平时的水平。

（3）缺乏专注

由于过度关注结果和患得患失，瓦伦达在表演过程中无法保持高度的专注。他无法像以往那样只想着走好钢索这一件事，而是被其他杂念所干扰。缺乏专注的状态导致他在表演中出现失误，最终从高空坠落身亡。

（4）经验和技能未能充分发挥

瓦伦达是一个著名的钢索表演艺术家，拥有高超的技能和丰富的经验。然而，在这次表演中，由于心态问题，他的经验和技能未能得到充分发挥。他无法像以往那样自如地应对表演中的各种情况，最终导致了悲剧的发生。

"瓦伦达心态"是一种负面情绪，它会增加人的心理负担，让人变得更加紧张，最终导致越想得到的东西就越得不到，越怕失去的东西就真的失去了。现实生活中，无论做任何事情，如果太看重它的结果，这件事情就往往做不好。而如果没有成败的忧虑，人往往会变得轻松自如。

⚑ 知识串讲

一、沟通中常见的不良心理

沟通中产生的心理现象很多，下面介绍其中常见的不良心理。

（1）**羞怯心理**。怯场的人往往注重别人对自己的评价，希望得到别人的认可，但又担心和怀疑自己的言行能否得到别人的承认。在人际沟通中，这类人往往表现不自然、腼腆，讲话时会过度紧张。

（2）**自卑心理**。有的人因缺乏自信心，不懂扬长避短，无法发挥自己的优势和特长。自卑的浅层原因是认为别人看不起自己，而深层原因是自己看不起自己。

（3）**自负心理**。自负的人在沟通中通常表现为妄自尊大、盛气凌人，只关心个人的需要，强调自己的感受，在人际沟通中表现为目中无人。

（4）**猜疑心理**。有猜疑心理的人经常用不信任的眼光去审视对方和看待外界事物，看到别人在议论什么，就可能会认为别人是在议论自己，其实是自寻烦恼。

（5）**嫉妒心理**。嫉妒往往会影响团结，损害友谊。嫉妒心强的人看到别人事业上有了进步，或在某些方面超过了自己，就心生嫉妒，疏远别人。

（6）**孤僻心理**。有孤僻心理的人往往不敢正视自己的弱点，相反，对别人要求却极其严格，一旦发现别人稍有自己不喜欢的地方，就拒绝与之交往。他们常把自己的情感掩饰起来，试图与别人保持严格的界限。

（7）**虚荣心理**。有虚荣心理的人常常与别人比穿着、相貌、收入等。当自己在某方面比别人优越时，就洋洋得意，瞧不起别人；当自己在某方面比别人差时，往往自暴自弃，忽视自身价值。

二、如何做好心理准备

要想拥有良好的人际沟通能力，沟通者需要具备良好的心理素质。掌握人际沟通的心理知识，克服沟通交流中的不良心理，对于取得人际沟通的成功有着重要的意义，对成功建立、保持和发展良好的人际关系也至关重要。下面就如何在人际沟通中克服羞怯心理、消除自卑心理和控制猜疑心理做简要介绍。

（一）克服羞怯心理

羞怯心理包括害羞和胆怯。**害羞**是交际过程的一种心理表现，例如，不敢注视对方，面红耳赤，手足无措。**胆怯**是沟通准备阶段的常见心理状态。羞怯在一定程度上也是缺乏自信的表现，在沟通中，表现为不敢与人交流或不善与人交流。

如果羞于与异性交流，就需要调整心态，正确认识异性间的交往，不必过分拘谨。主动与异性交流是克服羞怯心理的第一步，如常去一些社交场合，找机会与异性交谈，等等。如果性格不够开朗，就需多交朋友，多跟身边性格开朗、外向的朋友在一起，逐渐培养自己大胆、开朗的性格。

第一次登台演讲、第一次讲课、第一次当众发言……我们往往显得异常紧张，事先准备好的讲话内容，一到台上就忘了，大脑神经活动暂时紊乱、记忆发生障碍、思维错乱等，都是怯场的表现。紧张心理是很普遍的一种生理反应，每个人在经历上台演讲、会议主持、面对多人说话或是参加重要比赛时，都会或多或少出现紧张心理。即使是一个身经百战、技艺超群的人，也同样难以避免。

如果你是因**经验不足**而怯场，就需要在日常生活中直接和间接地学习和练习，不要因为一两次的失败而退缩，要学会在失败中总结经验，去迎接下一次的成功；驾驭舞台的能力是一次次上台不断积累而成的。另外，我们还要正确看待怯场现象。心理学研究表明，人在潜意识中通常接受的是肯定的信息，"别紧张""不要害怕"之类的自我暗示反而会刺激自己变得更紧张、更怯场，所以要多给自己传递肯定的信息。不要将紧张情绪看作怯场，而要将其看成是一个积极信号，是一种舞台兴奋剂，有助于自己集中注意力并充满激情。

（二）消除自卑心理

自卑是沟通者对自身能力、水平、品质等评价过低的自我意识，也是一种不自信的具体表现。自卑的人缺乏自信，觉得自己一切都不如人，对自己的能力、知识、才华没有信心，不愿与人交流，逐渐变得自惭形秽、自我封闭、自我孤立、脱离群体。产生自卑心理的原因多种多样，就克服沟通中的自卑心理来说，我们可加强训练，增强沟通技能，从而树立自信心。

如果因有点口吃或普通话不标准而自卑，不敢在众人面前说话，就需要加强练习，相信勤能补拙。如果因性格内向、感情脆弱而自卑，可以通过自己的朋友圈慢慢学会感情排遣，培养多方面的兴趣爱好，与挚友交流心理感受、生活中的喜怒哀乐，再慢慢扩大自己的交际圈。如果因觉得自己技不如人、能力欠佳而自卑，就要努力发现自己的长处，相信自己的能力，从完成身边的小事中获得成功感、成就感，并从中认识到自我价值，积少成多，逐渐培养自信；还要善于捕捉他人对自己正面的评价，以增强自我认识过程中的自信。

（三）控制猜疑心理

猜疑是一种主观臆断的、过分敏感的、以假设为出发点来看待和处理沟通对象言行的心理障碍。**猜疑心理**是沟通者对人际关系持有的不正确的价值观念引起的。猜疑心理是沟通交流的一大心理障碍，也是人际沟通的大忌。

在生活中，有的人总是以一种怀疑的眼光去看别人，对别人怀有强烈的戒备心理。在沟通中，具有猜疑、戒备心理的人主要表现为：对沟通对象不信任、不真诚、不友好，甚至表现出敌对情绪，"以小人之心，度君子之腹"；信奉"害人之心不可有，防人之心不可无"，总担心别人暗算自己，处处提防他人；过分相信自己的直觉和想象，喜欢捕风捉影。

我们需要正确与人交往，与人为善，树立正确的价值观；控制自己的情绪，遇到事情不应仅凭直觉行动，要三思而后行，不能用猜疑代替事实；学会信任别人，以坦诚的心态、平等交流的方式主动与被猜疑者交流自己的困惑，以消除误解。同时，我们要保持心理健康，培养自己豁达的心胸。

拓展训练

1. 在日常学习和生活中，请尝试使用以下方法增强自信。

（1）与师长相遇时，微笑着朝对方走过去。

（2）尽量与他人交谈，使用一种从容不迫的坚定语气表达自己的观点。

（3）目光注视着沟通对象的面部，让对方感到你在自信地注视着他。

（4）遇到反对意见时，尽量用幽默的方式来处理。

（5）拒绝他人时，用毫不含糊的语气说"不"。

（6）设法接触比自己强的人，学习他的优点。

2. 使用"逐步暴露练习法"来克服胆怯心理。

训练目的：通过逐步增加沟通的难度和公开性，逐渐适应并克服胆怯心理。

训练步骤如下。

（1）自我评估：识别自己在哪些情境下最容易感到胆怯，比如一对一的深入对话、小组讨论、公众演讲等；评估自己的胆怯程度，可以使用1～10的评分系统，1表示完全不胆怯，10表示极度恐惧。

（2）设定目标：根据自我评估结果，设定一系列逐步增加难度的沟通目标。例如，从与熟悉的朋友进行深入的私人对话开始，逐渐过渡到与不太熟悉的人进行简短交流，再到在小组中发言，最终在公众场合进行简短演讲。

（3）制订计划：为每个目标设定具体的实施步骤和时间表。例如，每周至少与一位新朋友进行较为深入的对话，每月至少参加一次小组讨论并主动发言。

（4）实践与反思：按照计划逐步实践，每次实践后要进行反思，记录自己的感受、进步和遇到的挑战。反思时，特别关注自己在沟通中的表现，如是否保持了眼神交流、是否清晰地发出声音、是否有效地传达了自己的观点。

（5）寻求支持：在实践过程中，可以寻求朋友、家人或专业辅导师的支持和鼓励。他们可以提供反馈，帮助你识别并克服沟通中的障碍。

（6）调整与适应：根据反思和反馈，不断调整自己的沟通策略和目标。如果实现某个目标难度过高，可以适当降低难度，确保自己能够持续进步。

（7）**庆祝成功**：每次实现一个小目标或克服一次胆怯时，都要庆祝自己的成功。这有助于增强自信，激励自己继续前行。

（8）**持续练习**：克服胆怯心理是一个持续的过程，需要不断的练习和反思。通过持续的练习，你将逐渐适应各种沟通情境，变得更加自信和从容。

3. 参加学校组织的演讲或评选类活动，观察主持人、参赛选手或候选人的表现，并尝试与他们进行交流，学习其成功的经验。

第三节　体态语言的训练

● 学习目标

1. 掌握并熟练运用目光语。
2. 掌握并熟练运用微笑语。
3. 储备几个常用的手势语。
4. 有意识地规范自己的身势语。

● 课堂训练

1. 体态语言训练工作坊。

材料准备：准备几张空白卡片，在每张卡片上写一个表达情感或意图的词汇（如快乐、自信、愤怒、紧张、悲伤、疑惑、谦逊等）。

训练步骤如下。

（1）为学生随机分配卡片，每人得到一张，学生需要根据卡片上面写的词表达相应的情感或意图。

（2）给学生几分钟时间准备，让他们思考如何通过体态语言（不包括言语）来传达卡片上的内容。鼓励学生使用面部表情、手势、身体姿势等多种方式。

（3）学生轮流上台表演，其他学生作为观众，仔细观察并尝试理解表演者想要传达的情感或意图。

（4）表演结束后，观众分享他们的解读，表演者揭示真实意图，集体讨论哪些体态语言被准确识别，哪些被误解，以及可能的原因。

（5）集体讨论体态语言在日常生活和工作中的重要性，以及如何通过练习增加体态语言的表达力和清晰度。

2．课堂现场训练，互相观摩，互相点评。

（1）站姿训练

站姿应给人庄重大方、信心十足的印象，因而一要挺拔，二要轻松自然。

范例： 抬头，双目平视，嘴唇微闭，面带微笑；双肩放松，双臂自然下垂；挺胸收腹，直立站好，双腿可稍微分开，身体重心放于两腿中间。与人正式交谈时，身体直立并微微前倾。若在非正式场合，男士可双臂抱胸或双手插兜。站立时双腿不要弯曲，双手不要叉腰。女士可以一只脚略前，一只脚略后。

（2）坐姿训练

坐姿应给人安详、庄重的印象，因而一要优雅，二要气派。

范例： 走到座位前，转身后轻稳地从椅子左边入座。女士穿裙装入座时，应用手将裙稍稍拢一下，不要坐下后再站起来整理。双目平视，面带笑容，微收下颌。双肩平正放松；双臂弯曲，手放在膝上，或放在扶手上，掌心向下；双膝自然并拢，两膝间以一拳距离为宜；双腿平行或前后稍错开；双脚并拢或交叠（男士可略分开）。起立时，右脚向后收半步，人从椅子左边站起。谈话时可以有所侧重，此时上身与腿可同时转向一侧。久坐时男士可叠腿，但勿抖动。如果在长辈或上级面前，上身应微向前倾。坐时不能大腿分叉、瘫坐在椅子上摆弄手指或其他东西。

（3）步态训练

步态应具有动态美，因而要轻松敏捷、和谐稳健。

范例： 双目平视，微收下颌；双肩平稳，双臂自然摆动。挺胸收腹，重心稍向前倾。步伐自然有力，步幅适当，起脚要有节奏感。走路时讲究的礼节：两人同行，尊者在右；三人同行，尊者在中；男女同行，男在左，女在右（因为同行的礼仪以右为尊，且右侧者更安全）；上楼男在后，下楼女在后；与上级、长辈同行，不应超越，若须超越应致歉；若在狭窄通道、走廊与长辈或女士相遇，应站住让路。

🚩 知识串讲

体态语言包括的内容很多，大致包括表情语、首语、手势语、身势语、空间语等。下面，我们对常用体态语言的意义和运用进行简要介绍。

一、表情语及其运用

表情语是通过面部表情来交流情感、传递信息的语言。表情语是体态语中的重要组成部分，据国外学者研究，在70万种人体语言中，表情语就有25万种，约占人体语言的35.7%，其中使用最广泛、表现力最丰富的是目光语和微笑语。

（一）目光语及其运用

1. 目光语的含义和功能

"目光"通常指视线或眼睛的神态，也可以指眼光或见识；而"目光语"则是运用眼睛的动作和眼神来传递信息和感情以实现交际的一种体态语言，在传递细微情感方面起到其他语言行为与非语言行为无法替代的作用。

眼睛是心灵的窗户。美国诗人拉尔夫·沃尔多·爱默生曾这样说过："人的眼睛和舌头所说的话一样多，人不需要字典，却能够从眼睛的语言中了解整个世界。"有心理学家得出这样的结论：人的视线活动概括了70%的体态语表达领域。

莱瑟斯提出了目光在沟通方面的6个功能：说服他人，表现注意力、兴趣和激情，表达情感，调整交流过程，表示权力和身份，给别人留下印象。下面主要介绍目光常用的3种功能。

（1）目光能塑造自我形象，给人以鲜明的"**第一印象**"。目光炯炯，给人以健康、精力旺盛的印象；目光迟钝，给人以衰老、身体虚弱的印象；目光明澈，给人以坦诚的印象；目光浑浊，给人以糊涂的印象；目光闪烁，给人以神秘、心虚的印象；目光如炬，给人以威严正义的印象。《诗经》中的"美目盼兮""美目扬兮""美目清兮"，指的就是青年女子的目光能给人以美丽、迷人的印象。

（2）目光"**会说话**"，能传达细微、复杂、强烈的思想感情。黑格尔在《美学》中说："不但是身体的形状、面容、姿态和姿势，就是行动和事迹，语言和声音以及它们在不同生活情况中的千变万化，全部要由艺术化成眼睛，人们从这眼睛里就可以认识到内在的无限的自由的心灵。"目光语所传达的极为细微、深刻、美妙、复杂的思想感情，有时连具有丰富表现力的有声语言也无法超越，无法替代。优秀的表演艺术家都非常重视"眉目传神"，历来有"上台全凭眼""一眼有神，满场皆活"等说法。人物的喜、怒、哀、乐、娇、痴、呆、傻、嗔、怨、恨、羞、骄、横、媚、俏、昏、灵等各种复杂感情，常常是靠眼睛来表达的。例如，横眉冷对、怒目圆睁是仇人相见的眼神；眉目传情、暗送秋波，是恋人交流感情的方式；眼神呆滞、愁眉紧锁，则是忧愁痛苦的表现。

（3）**自然流露**的目光语，能反映人物的遭遇、性格和深层心理。目光语的运用分为无意识和有意识两种。无意识的目光语，是内心世界的自然表露，从这一点来看，可以说是"目如其人"。鲁迅曾说过："要极省俭地画出一个人的特点，最好是画他的眼睛。"他笔下的祥林嫂初到鲁镇做工时，他对她的描写是"只是顺着眼"，表现出其善良的性格。但是，经历夫死子亡之后，她已经完全麻木、绝望，并且濒临死亡，这时他对她的描写是"只有那眼珠间或一轮，还可以表示她是一个活物"。从这里可以看出目光语对表现人物性格及深层心理所起的重要作用。

2. 目光语的运用

凡富有经验的语言沟通者，总是能够恰如其分地、巧妙地运用目光语，并将其与有声语言协调、配合，表达千变万化的思想感情，调整沟通现场的氛围。除了目光语的传神（眼神的感情色彩）外，沟通中目光语的运用，还与沟通者目光的投向、目光的频次、注视的方式以及控制对方眼神的方式等有关。这几个方面处理得好，沟通效果就会很好，分述如下。

（1）**目光的投向**。目光注视的部位不同，表明双方关系的不同，传递的信息也不同。注视一般可分为3种：亲密注视（适用于亲人、恋人之间）、社交注视（适用于茶话会、酒会、舞会等友谊集会）和公事注视（适用于洽谈业务、贸易谈判、对外交往等）。不同学者对不同类型注视的视线区域有不同的看法。有人认为，社交注视的视线区域为对方脸部的三角形区域，即以两眼为上线，嘴为下线，也就是两眼和嘴之间的区域，而亲密注视的视线区域为对方两眼与胸部之间的三角形区域。也有人认为社交注视的视线区域为对方的两眼与腹部之间的三角形区域，而公事注视的视线区域为以两眼为底线、上至前额的三角形区域。我们认为，应根据沟通双方的具体情况而确定相应的视线区域，因为沟通中，目光语的运用不是单方面的，有时对视会使双方感到尴尬。为了避免对视，你可以看着对方的眉毛到发际之间的区域，除非对方离你很近，否则对方不会察觉到你不愿和他对视。

（2）**目光的频次**。注视对方的时间长短和频次，也是很有讲究的。长久不注视对方，则会被认为是冷落对方，或者是对对方不感兴趣；长时间地盯着对方，会被认为是失礼的行为，或者是向对方挑衅。刚一注视就躲闪，则会被看作胆怯和心虚。

有研究表明，在沟通过程中，不喜欢对方，看对方的次数就会较少，因为看是一种表示喜欢的信号。当沟通者希望得到对方的赞同和关注时，看对方的次数就会较多。陌生人之间通常是在目光接触后立即移开视线。如果与陌生人进行目光接触后迟迟不移开视线，则能表达好奇、喜欢、感兴趣等含义。

（3）**注视的方式**。注视的方式能够确切地表明沟通者的态度。注视的方式一般可分为环顾、专注、虚视等。

环顾，即视线向前做有意识的自然流转，以照顾全视野内的沟通对象的注视方式。这种方式适用于有较多观众的场合，如学术会议、课堂教学、演讲等场合。视线笼罩全场，可以使每个观众都感觉到你在同他说话，从而满足他们的交际需求，提高他们倾听的兴致。此外，这种方式还可使你通过多角度的视线接触，比较全面地获取观众的反馈，以便随时调整自己的话题等。环顾时，要注意视线应有节奏地流转，并放慢流转速度，不可目空一切、盛气凌人。

专注，即目光注视着对方。如果是在交谈者较多的场合，专注指的是先把目光较长时间地停留在某一个人身上，然后再变换注视对象。在两个人的沟通中，注视可以帮助人们完成感情和情绪的微妙交流。双方通过察言观色，能感受到对方的心理及其变化。对沟通者来说，专注特别适用于启发、引导、赞许、鼓励等感情类话题的交谈。此外，目光专注还表示对对方的尊重、对对方话语的重视等。专注目光的合理使用是交谈风度和涵养的重要体现。当然，如果要特意表达其他意思，可以故意不使用专注目光。例如，当发现对方有意地看看手表或游目四顾时，你应当"读懂"这一目光语，这可能是对方希望结束谈话的暗示，这时你最好知趣地结束谈话。需要指出的是，专注是指有感情的注视，目光自然柔和，专注不是目光的固定，更不是"死盯"。

虚视，即目光似视非视，通俗地说就是"视而不见"。这种方式只适用于与众人进行沟通的场合，如大型课堂教学、演讲等。虚视不是目光游移不定，虚视也有中心区。中心区一般应为观众席的中部或后部。虚视时，演讲者眼睑的调节肌肉应比较松弛。特别是当众讲话时，若需要思考，可以通过虚视边思考边讲话，这样可以给观众以认真、努力和机敏的印象。对于怯场的人，虚视是最好的视线投射方式之一，因为"视而不见"是减轻说话人心理压力的最好的应急方式之一。

除了以上3种方式，还有其他视线投射方式。当对对方非常重视，或者在谈论严肃的话题时，一般需正视；当对对方表示轻蔑或者反感时，可采用斜视；当对对方毫无兴趣，甚至厌恶时，可以采用耷拉眼皮的方式。

（4）**控制对方眼神的方式**。控制对方的眼神，是目光语运用的高境界。一般来说，沟通中强势的一方更易控制对方的眼神。例如，你作为一名教师，上课时，如果你向对方讲解问题或传授知识，需要用图画、实物、手势、激光笔等作为辅助，那么你应设法控制对方的眼神。当然，这主要是靠你的注视使对方不便"走神"，让他觉得你时刻在"盯"着他、注视他，你也可以用激光笔指着多媒体课件、图画或实物，同时念出所指的部分。你注视对方是为了使对方聚精会神地接收你传递的信息，你设法控制对方的眼神也是出于同样的目的。

（二）微笑语及其运用

1. 微笑语的含义和功能

人的面部表情是非语言沟通的重要手段之一。人的**面部表情**是由眼、眉、嘴和面部肌肉的变化组成的。眼神的语言我们称为目光语。眉、嘴和面部肌肉的变化多种多样，如愁眉苦脸、眉飞色舞、咬牙切齿、喜笑颜开、号啕大哭、嬉皮笑脸等。因篇幅有限，下面仅介绍微笑语。微笑是沟通的润滑剂，对人际关系的良好发展、人际交往的愉快和谐有着非常重要的作用。

微笑语是指通过略带笑容而不发出声音的方式来传递信息的体态语言。微笑语是一种具有强烈感染力的体态语言，也是一种跨文化的通用体态语。微笑的功能是多方面的，具体如下。

（1）**微笑有助于身心健康**。常言道："笑一笑，十年少。"人们常说开怀大笑是最好的良药。有研究认为，微笑可以增强人的免疫系统，改善呼吸，减轻压力，调节心率，增强疼痛耐受力，有助于人进入积极的情绪状态，锻炼肌肉，增强心理承受能力，以及带来其他的身体上的益处。微笑是健康长寿的途径，也是身体健康的标志。

不仅如此，微笑还可以美化人们的外形，陶冶人们的情操。因此，发自内心的微笑，还是美好心灵的外现。有句话这样说："一个人的微笑价值百万美元。"据调查，很多政治家、外交家、演员、公关人员、运动员，他们能取得事业上的成功，除了因为他们有出众的才华，还因为他们那颇具魅力的微笑。

（2）**微笑能改善沟通环境**。沟通环境对沟通结果有着重大的影响。构成沟通环境的一个重要因素是人际关系。沟通交流中，人际关系并不都是很好的，有时对方很不友善，导致双方关系很不融洽。遇到这种情况，沟通者可以主动用微笑语去加以改变。改变沟通环境时，微笑语比有声语言更方便、更直观、更得体、更有效。

美国著名的作家和人际关系学家戴尔·卡耐基在谈到"处理人际关系的艺术"时提到，他要求几千名工作人员做这样一件事——对他们周围每天遇见的人都报以微笑，并将结果反馈回来。不久，卡耐基收到了纽约场外交易所的斯坦哈特的来信，上面说："现在，当我出门上班时，我微笑着向公寓电梯服务人员打招呼，我微笑着向门卫打招呼；在地铁票台要求换零钱时，我向出纳员微笑；当我来到场外交易所时，我向同事们微笑。我发现人们很快也对我微笑。我以愉快的态度对待前来找我发牢骚、诉苦的人，微笑着倾听他们的诉说。这样一来，我发现调整工作容易得多了。微笑给我带来的美元，每天都有很多。"斯坦哈特就这样改变了自己所处的不良环境，与自己周围的人友善融洽、和睦地相处；微笑给他带来了愉快的工作环境，也给他带来了经济效益。

（3）**微笑能增强沟通亲和力**。"相逢一笑"是常用的见面体态语。微笑能增强沟通亲和力，应当贯穿沟通的始终。当面对许多人时，你最好在你和听话人交融的笑声中结束谈话，这可以使你的笑貌在大家的脑海里最后再留下一个印记。当人们要表达某种思想感情，但是在特定的时间，只可意会，难以言传时，就可以用微笑来完成沟通任务。

总之，微笑的魅力是多方面的，微笑是沟通双方情感的桥梁。微笑能使"强硬的"变得温柔，"困难的"变得容易，"刁难的"变得通融，"对立的"变得和解，"疏远的"变得亲近，"友好的"变得更友好。微笑能弥补嫌隙，化解嗔怨，增进友谊。

2. 微笑语的运用

在运用微笑语传情达意时，应做到以下几点。

（1）**笑得自然**。微笑是发自内心的，是美好心灵的外现。只有发自内心，才能笑得自然、笑得亲切、笑得美好、笑得得体。不能为笑而笑，无笑装笑。笑不由衷是很容易被识别出来的，因此，只有发自内心的笑、领会对方心意的笑，才能真正使对方和自己产生共鸣。

（2）**笑得真诚**。微笑语既是自己愉快心情的外露，也是纯真之情的表现。它意味着："我喜欢你，你使我高兴，我见到你很愉快。"真诚的微笑能为对方带去温暖，有时还可能引起对方的共鸣，让双方共同陶醉在欢乐之中，加深双方的友情。

（3）**笑得合适**。微笑并不是不讲条件的，也不是可以用于一切交际场合的。

场所要合适。在吊唁、扫墓等场合，就绝对不能有一丝笑容，而应当表现出肃静、沉静、伤感。当你同对方谈一个严肃的话题，或者告知对方一个不幸的消息时，或者你的谈话使对方感到不快时，也不能微笑，或者应及时收起笑容。

程度要合适。微笑是一种礼节，是在向对方表示尊重，也是自己仪容的展现，但也需把握好度。笑得太放肆、太过分、太没有节制，就会有失身份，引起对方的反感。

对象要合适。对不同的交际对象，应使用不同含义的微笑，传达不同之情，表达不同之意。对恋人微笑，是在传递爱慕之情；对同事、朋友、顾客微笑，是在传达友好之意；对长辈微笑，表示尊敬；对晚辈微笑，表示慈爱；对敌对者的微笑与上述微笑不同，是一种冷笑、讥笑，带有轻蔑、讥讽、鄙视等含义。

二、首语及其运用

（一）首语的含义

首语，就是通过头部动作所传递的信息，首语的表现力也是较强的。这里说的首语，包括点头、摇头、歪头（侧头）、抬头、低头等，不包括头部其他部位或器官的动作。

点头，可以表达这样一些意思：致意、同意、肯定、承认、赞同、感谢、应允、满意、认可、理解、顺从等。

摇头，可以表达这样一些意思：不满、怀疑、反对、否定、拒绝、不同意、不理解、无可奈何等。

歪头（侧头），可以表达这样一些意思：思考、天真。如小孩子在听大人谈话或思考一个问题时，喜欢歪着头，并配合托腮、咬手指等动作。

抬头，可以表达这样一些意思：充满信心、胜券在握、踌躇满志、目中无人、骄傲自满。头一直往后仰，还可表示陶醉的意思。

低头，可以表达这样一些意思：顺从、听话、委屈、无可奈何、另有想法等。

我国有很多相关成语，既是对首语用法的总结，也是对首语的解读和说明。例如，点头哈腰、昂首阔步、搔首弄姿、俯首低眉、俯首帖耳、摇头晃脑、探头探脑、缩头缩脑等。

（二）首语的运用

运用首语，应做到以下3点。

（1）头部动作要明显。头部动作需要清晰可辨，特别是在发挥替代言语的功能时，如用点头表示赞同或用摇头表示否定时，动作幅度应适当加大，确保对方能够准确无误地捕捉并正确理解你的意图，避免因动作模糊不清引发误解。

（2）可配合其他语言使用。例如，在点头的同时配以一声"嗯"，可以更加明确地表达赞同之意，避免产生歧义。此外，首语还可以与其他体态语协同使用，增强表达效果。正如一些成语所描绘的那样，"点头哈腰"展现恭敬之态，"昂首阔步"则彰显自信与豪迈，这些都是首语与其他体态语完美融合的典范。

（3）注意文化习俗与习惯差异。不同的文化对首语有不同的解读。例如，在大多数国家和地区，点头通常表示肯定，摇头表示否定，但在少数国家和地区则刚好相反。因此，在跨文化沟通中，首先要了解目标文化的首语含义，以避免误解。

三、手势语及其运用

（一）手势语的含义

手势语是人体上肢传递交际信息的一种手段，也是一种表现力很强的体态语。它包括手指、手掌、手臂及双手做出的能够承载交际信息的各种动作，其中手指语、握手语、鼓掌语和挥手语的沟通功能尤其突出。

手势语是多种多样的，它主要由做出手势的位置、手掌动作、拳头动作、手指形状构成。下面分别进行介绍。

1. 做出手势的位置及其含义

做出手势的位置大体可分为3个区域：上区、中区和下区。

（1）上区：肩部以上为上区，多用于表示希望、号召、鼓动、祝贺等。手势方向多向内、向上，手心也向上，其动作幅度较大。

（2）中区：腹部至肩部区域为中区，一般是社交活动与日常生活中做出手势的位置。如果双手在这个区域移动，就含有很强的沟通交际色彩。其动作要领是单手或双手自然地向前或向两侧平伸，手心可以向上、向下，动作幅度适中。

（3）下区：腰部及以下为下区，一般表示憎恶、反对、鄙视、失望等。除表示无奈、生气等相对消极的意思外，一般不在这个区域做出手势。腰部以下一般视为手势语的禁区。

2. 手掌动作及其含义

（1）手心向上，胳膊微屈，手掌稍向前伸：表示贡献、请求、赞美、欢迎等意思。

（2）手心向下，胳膊微屈，手掌稍向前伸：表示抑制、否认、制止、不喜欢等意思。

（3）两手叠放：表示团结一致、联合、一事依赖于另一事或命运攸关、休戚与共等意思。

（4）两手分开：表示失败、失望、无奈、分离、空虚、消极等意思。

（5）手心向外的竖式手势：表示对抗、分隔、不相容的矛盾或互不同意对方的观点等意思。

3. 拳头动作及其含义

（1）握紧拳头：表示挑战、团结、一致对外、警告、示威等意思。

（2）举起双拳在空中晃动：表示号召人们起来斗争、奋斗等意思。

4. 手指形状及其含义

（1）伸出拇指：表示称赞、夸耀等意思。

（2）伸出小指：表示轻视、蔑视、挖苦人等意思。

（3）用手指指向某一事物或方向：向听者示意事物和方向等意思。

（4）用手指的不同形状表示不同的数目。

值得注意的是，手势语也具有很强的文化性。在跨文化沟通中，我们要尊重对方的文化差异和手势语习惯。即使对方的手势语与我们所熟悉的文化存在差异，我们也要保持理解和包容的态度。对于不熟悉的手势语，我们要保持开放的心态去学习和接受。

（二）手势语的运用

在日常沟通中，手势语的运用范围很广，使用频率也相当高。例如，在街上"打的"时，招手表示呼唤；当应答是否需要某件东西时，摇手表示不需要；在会议中征求意见时，举手表示赞同或支持；当不能满足对方要求时，搓手表示为难；叉手表示自信心和优越感；摊手表示坦诚或无可奈何；拱手表示行礼或者道谢；背手表示自由自在或正在思考；等等。

手势语十分丰富，能表示各种意义，它常常被用来弥补有声语言的不足，起到**辅助或者强化作用**。在特殊情况下，手势语可以代替有声语言而独立存在，例如，聋哑人之间以手势语代替有声语言来传递信息，其交际效果与口语交际没什么两样。

根据功能来看，**手势语**可分为情感型手势语、指示型手势语、象征性手势语、摹状性手势语、习惯性手势语等。手势语是人们内心活动的外化表现，恰当的手势语可以体现交际者的风度、仪表和文明程度。因此，运用手势语要遵循文雅、得体、一致的原则，避免指手画脚，避免养成不文明的手势语习惯。

四、身势语及其运用

（一）身势语的含义

身势语是通过静态和动态的身体姿势传递交际信息的一种手段。在当今社会，身势语不仅是修身养性的基本要求，而且是沟通活动中用来展现仪表、传递信息的重要体态语言。

静态的身势语包括立、俯、坐、蹲、卧；动态的身势语主要是步姿。重要的身势语为立、坐、步姿，次要的身势语为俯、蹲、卧，后面3种身势语在人际沟通中较少运用。

身势语在人际沟通中起着极其重要的作用。例如，同样是立姿，演说家讲演时，挺身直立，头稍微昂起，给人以风度翩翩、善于交际的印象；下级听取上级的指示时，低头、微微屈腰地站着，给人以谦虚、恭敬、顺从的印象。同样是坐姿，男性张开两腿而坐，显得自信、洒脱、豁达；女性膝盖并拢侧身而坐，显得庄重、矜持、有教养。可见，体姿不同，性别不同，传达的信息也不一样。

（二）身势语的运用

1. 坐姿语的运用

坐姿语是通过各种坐的姿势来传递信息的体态语言。我国古代非常讲究坐姿。"端坐""危坐""斜坐""跪坐""倚坐""盘坐"，讲的是坐的各种姿势，现代社交场合中有些坐姿已不再使用。"坐立不安""坐卧不宁""如坐针毡"描述和形容的是坐者的心态；"陪坐""请坐""请上坐""排座次"等，将坐直接与坐者的身份（主客）、地位（尊卑）、关系（师生）相联系。可见，人们本身就在用不同的坐的方式传递丰富的信息。无论是在过去讲究礼仪的时代，还是在今天讲究交际艺术的时代，都要特别注意坐姿。

坐姿的一般要求是：入座时，应当轻而稳，不要给人毛手毛脚、不稳重的印象；坐的姿势要端正、大方、自然；无论什么坐具，都不要坐得太满；上身要挺直，不要左右摇晃；腿的姿势要配合得当，一般不能跷二郎腿；交谈时，上身要稍许前倾，表示对对方的尊重和自己的专心。上身需后仰时，幅度不能太大，否则会给人困扰、无聊、想休息的印象。

坐姿有3种基本类型。

（1）**正襟坐姿**。这种坐姿即人们常说的"正襟危坐"，多用于外事谈判、严肃会议召开或主席台就座等场合。这种姿势的要求是精神集中、上身挺直、两手平放膝上或手按着手，双脚并拢或略微分开。女性可采用双膝并拢或脚踝交叉的姿势。这种坐姿传达的信息是庄重、尊重对方和公众。但要注意不可过于紧张，以免塑造呆板、僵直的形象。

（2）**半正襟坐姿**。这种坐姿介于正襟坐姿和轻松坐姿之间，适用于座谈会、联谊会等场合。人可将头部稍稍后仰，背靠椅背，手自然放在扶手上，一条腿可架在另一条腿上，等等。采取这种坐姿显得轻松、自在、不拘谨，可以营造和谐融洽的气氛，缩短交际双方的心理距离。但身子不能左右摇晃，腿不能不停地抖动。

（3）**轻松坐姿**。这种坐姿即非常自在、随便的坐姿。身子可以斜着，手可以交叉放在胸前或两手抱着后脑勺儿，人可以跷二郎腿。这种坐姿一般只适用于非正式交际场合，而且交际双方或是老朋友、同学，或是邻居、常在一起的亲戚等，彼此非常熟悉，并且不是在进行正式交谈，只是在家中或宿舍随便聊天。

坐姿的运用，需考虑以下几种情况。

一是选用什么样的坐姿是受交际环境制约的。例如，领导在接见外宾时，采用正襟坐姿；到灾区视察，在灾民家中嘘寒问暖时，采用半正襟坐姿；在家中休息时，采用轻松坐姿，所谓"坐有坐相"，很重要的一方面是指坐得"得体"。

二是在现实沟通中，往往将几种坐姿结合起来运用，它们之间没有不可逾越的界线。如沟通双方在谈判开始时，气氛还不融洽，彼此还不了解，双方目的还不清楚，双方便采用正襟坐姿。等到谈判有了较大进展，气氛比较融洽，相互的了解逐步加深，各自目的已经达到时，双方就自然而然采用半正襟坐姿。一来是因为正襟坐姿不能维持太久，二来是因为后面这种坐姿更适合变化后的交际环境。

三是要牢记一个人的坐姿是他的素养和个性的显现。得体的坐姿可以塑造沟通者的良好形象，否则会使人反感。

2. 立姿语的运用

立姿语是指通过站立的姿态传递信息的体态语言。立姿语与坐姿语密切相关，如"站有站相，坐有坐相"。立姿有"静立"、"侍立"（垂手）、"直立"（昂首）、"挺立"、"侧立"等。

性别不同，立姿的要求也有所不同。男士的立姿应尽量体现刚毅，两脚平行分开，大体与肩同宽，两手交叉，垂放于前胸，或自然下垂。女士的立姿应尽量体现优雅，脚跟并拢，脚尖分开呈小八字形，双手交叉放于腹部。

立姿大致可分为庄重严肃型、恭谨谦虚型、傲慢自负型和无礼粗鄙型。

（1）**庄重严肃型**。腰板挺直，全身直立，精神振作，给人以庄重、严肃的印象。在就职演说、大会讲话、被人介绍、接受奖励等场合，一般都采用庄重严肃型立姿。

（2）**恭谨谦虚型**。略微低头，垂手含胸站立，给人以谦虚、诚恳、恭谨的印象。在"三顾茅庐"这个典故中，刘备见孔明在草堂春睡，不让别人叫醒孔明，自己在孔明旁边恭谨站立许久，关羽、张飞都急不可耐了。这种恭谨的立姿语表现了刘备求贤若渴的态度，也让他赢得了孔明的忠心，直到"鞠躬尽瘁，死而后已"。又如，"程门立雪"（《宋史·杨时传》）这个典故：一天，杨时在程颐家见到程颐在椅子上坐着打盹，他一直恭谨地在门外站着，等到程颐醒来时，门外已经下了一尺深的雪。程颐是当时的大学者，这种立姿表现了杨时尊重师长、诚心求学的态度。

（3）**傲慢自负型**。两手交叉放在胸前，两脚向外分开，斜倚式站着，目光睥睨，给人以傲慢、自负、骄矜的印象，让人气愤。

（4）**无礼粗鄙型**。歪斜着身子，一腿在前，一腿在后，或交叠着双膝站着，抖动着脚尖，给人以无礼、粗鄙的印象，让人看了反感或厌恶，自然也就谈不上跟他交际了。

对一个有教养、有身份、善于交际的人来说，无论面对何种情况，都不应采用傲慢自负型和无礼粗鄙型立姿。

3. 步姿语的运用

通过行走的步态传递信息的体态语言称为步姿语。关于步姿，人们在日常生活中有各种说法，如"健步如飞""稳步前进""步履艰难""步履蹒跚""亦步亦趋""行色匆匆""踱来踱去"等。人们在社交场合采用什么步姿，也是很有讲究的。

根据人们行走时的步态，步姿大致可分为以下几种类型：庄重礼仪型、轻松自如型、稳健自得型、沉思踱步型。

（1）**庄重礼仪型**。行走时，上身挺直，步伐矫健，双膝弯曲度小，步子幅度、速度都适中，步伐和手的摆动有强烈的节奏感，眼睛正视前方。这种步姿所传递的信息是"庄重、热情、礼貌"。领导在检阅仪仗队、参加剪彩、登上主席台、做报告或颁奖等隆重场合，适合使用庄重礼仪型步姿。群众在接受检阅、领奖、被重要领导人接见时，一般也应使用这种步姿。

（2）**轻松自如型**。行走时，心情轻松，步子幅度不大不小，速度不快不慢，上身直立，两眼平视，两手自然摆动，一手提包或托着大衣。这种步姿的语义是"轻松自如、安详平静"。这种步姿适用于一般会面、前去访问、出席会议等，比较大方、随便，而又不失稳重，使用频率很高。

（3）**稳健自得型**。行走时，步履稳健，昂首挺胸，步伐较缓，步幅较大。这种步姿的语义是"愉悦、自得、有自豪感"。如当实现了自己的某个理想或某个目标时，当重大谈判达成协议时，当演讲或表演获得极大成功时，人们常常自觉或不自觉地使用稳健自得型步姿，这样就表现出自己的兴奋、踌躇满志和志得意满。

（4）**沉思踱步型**。行走时，迈步速度时快时慢，快的时候，步子急促；慢的时候，步伐缓慢，人会俯视地面，或偶尔抬头回顾，或不时停下搓手。总的来说，这种步姿的特点是"踱来踱去"。这种步姿的语义是"焦虑、心事重重、集中思考"。

五、空间语及其运用

（一）空间语的含义

空间语，是沟通者运用空间距离传递信息的一种途径，又称"人际空间""近体度"等。

每个人的身体都占据一定的空间，在日常沟通中，人们都在有意无意地保持着适当的空间距离。沟通者对空间语的运用可表明双方关系以及各自的地位、态度、情绪等。

每个人都有自己的"人际空间"，社会交往中也有各种成文或不成文的空间划定。大学生在日常学习生活中，已经在有意或无意地使用空间语了。例如，上课时，同学们可以坐在同一排；但上自习时，同学们可能会隔行入座，这就是保持个人空间的典型做法。再如，恋人之间在一起时距离的远近常常是爱情成熟与否的标志，两人从面对面交谈，到并肩而坐或并肩而行，再到拥抱、接吻，空间距离的由远及近表明爱情渐趋成熟。

（二）空间语的运用

怎么把握和识别空间距离呢？下面介绍美国文化人类学家爱德华·特威切尔·霍尔的相关研究成果。爱德华·特威切尔·霍尔认为每个人都有自己的空间需要，并分出4种距离：亲密距离、个人距离、社交距离和公众距离。每种距离都与双方的关系相称，他还把这种相称性以数字化的方式表示出来。人际交往中，亲密距离和个人距离通常都在非正式的社交情境中使用，在正式社交场合则使用社交距离。

1. 亲密距离

亲密距离为0～45厘米。其近范围在15厘米之内，是人际交往的最小距离。此时交际者之间可能肌肤相触，能互相感受到对方的体温、气味、气息。亲密距离的远范围是15～45厘米。双方的接触可能表现为挽臂执手或促膝谈心，体现出双方亲密友好的人际关系。亲密距离只适用于情感上高度亲密的交际者。

2. 个人距离

个人距离为46～122厘米。个人距离的近范围是46～76厘米，人们正好能亲切握手，友好交谈，这是与熟人交往的空间距离。陌生人进入这个空间会构成侵犯。个人距离的远范围是76～122厘米，任何朋友和熟人都可以自由地进入这个空间。

3. 社交距离

社交距离为1.2～3.7米。社交距离超出了亲密距离或个人距离的范围，体现出一种社交性或礼节上的较正式关系。其近范围是1.2～2.1米，一般在工作环境和社交聚会中，人们都保持这种距离。社交距离的远范围是2.1～3.7米，体现了一种更加正式的交往关系。例如，在企业代表之间的谈判、招聘时的面试、大学生的论文答辩等场合中，双方之间往往会隔一张桌子，以保持一定的距离，从而增加庄重的气氛。

4. 公众距离

公众距离一般在3.7米以上。这是公开演讲时演讲者与观众保持的距离。其近范围是3.7～7.6米，远范围为7.6米以上，这是一个几乎能容纳所有人的距离。在公众距离范围内的交往，大多是当众演讲，当演讲者想与某个特定的观众交流时，他往往需要走下讲台，使两人的距离缩短至个人距离或社交距离才能实现有效交际。

人际沟通时，空间距离的远近是沟通双方是否亲近、是否友好的重要标志，也是区别不同类型交际的重要依据。因此，人们在沟通交流中，选择正确的距离是非常重要的。

　　除了以上讲述的表情语、首语、手势语、身势语、空间语外，还有身体接触（如握手礼、拥抱礼、吻手礼等）、服饰穿着等方面的体态语言，请扫码查看拓展资料。

拓展训练

1. 请查阅并学习手指语、握手语、鼓掌语、挥手语等体态语言的相关资料。
2. 请查阅并学习服饰穿着方面的相关礼仪知识。

客套用语

社交礼仪的养成

第三章
日常交际与沟通方法

日常交际是每个人生活中不可或缺的重要组成部分。称呼、招呼、介绍、交谈、赞美、批评、拨打电话等，都是日常交际中的家常便饭，我们若能掌握其中的沟通方法，家常便饭也是生活美味。

第一节　相互介绍

● **学习目标**

1. 了解一般性的称呼用语，并能正确使用。
2. 掌握打招呼的礼节。
3. 掌握自我介绍和介绍他人的方法。

● **课堂训练**

1. 多年来，你在不同场合已做过很多次的自我介绍。以后，你还将在社团面试、考研面试、求职面试、公务接待等场合进行无数次的自我介绍，在不同场合会设计不同风格的介绍内容和介绍方式。假如今天是大学开学的第一天，全班同学依次进行自我介绍，现在轮到你了，请介绍一下你自己。

◆◆ 训练解说

在很多人看来，这种自我介绍就是介绍姓名和兴趣等。其实，自我介绍的范围弹性很大。对于刚刚进入大学的你来说，在面对自己的新同学时，如果只说自己的姓名、兴趣、爱好，可能没多少人会记住你。如果在自我介绍时，侧重介绍一下自己的家乡，那么至少可以吸引和你来自一个地方的同学，帮你迅速找到新朋友。例如，你可以这样说："各位同学：大家好！我是来自天津的×××，天津人会说快板，下面我就给大家一段。"说完之后，你就即兴表演了一段快板，活跃了气氛，大家也记住了你。

2. 你所在的学生社团为了增强成员的宣传意识和提高成员的写作能力，拟举办一场新闻写作专题培训。社团负责人邀请到学校宣传部的一位老师前来授课，作为此次培训的主持人，请你在培训正式开始之前介绍一下这位老师。

◆◆ 训练解说

在介绍嘉宾前，需要提前做一番功课，了解嘉宾的姓名、职务、职称、研究领域、成果等，并将这些信息与培训目的相结合，以体现培训嘉宾与培训内容的高契合度。

示例如下。

亲爱的各位同学：大家好！

欢迎大家参加今天的新闻写作专题培训。我是本次培训的主持人×××。在正式开始我们的培训之前，我非常荣幸地向大家介绍一位特别的嘉宾——来自我们学校宣传部的×老师。

×老师现担任××大学党委宣传部××，教授，硕士生导师，拥有丰富的新闻写作和媒体传播经验。他毕业于××大学，主修××专业。在加入我们学校的宣传部之前，×老师曾在多家知名媒体机构担任要职，包括×××、×××、×××。在这些岗位上，他积累了宝贵的实践经验和深厚的专业知识。

×老师不仅对新闻写作有独到的见解，而且在教学方面也颇有建树。他曾多次为学生和教师举办过关于新闻写作、媒体素养以及公关策略等方面的讲座和工作坊，广受好评。

今天，我们非常幸运地邀请到×老师来为我们进行新闻写作的专题培训。他将与我们分享新闻写作的基本技巧、如何挖掘新闻线索、如何构建新闻框架以及如何提高文章的吸引力等实用知识和写作技巧。相信通过×老师的指导，我们每位成员都能在宣传意识和写作能力上有所提升。

下面，就让我们以热烈的掌声欢迎×老师为我们带来精彩的讲座！

3. 请回答"×××校长"与"校长×××"、"王××老师"和"教师王××"有何区别。

▶▶▶ 训练解说 ◀◀◀

称呼语一般是在职称、职务前加姓氏。"×××校长"一般用于日常交流、会议发言等，"×校长"一般用于面称时。"校长×××"通常用于较为正式或书面的场合，例如在文件、公告、新闻报道中使用。称呼老师时，面称使用"王老师"，背称可使用"王××老师"，在叙述、说明、报道时则采用"教师王××"。

4. 在校园内的道路上，你与老师、学长、同学等迎面相遇时，该如何打招呼？

▶▶▶ 训练解说 ◀◀◀

这个训练项目主要是训练学生在人际沟通中如何采用礼貌、尊重、得体的称呼和招呼方式。

在校园里相遇时，根据不同交际对象可采用不同的交流方式。如与同学相遇，应该表现得自然、亲切，打个照面，微笑示意即可；与师长相遇，则应体现礼貌、尊敬。有些同学见到老师，心里就紧张，在相距10米左右的地方看见老师了，可能先低下头或转移目光，不敢看对方，等到相距五六米的时候，才会把视线转移到老师身上，跟老师打招呼时，更紧张。

可以试试这样做，与师长相遇时，合理采用目光语，表情自然或略带微笑，相距四五米的时候，稍微放慢脚步但不宜停下脚步，然后看着老师，说一声："老师好！"老师回应一声："你好！"一般来说，互相问好后，基本就"擦肩而过"了。如果选择立定后，再向老师恭恭敬敬地问好，老师可能也会停下脚步，这种情况下你们可能就会多交流几句，若无可聊的内容，就会十分尴尬。

我们常能见到这种情形：有些人在和陌生人、师长或者异性交流时，因紧张而不敢注视对方，不是低头盯着地面，就是抬头看天。合理使用目光语，可以增强自信，克服羞怯心理。在沟通中，羞怯的一方总会躲避目光的对视。当然，若目光对视让你觉得很尴尬，你可以看着对方的眉毛以上到发际之间的区域，除非对方离你很近，否则对方不会察觉到你不愿和他对视。这样可以在一定程度上克服不敢注视别人的羞怯心理。

⚑ 知识串讲

日常交际是每个人生活中不可或缺的重要组成部分。美国心理学家亚伯拉罕·哈罗德·马斯洛曾把人的各种需要归纳为生理需要、安全需要、社交需要、尊重需要和自我实现需要5个层次。**社交需要**处于第三层次。交际是人较为基本的需要，因为一方面，人是群体动物，有着强烈的归属感，渴望成为社会群体的一员，渴望与他人交际，这就是社会学中所阐释的所谓人的"社会化"；另一方面，人又是有感情的、有理性的高级动物，人的需要不仅包括物质需要，更包括精神需要，而精神需要又是人特有的，越是人特有的就越是高级的。如果一个人不与别人交际，就会对他的心理或生理造成很大的危害。

人际交往，礼貌当先；与人交谈，称谓当先。

一、称呼用语及其使用

称呼，也叫称谓，指的是人们在日常沟通中所采用的彼此之间的称谓语。人际沟通从称呼开始，称呼亲朋好友、同学同事或其他有关人员时使用规范性礼貌用语，既能表示友好尊重，又能恰当地体现出沟通者之间亲疏远近的关系。在人际沟通中，沟通者选择的称呼，反映着自身的教养、对对方的尊敬程度；称呼得体可使对方感到亲切，获得心理上的满足，使沟通顺畅，交往成功。可见，正确地掌握和运用称呼的语言艺术，是人际交往成功不可缺少的礼仪因素。

（一）社会交际称谓语

1. 礼俗性亲属称谓语

礼俗性亲属称谓语是一种广泛的用于非亲属之间的称谓语。为了表示礼节和亲切，人们常借用亲属称谓来称呼对方。如邻里乡亲之间，虽然没有亲属或亲戚关系，但人们总是按性别和年龄，分别称呼对方为王大爷、李大叔、赵大伯、王奶奶、李大婶、赵大妈、王哥、张姐等。小孩子称不认识的妇女为姨、阿姨，问路人称陌生的老人为老大爷、老婆婆等。有些地方的人在称呼对方时往往在对方的名字后加上一个亲属的称谓，如源哥、游姐、玲妹等，这样显得更亲切。

2. 现代社交称谓语

（1）对有名望、有地位老者的称谓语

可以采用"姓+老"，如"张老、王老、徐老、郭老"等；也可以采用"姓+名首字+老"，如称呼"吕叔湘"为"吕叔老"；还可以采用"姓+先生"，如"张先生、王先生"；等等。

（2）对社会长者的称谓语

可采用"姓+亲属称谓"，如"王大爷、刘大伯、李奶奶、张大妈、陈大婶、赵阿姨"等。要注意的是，当"大爷"用作社交称谓语时，有2种含义：一是对老年男性长辈的尊称，一般是指60岁以上的老年男性，不论对方年龄大小，一律与父亲同辈分，此时读为"dà ye"；二是指社会地位较高或傲慢自恃的男性，旧社会中常用，此时读为"dà yé"。

（3）一般社会交际的称谓语

姓＋先生（男性、女性知识分子均可）：曾先生、杨先生。

姓＋太太，姓＋女士：黄太太、刘女士。

姓＋职务或职称：王部长、李院长、张书记、冯教授、刘工程师（刘工）。

姓＋老师（学校老师或艺术家）：王老师、周老师、苏老师。

姓＋师傅（多用于司机、工人、厨师）：李师傅、王师傅。

老＋姓＋同志，大（小）＋姓＋同志（用于同事）：老刘同志、老王同志、小吴同志。

职业＋同志：司机同志、警察同志、售货员同志。

职务（面称时有时不加姓）：局长、书记、处长、科长、主任。

通用称谓（在不知对方姓名的情况下打招呼）：同志、老师、先生、阿姨、叔叔、大娘、大哥、大姐、老弟。

在很多场合也可用姓名来称呼，关系亲密的人可称其名字，家人、好友之间可用昵称。称呼姓名时，如果姓名有3个字，可以直接称其名字；如果姓名只有2个字，姓和名就需要一起说出。

以上称谓中，有些称谓反映了社会和家庭关系，每一种称谓都代表一种社会名分。有些新的称谓则有助于社会成为一个团结和睦的大家庭，使人际关系友好和谐。

（二）社交称呼的原则

社交称呼的原则通常反映了人们对尊重、礼貌和文化背景的重视，一般包括尊重原则、礼貌原则、适度原则、文化敏感性原则等。需要注意的是，用职务称呼别人时一般**就高不就低**。如某人是副科长、副书记、副教授、副校长，我们在面称对方时，一般需要把"副"字去掉，这在语言节奏上也更顺口。

称呼别人不是为了满足自己，而是为了满足别人。有一定职务或职称的人，把别人用职务、职称称呼他，看作是对方表达尊重的一种方式，通常会乐于接受这种称呼。但是，在亲朋好友的日常沟通中，如果采用职务、职称称呼对方，反而是一种故意疏远的体现或者成了一种调侃，所以，在称呼时需要分清场合、分清对象。

如果不知道对方的职务、职称，又不确定某个称呼是否恰当时，可以询问对方的意见或观察他人的称呼方法，也可以称其为"老师"，因为"三人行，必有我师焉"。

二、招呼用语及其使用

见面打招呼是人际交往的基本礼节。打招呼的方式有语言方式、非语言方式、语言和非语言相结合的方式。不同文化背景下人与人之间打招呼的方式存在一定差异。下面主要介绍中国式打招呼。

（一）常见的招呼用语

你好或您好：适合大多数场合，尤其适用于初次见面或者不太熟悉的人之间。

嗨：适用于非正式场合或对熟悉的人打招呼，常用于朋友、同学等熟人之间。

好久不见：适用于长时间未见的熟人之间，可以用于问候对方近况，也可以作为话题的开始。

早上好、下午好、晚上好：适用于不同时间段的问候。根据具体时间选择适当的问候语，表达礼貌和关心。

幸会：适用于正式场合，表示很荣幸能够认识对方。通常用于初次见面时的寒暄，表达尊重和友好。

请问：用于询问对方某个问题或事情，表示对对方的尊重和礼貌，常用于询问方向、意见等。

打扰一下：用于打断对方正在进行的事情。

再见：适用于结束对话或离开某个场所时道别，表示友好和礼貌。

在一些特定的场合，如离得比较远，不适合讲话，就需要辅以非语言手段，中国人常常举起右臂，用手掌向着对方摆动几下即可。经常见面的同事、邻居，或者是关系一般的人之间，可以采取相互点头致意的方式来打招呼。

（二）打招呼的礼节

（1）打招呼的顺序。在中国文化中，通常应由年轻者向年长者、学生向老师、下级向上级主动打招呼，以示尊敬。但在其他文化中，可能存在不同的习惯，因此了解并尊重当地的文化习俗至关重要。

（2）打招呼的普遍性。在多数情况下，只要与对方照面，都应主动打招呼，以展现亲切和友好。这不仅是社交礼仪的一部分，也是个人内在修养的体现。然而，在某些特定场合或情境下，如对方正在忙碌或明显不希望被打扰时，应适当考虑不打招呼或简短示意。

（3）保持微笑与眼神交流。打招呼时，应保持微笑，并自然地看着对方，以展现真诚和热情。眼神交流是沟通中不可或缺的一部分，能够增强双方的联系和信任。

（4）注意场合与影响。在公共场合打招呼时，应避免聊个不停，以免影响他人或造成不必要的尴尬。简短而礼貌的问候通常就足够了。

（5）握手礼的注意事项。如果需要行握手礼，应遵守相应的礼节。通常来说，上级、长辈会先伸出手，下级、晚辈则先问候并上前握手，态度要谦恭。握手时，应保持适当的力度和时间，避免过于用力或时间过长。

（6）回应对方的打招呼。如果对方先向你打招呼，应认真回应，如说"您好"或"谢谢"等，以展现礼貌和尊重。同时，也可以根据具体情况和对方的关系，适当添加一些问候语或祝福语。

三、介绍的语言艺术

在人际沟通中，介绍是与他人增进了解、建立联系、寻求帮助和支持的一种最基本、最常规的方式，是人与人相互沟通的出发点。在很多社交场合，我们需要介绍自我、介绍他人或介绍集体。在我们的一生中，我们会在不同场合面向不同人群进行自我介绍。例如，新生入学时，我们在班级的第一次班会上要进行自我介绍；想加入某个学生社团时，我们要进行自我介绍；求职应聘时，我们需要一个有针对性的自我介绍。有时候，我们还可能作为第三方，引见、介绍彼此不认识的双方，即介绍他人。

（一）自我介绍

在自我介绍中，介绍内容和介绍方式同等重要。有时候，人们不在意你说了什么，而看重你是怎么说的。因此，在做自我介绍的时候，要注意语气、语调、表情的合理使用，以获得对方的好感。下面讲解自我介绍的相关内容。

1. 不同场合的自我介绍

（1）应酬式

应酬式介绍适用于一般性的公共场合和社交场合，也适用于面对泛泛之交和不愿深交的人的场合，这种自我介绍最为简洁，往往只包括姓名、身份等基本信息。

示例：×老师，您好！我是来自天津大学的王××，您叫我小王就好了。

（2）工作式

工作式介绍适用于工作场合，介绍的内容可包括姓名、单位及任职部门、职务或从事的具体工作等。

示例：您好！我叫王××，是××大学××学院××专业的一名本科生，在做关于环保的社会实践活动，您能帮我填写一份调查问卷吗？

（3）社交式

社交式介绍适用于社交活动，可以通过自我介绍给对方一种信任感，对方会产生接近、结识你的欲望。介绍内容应包括姓名、籍贯、兴趣及与沟通对象的某些相近的联系，如果已工作，还可以介绍自己的工作。

示例：各位同学，大家好！我叫王××，四川人，很高兴与大家成为同班同学。我喜欢广交朋友，来到××大学，希望我能成为大家的好朋友！

（4）礼仪式

礼仪式介绍适用于举办讲座、做报告、演讲、举行庆典、举行仪式等正式或隆重的场合。介绍内容可包括姓名、单位、身份、职务等，同时还应加入一些适当的谦辞、敬辞。

示例：各位来宾、同学们，大家好！我叫×××，是××大学××学院的团委书记，我代表××学院热烈欢迎大家光临我们的展示会，希望大家……

（5）问答式

问答式介绍适用于应试、应聘和一些公务交往，应该有问必答，问什么答什么。

示例如下。

面试老师：同学，你好！请简单做一个自我介绍。

面试同学：各位老师好！我叫×××，是××大学××专业的应届毕业生，获得了本校免试攻读硕士研究生的资格。很荣幸能有机会到贵校参加这次面试，我大学期间……

2. 常用的自我介绍方法

（1）自我介绍的五要素法

自我介绍中包括**5个要素**：姓什么，叫什么，名字怎么写，有何意义，祝福语。

这种介绍方法属于社交式自我介绍，为了让对方记住你的姓名，你可以巧解姓名。姓名是父母起的，但我们可以给自己的姓名赋予一定的意义，以名言志。为了与别人相识，可以在自我介绍的结尾加上一两句祝福语，也可以借座右铭抒情、励志等。

（2）自我介绍的工作关联法

这种介绍方法的适用范围较广。介绍的内容包括姓名、单位、特长、与大家的关系等。使用这种介绍方法的目的是与更多的人产生有益的联系。

示例：您好！我叫×××，是××的同事（朋友），也是老乡，我在××大学××学院工作，跟您一样，是教沟通与写作的，以后还请多多指教。

（3）自我介绍的关键信息法

在《西游记》中，唐僧作为主线人物，在多处进行了自我介绍，其自我介绍的模式和关键信息（我是谁，来自哪里，到哪里去），可供我们参考。

我是谁：这是自我介绍的第一部分，也是最基本的信息。你需要告诉对方你的姓名或身份。例如："您好，我叫王××，是一名大学教师，在学校主要教沟通与写作课程。"

来自哪里：接下来，你可以简要介绍你的家乡、学习单位或工作单位，还可以介绍你的职业和职位，让对方了解你的专业背景。这有助于建立与对方的联系。例如："我来自四川，目前在天津大学人文艺术学院工作，分管学生工作、教学工作。"

到哪里去：说明此次拜访、参会或参加其他外出活动的目的，还可以简要提及你的个人愿景与职业目标，这有助于展示你的积极态度和进取心。例如："很高兴受邀参加这次教学研讨会，学习大家的教学经验，我希望能够在沟通与写作领域跟大家一起做出贡献。"

综合以上3种介绍方法，可知一个比较好的自我介绍，应包含以下3方面内容：一是**现实的我**，给对方留下印象，以"表达期待"来组织材料；二是**未来的我**，面向未来讲"理想的我"，或者做出一种承诺；三是明确介绍的目的，回应对方的关切。

3. 自我介绍的注意事项

自我介绍应注意以下4方面内容：自我介绍的时机和时长、自我介绍的目的、自我介绍的内容、自我介绍的方式。

首先，善于把握**自我介绍的时机**和控制**自我介绍的时长**。在对方有空闲又有兴趣时进行自我介绍，这样就不会打扰对方，对方也能认真听你的介绍并记住你。介绍时要言简意赅，以半分钟左右为佳，不宜超过一分钟（特殊情况除外，如求职面试）。

其次，明确**自我介绍的目的**。根据沟通目的决定哪些内容需要重点介绍，哪些内容可以不介绍。如时间允许，最好先打好腹稿，在心中演练一遍，以突出介绍重点和层次。

再次，组织好**自我介绍的内容**。根据沟通场合决定是进行详细介绍还是简单介绍，我们要根据不同的场合组织自我介绍的内容。

最后，合理使用**自我介绍的方式**。除了运用语言进行介绍外，为了节省时间或增强效果，自我介绍时，还可利用名片、介绍信加以辅助。

进行自我介绍时，应先向对方点头致意，得到回应后再向对方介绍自己。介绍过程中，要善于用眼神表达自己的友善、关心以及沟通的渴望。介绍完成后，互相握手致意。如果介绍时辅以名片的递换，还需注意递名片、接名片的方式。不要将名片放在裤子口袋里，如果让人看见会觉得你不尊重他。向对方双手递送自己的名片时，名片上的文字应正对对方；接收别人的名片时，双手接过后最好浏览一遍，还可略加赞许，记下职务，以便称呼。看过名片后要将其小心放好，可放在名片夹里或上衣口袋里，不要拿在手上摆弄或随手往桌上一放。

（二）介绍他人

在人际沟通中，不仅需要自我介绍，在一些场合还需要介绍他人。介绍他人，又叫第三方介绍或居间介绍，就是当双方互不认识时，由第三方替双方进行介绍。

1. 谁当介绍人

在社交场合，没有介绍人，双方互不认识，大眼瞪小眼，便会很尴尬。在一般性的公务活动中，主要是以下几种人当介绍人。

介绍他人

其一，专业人士。办公室主任、领导秘书、公关人员等，他们都是单位里专门负责对外接待工作的人员。

其二，对口人员。即客人要拜访的部门的有关人员，如客人是销售经理，则可以由本单位的销售经理负责介绍，根据介绍人与被介绍人的规格对等接待。

其三，本单位地位、身份最高者。这是一种特殊情况。来了贵宾的话，一般应该由东道主一方职务最高者出面介绍，这在礼仪上称为规格对等，是对贵宾的一种尊重和重视。

2. 介绍的方式和内容

介绍他人时，根据沟通场合的不同，介绍的方式和内容也有区别。介绍他人时，应以尊重的口吻恰当地称呼他人。如果某人有职务或职称（如处长、教授等），则称呼其职务、职称更显尊重。同时，应该礼貌地以手示意（掌心向上），而不要用手指去指人。在介绍内容方面，一般只介绍双方的姓名、单位、职务。在介绍这些信息时一定要放慢语速，口齿清楚，以免给双方造成误会。有时为了推荐一方给另一方，介绍时可以说明被推荐方与自己的关系，或强调其才能、成果，便于新结识的双方相互了解与信任。当然，不要过分颂扬他人，以免被推荐方尴尬或给人留下"吹嘘""拍马屁"的不良印象。

3. 介绍的顺序

中国和以英语为主的西方国家在介绍他人的顺序上存在一定的差异。西方国家介绍他人的顺序一般是：将男子介绍给女子，将同性别中年轻者介绍给年长者，将未婚女子介绍给已婚女子，将同性别中地位低者介绍给地位高者，将儿童介绍给成年人。我们国家现在介绍他人的顺序则基本相反，通常按下列顺序介绍：将年长者介绍给年轻者，将长辈介绍给晚辈，将职位高者介绍给职位低者。两个群体相互介绍时，一般只介绍带队的、职务高的，随行人员则笼统介绍。如果将一对夫妇介绍给他人，西方国家习惯先介绍丈夫，后介绍妻子；在中国则先介绍与在场人有关的一方，然后再介绍其配偶。按照礼仪，为他人做介绍时应遵守"尊者优先"的原则，即优先把尊者介绍给他人。其实，不论中西方有何差异，介绍他人的一个窍门是：先称呼谁，谁即为"尊"，应把他人介绍给该人，如"张先生，这是我弟弟×××"。

在介绍他人时，介绍人与被介绍人都要注意一些细节。介绍人为被介绍人做介绍之前，要先征求被介绍人双方的意见。介绍完毕后，介绍人和被介绍人都应该微笑或点头致意，以示尊重和礼貌，条件允许的话应依照合乎礼仪的顺序握手，并问候对方，如"你好""很高兴认识你""久仰大名""幸会幸会""谢谢"等，必要时还可以进一步做自我介绍。

介绍他人时有一种比较特殊的形式，即集体介绍，这种形式多用于活动主持人向参与者介绍活动的主角。如在演讲、报告、比赛、会议中，主持人往往需要将主角介绍给广大参与者。如果被介绍的不止两方，并且每方人数都很多，需要对被介绍的各方进行位次排列。排列的方式是：①以其负责人身份为准；②以其单位规模或级别为准；③以抵达时间的先后顺序为准；④以座次顺序为准；⑤以距离介绍人的远近为准；⑥以到场人数的多少为准。

座次安排

🔄 拓展训练

1. 在《西游记》中，唐僧每到一地都要做一番自我介绍，并介绍他的3个徒弟。请查阅资料，总结唐僧自我介绍和介绍他人的通用方法。

2. 回忆一下，大学期间每门课程的任课教师第一次上课时是如何自我介绍的。

3. 假设你是一位即将参加国际青年论坛的大学生代表，论坛的主题是"青年与科技创新"。请设计一段1分钟的自我介绍，内容需包括以下要点。

（1）你的姓名、学校和专业。

（2）你参与科技创新的经历或项目（如果有）。

（3）你对青年在科技创新中的作用的看法。

（4）你希望通过参与这次论坛达成的目标或期望。

第二节　有效交谈

● 学习目标

1. 掌握交谈的语言艺术。
2. 学会使用赞美的语言艺术。
3. 理解并掌握批评的语言艺术。

● **课堂训练**

1. 在一个班集体中，同学们来自五湖四海，大家性格各不相同，在同一个寝室生活的几个同学更是朝夕相处。请描述一下你的室友们的性格和特点以及你是如何与他们相处的。

◆◆ **训练解说**

我们要学会用欣赏的眼光去看待周围的同学，并发现他人身上的优点和长处，在适当的时机、适当的场合对我们的同学进行赞美，这样可以增进双方的友谊。同时，我们应学习他人的优点。在练习时，我们需要总结出室友之间相处的方法和原则，如真心、交心、倾心；换位思考，相互理解与尊重；主动积极；开放与包容；等等。

在集体生活中，免不了与他人产生摩擦；在与朋友交往中，免不了产生意见或思想方面的争辩；在寻找志同道合的朋友的过程中，免不了包容朋友的缺点或对他们提出建议。

朋友间相处久了，或许朋友身上的某些缺点就显现出来了，我们需指出朋友的缺点时，不仅要使用委婉的言辞，还要注意指出的方式，不宜当众揭短，让朋友在众人面前难堪。恰当的语言表达方式对于发展和维系友谊至关重要，不要因为朋友之间感情深厚就不讲究批评的语言艺术。

2. 大学生活中，"卧谈会"是必不可少的调味品，请谈谈你们寝室"卧谈会"的情况。

◆◆ **训练解说**

大学生的"卧谈会"涉及方方面面的内容，也是同一个寝室的同学互相增进了解、建立深厚友谊的一种沟通渠道。在"卧谈会"中，话题的选择很重要。同学们可以回忆以前的"卧谈会"一般是由谁发起的、一般哪类室友起到主导作用、每次"卧谈会"室友的参与度如何等，通过思考这些问题来领会交谈的一些技巧。

3. 分析下列材料，请阐述案例中小王赞美他人失败的原因。

某公司的职员小王，一次在街上见到自己的同事小张及其夫人，小张长得老相，而其夫人却保养得很好，显得十分年轻。因为小王是第一次见到小张的夫人，为了留下良好的印象，于是小王便对小张的夫人赞美一番："张夫人好年轻呀，看上去比小张小20岁，要是别人，准以为你们是父女……"话未说完，小张就说："你胡说什么呀！"说完便拂袖而去。

◆◆ **训练解说**

在这个案例中，小王赞美失败的原因主要在于他没有考虑到赞美的方式和内容可能会对被赞美者产生的不利影响。具体来说，有以下几个方面。

不恰当的比较：小王在赞美时使用了不当的比较方式，将小张与其夫人的年龄差异夸大，并暗示他们看起来像父女而不是夫妻。这种比较可能会让小张感到尴尬或不舒服，因为它触及了人们对年龄敏感的问题。

忽视了对方的感受：小王没有充分考虑到小张的感受，直接在公共场合谈论小张和夫人的年龄差异，这可能会让小张觉得自己的老相被突出展示，从而伤害他的自尊心。

缺乏真诚：虽然小王可能出于好意想要赞美小张的夫人，但他的话语听起来可能过于夸张而不真诚，这会让人觉得他在奉承或者不真诚。

另外，赞美他人时，不能以贬损第三方来凸显对方的优点或"美"之所在。

4．在公众场合中，假如有人故意当众揭你的短处或暴露你的隐私，你会怎么处理？

◆◆◆ 训练解说

在公众场合中，如果有人故意揭你的短处或暴露你的隐私，这可能会让你感到尴尬、愤怒或受伤。你会选择怒目而视、出言反驳，结果弄得面红耳赤；还是选择当众解释，结果欲盖弥彰；抑或是采用其他方式处理？在特定的交际场合，据理力争未必是最佳选择，沉默常常比论理更有说服力。处理这种情况需要冷静和智慧，以下建议可供参考。

保持冷静：尽量控制自己的情绪。愤怒或激动的反应可能会使情况变得更糟，甚至可能被对方利用来进一步攻击你。

评估情况：快速判断对方的动机。他们是在寻求注意、试图伤害你还是有其他目的？了解这一点可以帮助你决定如何应对。

私下解决：如果可能，尝试和对方私下谈话。这样可以避免在公众面前进一步造成尴尬，并且可以更直接地解决问题。

设定界限：明确告诉对方你不喜欢这种行为。

避免反击：尽管你可能想要报复，但这通常不是最佳选择。反击可能会导致事态升级，损害你的形象。

转移注意力：如果情况允许，尝试转移话题或引导大家将注意力转移到其他事情上，以减少对你的影响。

寻求支持：如果你觉得自己无法处理这种情况，可以寻求朋友或同事的帮助。有时候，第三方的介入可以帮助平息风波。

记录证据：如果这种行为持续发生，或者你认为这是一种骚扰行为，记录并保存任何可能的证据（如录音、录制视频或记录目击者的证词）。

法律途径：如果对方的行为构成了侵犯隐私权或其他违法行为，考虑寻求法律帮助。

5．假如你是领导，发现秘书写的总结材料有不妥之处，该如何批评？

◆◆◆ 训练解说

建议采用欲批先扬的方式。可以说："总的来说，这份总结写得不错，思路清晰，重点突出，有几处写得很有见地，看来你下了不少功夫，只是有几个地方提法不妥，麻烦你再修改一下。你的文笔不错，过去几次写总结也是越修改越好，我相信你这次也一定能改出一篇好总结。"如果领导这样说，其秘书会感到领导对自己很公正、很器重，充满期望和信任，对自己以前的工作也充满肯定，因而就会很卖力地修改此次总结。

⚐ 知识串讲

一、交谈的语言艺术

交谈是人们日常交往的基本方式之一，它可以促进人们交流思想、交融感情、交换信息。日常生活中的交谈虽然目的性不是很强，交谈的方式也较为随意，但是所谈的内容应尽量具备一定的目的性，如果东拉西扯、废话连篇，这样既浪费自己的时间，又耽误对方的时间。即便是随性而起的交谈，也应达到增进彼此了解、增进友谊、交换双方对某些事的看法等目的。学习并掌握一些日常的交谈策略，有助于提高生活质量、促进人际关系和谐。

（一）交谈策略

下面介绍一些提高交谈质量的策略。

1. 语言策略

语言是交谈的载体，交谈过程即语言的运用过程。语言运用是否准确、恰当，直接影响着交谈能否顺利进行，因此在交谈中尤其要注意语言的运用。交谈时，用简洁的句子表达自己的想法，避免冗长和复杂的陈述，尽量使用具体、明确的词汇，使你的意图更加清楚，这样有助于对方更容易理解你的意思。若要一问一答，互动交流，尽量提出开放性问题以鼓励对方多说，例如可以说"你怎么看待这个问题？"而不是简单地提出只回答"是"或"否"的问题。根据对方的回答提出进一步的问题，显示你对对话有较多的兴趣和参与度。如有必要，在对话结束时简要总结讨论的要点，确保双方对谈话内容有共同的理解。

2. 积极倾听

交谈属于互动交流的行为，你除了要善于表达自己的思想、看法和意见等，还要主动、积极地倾听对方讲话。否则，只有信息的输出，而无信息的输入，这对信息交流不利。你应该多听听别人的意见和想法，以丰富自己、充实自己。认真听对方说话，不打断，表现出对对方的尊重和兴趣。在倾听的过程中，不妨以"嗯""是""对""没错""真是这样""我有同感"等加以呼应。必要时，还应在自己讲话时，适当引述对方刚刚发表的见解，或者直接向对方请教。

3. 以心交心

以心交心，就是以自己的真诚来换取对方的真诚。在交谈中，适时适量传递自身的信息，以自我袒露的方式拉近双方的心理距离，可以让双方的关系变得更加亲近。不想袒露自我却想让对方袒露内心世界，这通常是不可能的，但是袒露不是毫无保留地敞开心扉，说出心中的所有想法或秘密。因此，以心交心时，需适度适量。首先，自身的资料性信息可以袒露，如自己的工作、近况、有趣的经历等。其次，根据交谈对象决定是否深入袒露其他信息，如自己对某一事情的立场、态度、看法等，如果情况允许，可以深入交流，以增加交谈的互信度。

4. 巧妙回避

在日常交谈中，你可能会遇到一些不想深入讨论或不适合当前场合的话题。巧妙回避这些话题，既是一种社交技巧，也是一种保护个人隐私和避免尴尬局面的能力。当对方提到敏感话题时，你可以通过提出一个相关但更轻松或更普遍的话题来转移注意力。例如，如果对方问起你的工资，你可以转而谈论工作环境或公司文化。对一些不想透露具体信息的问题，你可以采用模糊或笼统的回答方式。例如，当被问及收入时，你可以说："还可以，足够我生活。"当对方提出你不想回答的问题时，你可以尝试反问对方。例如："我倒是很好奇，你对这个问题有什么看法？"机敏的回答可以是"无效回答"，虽然彬彬有礼地回应了对方，但实际上并没有让对方知道什么消息，这就是巧妙回避。

（二）交谈礼节

为保证交谈的过程愉快，取得良好的沟通效果，还需要注意一些基本的交谈礼节。

1. 积极配合，使用好非语言沟通

与人交谈时，表情要自然，不应过于僵硬或夸张，应保持适当的眼神接触，这能显示出你的专注和对对方的尊重。眼神交流的时间应占整个交谈时间的50%到70%。适度的肢体动作可以增强交流效果，但要避免过分或多余的手势，如用手指指人或大幅度挥动手臂。

2. 礼貌待人，多倾听对方讲话

交谈中多使用敬语和谦辞，如"您好""请""谢谢""对不起"等，可以体现对对方的尊重和礼貌。当与人交谈时，随便打断别人讲话，或任意发表自己的评论，都会被认为是没有教养或不礼貌的行为。当别人在说话时，应全神贯注地听，不要左顾右盼或做其他事情，以示对对方的尊重。即使需要插话，也要先表示歉意，并等待对方停顿后再开口。

3. 选择好话题，求和谐、避争辩

日常交谈的话题应符合双方的思想境界、个性特征和兴趣爱好，以便为交谈创造一个良好的氛围。对于某些话题，不同的人可能会有不同的意见，在日常交谈中，我们不能把交谈当成辩论，以免伤了和气。在初次交往或与不太熟悉的人交流时，避免谈论个人隐私、宗教信仰、政治立场等敏感话题。

4. 双向沟通，不要独白

在日常交谈中，我们要注意双向交流，并且在可能的前提下，尽量使交谈围绕交谈对象进行，无论如何都不要自己侃侃而谈，只管自己尽兴，而始终不给他人张口的机会。交谈时要给他人发表意见的机会，善于聆听他人讲话，尊重他人的观点和想法。

5. 学会适当沉默，谨防言多必失

交谈中，适当保持沉默，可以避免失言，正所谓"话不投机半句多"。如果在交谈中，你意识到自己的言语伤害到他人了，应立即致歉。交谈中论及第三方时，一定要注意自己的言语，切勿背后说人坏话。

二、赞美的语言艺术

在日常生活中，如何去赞美他人是一门艺术，如何去批评他人也是一门艺术。从心理学角度来说，赞美是一种容易引起对方好感的人际沟通形式，也是一种有效的沟通技巧，能有效地缩短人与人之间的心理距离。赞美是一件好事，但绝不是一件易事。赞美是一门学问，我们在赞美时要能够抓住被赞美的人或者事物的实质，一语中的，要让被赞美者听了舒服、

畅快。赞美别人时如不审时度势，不掌握一定的赞美技巧，即使我们是真诚的，也可能把好事变成坏事。

由于受到中国传统文化的影响，在现实生活中，很多人信奉"忠言逆耳利于行"，因此，很多人不习惯赞美别人，更不知道如何赞美别人。下面详细介绍赞美的相关内容。

（一）赞美的前提

要赞美他人，首先要发现他人的"美"之所在，这是赞美的前提。

1. 学会体谅、宽容，常怀欣赏之心

（1）**学会体谅**，这是通向理解之门的关键。体谅能拓宽我们的心胸，使我们能够接纳原本难以理解的人和事，从而培养出一颗包容万物的博爱之心。正是这份体谅，让我们发现人间更多的真、善、美，也让我们更加敏锐地察觉到他人身上的闪光点与可爱之处。

（2）**学会宽容**，这不仅给予了他人改正错误的机会，更为他人创造了一片自由施展才华的广阔天地。当我们以宽容的心态去看待他人时，会发现即便是那些曾经犯过错误的人，也拥有着许多值得我们欣赏和学习的优点与特质。

（3）**常怀欣赏之心**，这是发现生活美好的重要途径。我们的心态决定了我们的视角，如果心中充满欣赏与友爱，那么我们的目光就会自然而然地聚焦于他人的优点与长处之上；相反，如果心中满是挑剔与敌对，那么我们就会不自觉地放大他人的不足与缺陷。

2. 细心观察，方能深入赞美

赞美宜深入，不宜表面化。要让自己的赞美更深入，平时就要细心观察被赞美者。一般来说，**人的优点**按影响可分为3类：一是人所共知、有口皆碑的优点，二是不太明显、不太巩固的优点，三是处于萌芽状态的优点。对于第一类优点，我们不妨同声赞扬一番，否则对方可能会以为我们不同意这种大众评价，但我们在赞美这类优点时最好用些比较新颖的言辞或表达方式。如果想要和对方建立更深一层的关系，我们就要挖掘得更深入一些，最好能准确细致地说出对方的第二类甚至第三类优点。

（二）赞美的言辞

1. 真心实意，恰如其分

赞美是对别人发自内心深处的欣赏然后将这种欣赏反馈给对方的过程。赞美要真心实意。言不由衷、巧言令色、虚情假意或张冠李戴等无事实依据的赞美会让人感到莫名其妙，觉得你油嘴滑舌、阿谀奉承，简直就是一个"马屁精"，以至于让对方怀疑你的赞美动机。

真诚的赞美还体现在措辞的合理上。**赞美之词**要准确、具体，恰如其分，确有其事，不夸大，不拔高。例如，你见到一位体态略显臃肿的人，却偏要对对方说："你真是瘦极了！"对方立刻就会认定你所说的是虚伪至极的违心之言。这样不仅不能使对方满意、接受，而且常常会让对方怀疑你的动机，甚至产生反感和戒备心理。但如果你着眼于对方的其他方面，如服饰、谈吐、举止，发现对方在这些方面的出众之处并真诚地赞美，那对方一定会高兴地接受。

2．注重细节，言辞具体

被赞美的人不仅需要赞美之词，而且想知道自己的哪一点得到了别人的赏识，因此，赞美要从细节出发，言辞要尽量具体。对比下列赞美之词。

你这段时间状态不错嘛！

你提的意见非常好，很有参考价值！

你最近进步很大，很棒！

这些都是空洞的夸奖。我们可以换一种说法，将赞美之词具体化。

这段时间，你们小组的创意比较多，每次讨论你都会首先说出来，引导大家集思广益，状态不错！

太好了！如何克服思维定式正是我们现在碰到的最大困难，你这个意见正好为我们指明了一个新的发展方向。

你连续两个月100%完成了预定任务，在业绩把控上进步很大！

再如，在课堂训练中，学生上台发言、展示完以后，老师进行有针对性的点评，有的老师为了节省时间，可能会说："刚才这位同学的发言很好，因为时间关系，好的方面我就不多说了，我就不足之处说说我的看法。"其实，学生不仅想知道自己哪些方面存在不足，还想知道自己哪些方面做得好，以便继续发扬。因此，老师不能说"好的方面我就不多说了"，反而要好好说、具体说。

（三）赞美的方式

1．常赞小事，建议赞事不赞人

我们周围绝大多数人都是平平凡凡的普通人，大家过着简简单单的日子，做着平平淡淡的小事。因此，赞美别人需从小事入手，不失时机地夸奖，如夸奖对方正在努力做的事、对方的身体及其服饰打扮、房屋的各种设计或装饰等。这样不仅会给别人带来意外的惊喜，而且极易让别人对你产生友好、亲近、敬佩的感觉，从而加深彼此的了解。

赞美应**就事论事**，不宜直接赞美某个人，而应赞美他的具体行为。如果你的赞美毫无根据，只是说"你真是太棒啦"或者"我对你佩服得五体投地"，恐怕没有谁会认为你这是在赞美。赞美绝不是阿谀奉承。

2．因人而异，避免赞美一般化

人与人是不同的，人的年龄、性别、职业、长相等各不相同，因此赞美要因人而异。突出个性的赞美比一般化的赞美更能取得良好的效果。赞美他人是对他人的肯定，更是对他人魅力的一种欣赏。比如，人人都渴望被别人赞美，但男性和女性对赞美的需要是不同的，成年人和小孩对赞美的需要也是不同的。

在现代社会，人们不仅在乎别人对自身魅力的欣赏，而且还在乎别人对自己能力的肯定，他们希望社会能认同自己，肯定自己的能力，也希望在他人眼中自己是能够独当一面的人。比如，你可以赞美他人事业成功、踏实肯干、头脑灵活，或者是风度翩翩、仪表堂堂、气质出众、活泼可爱。从被赞美对象的特点和个性出发真诚地表达自己的欣赏会比用一些通用的赞美之词更令对方感到欣慰和愉快。

3. 自谦赞人，虚心请教显真诚

<u>谦虚</u>是一种难能可贵的美德。谦虚不是一味地贬损自己而抬高别人。如何做到自谦以赞人呢？比如，你可以虚心请教。当一个人的优势或优点已为众人所知晓后，你再去赞美或者恭维，他可能都听"腻"了，对你的赞美之词也没什么感觉，这时，你不如虚心向他讨教一番，他定会耐心地向你传授经验或相关诀窍。

真诚地自曝劣势，凸显对方优势，这也是一种赞美。如在某个方面，你自愧不如时，谦虚地赞美将是最好的选择。如果一味地颂扬、过度赞美，反倒有嫉妒之嫌，因此，还不如承认、尊重并欣赏别人的优势，这会使你拥有更多的朋友、更多的收获。

4. 借花献佛，背后多说人好话

在背后道人闲话的人不少，因此人在背后说别人好话就成了一种较难达到的境界。有时候赞美他人的言辞由我们自己说出来，会让我们有点不好意思，我们也怕自己说得不真切，反倒有恭维、奉承之嫌。此时，我们就可以用借花献佛的方式，将第三方对对方的赞美之词援引过来。人们通常认为第三方所说的话比较公正、客观，因此，以第三方的口吻间接赞美对方，更能博得对方的好感和信任。

如果我们当面赞美别人，对方容易认为我们是在奉承他、讨好他。当我们在背后说别人的好话时，别人反而会认为我们是在真诚、真心地赞美他，并感激我们。这样还可以避免有当面"拍马屁"之嫌。可见，背后说别人的好话，比当面恭维、赞赏别人的效果要好得多。不用担心别人不知道我们在背后说他们的好话，这些好话很容易传到他们的耳朵里。因此，当你在用第三方的赞美之词赞美别人时，也应该多多在背后说别人的好话，让别人借你的花献他的佛。

（四）赞美的时机

1. 合乎时宜

赞美的艺术，在于精准把握时机，恰到好处。不合时宜的赞美，不仅可能无法达到预期效果，甚至会适得其反。比如，当某人正穿着新鞋洋洋得意时，你却提及他上周穿的旧鞋多么好看，这无疑会让他感到扫兴与不被重视。相反，你若能敏锐地捕捉他的喜悦并适时赞美，赞美便能成为强大的正能量。

在他人计划做一件有意义的事时，及时的赞美能激发其决心与信心；在计划执行的过程中，适时的赞美能促使对方保持动力，再接再厉；而当计划圆满结束时，恰当的赞美则是对他人所取得的成果的肯定与对他人所付出的努力的认可，同时，若能在此基础上提出建设性的建议，引导对方继续前行，那么这样的赞美便真正达到了适时且适宜的最佳效果。因此，赞美不仅要真诚，更要讲究时机，这可以让每一句赞美的话都成为对方成长路上的温暖阳光。

2. 雪中送炭

最需要赞美的是那些因才华被埋没而产生自卑感或身处逆境的人。这类人往往在日常生活中鲜少听到真挚的赞许，因此，当他们意外收获来自他人当众且真诚的赞美时，这份认可就如同强心剂，能够极大地鼓舞他们的精神，帮助他们重拾自信与希望。正因如此，高效的赞美并非总是对成功者的锦上添花，而是对处于困境中的人的雪中送炭，这样的赞美更能触动人心，产生深远影响。

此外，赞美并不拘泥于形式，它可以是直接的言语表达，如"你做得很好""你真棒"等鼓励的话语；也可以是无声的肢体语言，比如一个充满赞许的眼神、一个肯定的手势、一抹温暖而友好的微笑，这些细微的动作、表情同样能传递出我们对他人的认可与尊重，有时甚至能达到超越言语的积极效果。

值得一提的是，由于中西方文化差异，中国人赞美他人以及接受他人赞美的方式与西方人存在较大差异。在中西方文化交流中，赞美的语言艺术应从不同文化的背景出发，做到入乡随俗。

三、批评的语言艺术

我们需要真诚的赞美，也需要善意的批评，批评不一定非得是逆耳之言。赞美是鼓励，批评是督促，二者缺一不可。人生活在团体中，批评人、被人批评都是难免的。批评也是一门艺术，少运用且善于运用批评才是上策。

赞美的适用范围相对较大，人人可以赞美，人人也可以被赞美；而批评的适用范围相对较小，批评一般用于长辈对晚辈、上级对下级、老师对学生，但反过来的情况相对较少，朋友之间可以互相批评。

（一）批评的态度

1. 克制情绪，态度温和

批评的前提是错误的事实确凿，责任清楚，有理有据。如果对方确实有错，导致你心中不满、愤怒、埋怨、愤恨，你最好先克制一下情绪，保持心平气和，做到诚恳、认真、冷静，不能急躁，要使用温和的语言交流，避免恶语相向。人在气头上往往容易说出过分的话、难听的话，此时，不妨先冷静一下，再考虑是否有批评的必要。

人非圣贤，孰能无过？做人要拥有一颗宽容的心，得饶人处且饶人。不要苛求别人，学会宽容才会让我们的心胸开阔。但是，什么事都宽容，不指出其错误之处，就无法做到"过而能改"了，所以该批评时还得批评，只不过要讲究批评的方式方法。

2. 尊重人格，严禁侮辱

每个人在人格上都是平等的，不要不尊重对方的人格。在平等的气氛中进行的批评才容易被接受。如果批评者摆出一副居高临下、盛气凌人的姿态，无法说服对方就靠压制来让对方服从，这是不行的。另外，在用词方面，绝不可侮辱被批评者的人格，否则被批评者会因尊严扫地而出现反抗情绪。

如果不尊重对方的人格，批评者其实就已经犯"错"了，因为"态度不好"也是一种错，批评者也得改正自己的错误。你只有对别人尊重，才会赢得别人对你的尊重。

（二）批评的方式

请看下面两句话。

第一句："你怎么把房间弄得乱七八糟的？"

第二句："我真不希望看见房间被弄得这么乱。"

有没有感觉第二句话没有第一句话那么具有攻击性？如果你是当事人，第一句话会把你惹怒，第二句话则会让你为自己弄乱房间的行为感到愧疚。不难发现，使用"你"字开头的语句容易激起他人的防卫心理，因为这意味着说话者在毫不留情地进行批评，即便这种批评是对的，大多数人也无法接受。使用"我"字开头的语句以一种比较精确、不那么挑拨的方式来表达不满。这是一种更能保住对方面子、不撕破脸皮的做法。因此，批评时**少使用"你"字**开头的语句，**多使用"我"字**开头的语句。可见，批评的时候，还要讲究方式方法。下面介绍一些常见的批评方式。

1. 因人而异

批评他人要注意根据不同对象采取不同的批评方式和批评言辞。对年轻人的批评要语重心长，表达关心爱护，寄予希望。对中年人的批评要旁敲侧击，点到为止。对长者的批评要委婉含蓄，巧妙提醒。对不讲道理、不听劝说的人，批评就要义正词严、理直气壮。除了年龄因素，对不同性格的人也应该使用不同的批评方式。例如，对于性格内向一点的人，批评时点到为止；对于性格外向一点的人，可以把批评的话说得重一点。

2. 欲批先扬

著名教育家陈鹤琴说："无论什么人，受激励而改过，是很容易的，受责骂而改过，是不大容易的，而小孩子尤其喜欢听好话，不喜欢听恶言。"对于心细、敏感、自尊心强、能知错就改的被批评者，批评者稍稍发出指责信号，略做点拨，他们就会立即知错、改错。而对于那些自尊心受到严重挫伤、丧失上进心、破罐子破摔的人，批评根本起不了任何作用，此时，用表扬代替批评，不失为一种良策。使用这种方法，要注意一分为二地分析问题，表扬时要恰如其分，既不夸大其词，又不轻描淡写。对于前面课堂训练中的"假如你是领导，发现秘书写的总结材料有不妥之处，该如何批评？"一题，就可以采用欲批先扬的方式。

3. 暗示批评

在日常生活中，有时候直言的批评不但无法达到让他人知错改错的目的，而且有碍于人际关系发展，严重时甚至会毁掉一个人。这时候我们就需要运用暗示的方法进行批评，让他人既能意识到自己的错误或不足，同时又能理解我们善意批评的意图，使他人对我们心存感激。

例如，有一个同学文章写得很好，遗憾的是他的字写得很不好。为了鼓励这个同学弥补这一不足，语文老师在一次批改作文时，用一个名人逸闻对他进行了暗示。语文老师的评语为："著名诗人柳亚子先生善吟诗作文，堪称文坛大师，他的书法也是龙飞凤舞、流畅奔放，但却很潦草，往往不被人所认识。柳亚子先生的挚友辛壶在批评柳亚子先生字迹潦草时，说他是意到笔不到。"这个同学马上意识到老师是在暗示自己的字写得不好，表示一定要加强练习，把字写好，同时继续保持了对写作的热情。

4. 巧用幽默

被批评者的心理常处于紧张、压抑的状态，他们或表现为焦虑、恐惧，或表现为对立、抗拒，或表现为沮丧、泄气。这些不正常的心理状态是双方交流思想感情的心理障碍。在批评过程中，巧用幽默的语言，使用含有哲理的故事、双关语、形象的比喻等，以半开玩笑半认真的方式提出批评，可以缓解批评带给被批评者的紧张情绪，启发被批评者思考，促进相互之间的感情交流，为批评营造一个轻松愉快的氛围。

对于前面"课堂训练"中的"在公众场合中，假如有人故意当众揭你的短处或暴露你的隐私，你会怎么处理？"一题，就可以巧用幽默来处理。

5. 变换语气

少用祈使句，不要把自己置身于事外，多使用带"我"字的语句，用"我"和"你"来建立双方的联系。请比较下列语句。

你看你，怎么搞的！

什么也别说，我才不听你的所谓的理由和解释！

好好的一件事，让你办成这个样子！

说你不行，结果你就是不行！

适当加入"我"字，并变换一下语气，效果会明显不一样。

工作是不是遇到了困难，需要我帮忙吗？

说说你的想法，你认为怎么解决才好，我的建议是……

你应该及时找我一下。

我也经历过类似的事情，我相信你的能力和水平，你可以……

🎯 拓展训练

1. 在大学期间，同学们将参加各种各样的课外活动，有些活动有评委点评环节，请留意评委是如何点评的。

2. 请观察来自方言区的同学在日常学习或生活中是否会使用家乡话进行沟通交流。如果有其他地区的同学或老师在场，同一个方言区的同学经常使用家乡话交流，你如何看待这一交谈形式？

3. 阅读下列两段材料，谈谈如何有针对性地赞美他人。

（1）有一次，汉高祖刘邦与韩信谈论诸将才能高下。刘邦问道："你看我能指挥多少兵马？"韩信回答："陛下至多能指挥十万兵马。"刘邦又问："那你能指挥多少兵马呢？"韩信自豪地回答："多多益善。"刘邦笑道："既然你带兵的本领比我大，却为什么被我控制呢？"韩信很诚实地说："陛下不善于指挥兵，但善于驾驭将，这就是我被陛下控制的原因。"刘邦自己也曾说过，在指挥百万军队方面，他不如韩信，做不到战无不胜，攻无不克。这是他做了皇帝以后对自己的评价。韩信的赞美，首先肯定了刘邦控制大臣为他效命的能力，但又指明了他在带兵作战方面与自己相比有不足之处，正与刘邦的自我评价相吻合。韩信的话说得很实在、很坦诚，刘邦不但不怒，反而很满意。此时，韩信与刘邦的关系已很紧张，如果他违心地恭维刘邦善于调兵遣将、无所不能，恐怕刘邦不愿意听，甚至会怀疑他在吹捧、麻痹自己。

（2）某君是"拍马屁"的专家，连阎王都知道他的大名。某君死后，阎王见到他，拍案大怒："我最恨你这种'马屁精'。""马屁精"忙叩头回道："虽然世人都爱被'拍马屁'，阎王您公正廉明，谁敢拍您的'马屁'。"阎王听了，连说："对啊，对啊，量你也不敢拍我的'马屁'。"

第三节　电话沟通

● 学习目标

1. 了解因公、因私拨打电话进行沟通的注意事项。
2. 掌握接听来电的处理方法。

● 课堂训练

1. 求职面试电话沟通模拟练习。

教师根据学生所学专业，设定模拟练习的招聘单位和招聘具体岗位。要求参加课堂训练的同学互相背对对方。由一名同学扮演某公司人力资源部门的工作人员，另一名同学扮演应届毕业生，模拟求职面试中的一次电话沟通。

任务一：由招聘人员向应聘者拨打电话，通知面试相关事宜。

任务二：由应聘者向招聘单位拨打电话，询问招聘岗位的相关信息。

>>> 训练解说

如果你试着蒙住两个人的眼睛，让他们进行沟通交流，你会发现他们可能交流不到一两分钟便无话可说了。他们不是一起开口说话，就是彼此沉默不语，总是无法顺利地进行交谈，这一现象在电话沟通中也很常见。电话沟通时人们（可视电话除外）无法直接观察到对方的情绪变化和面部表情。所以，从某些方面来说，电话沟通要比面对面沟通困难一些。

2. 产品销售电话沟通模拟练习。

假设你是一家科技公司的销售经理，你的公司新推出了一款面向中小企业的智能办公管理软件。这款软件旨在提高团队协作效率、简化项目管理流程并优化资源分配。今天，你接到了一个来自一家名为"创新未来科技有限公司"的潜在客户张经理的电话。张经理对你公司的新款办公软件感兴趣，但对这款软件的了解有限，且他的公司正面临预算紧张的情况。你将如何进行电话沟通？

◆◇◆ 训练解说

　　在这个案例中，我们要以客户需求为导向，才能赢得客户的信任。在这个模拟练习中，我们需要完成以下沟通任务：（1）详细了解"创新未来科技有限公司"的具体需求和痛点；（2）介绍新款软件的核心功能和优势，特别是该软件可以如何帮助解决他们的实际问题；（3）探讨合作的可能性，包括预算考虑、试用安排及后续支持服务。

▶ 知识串讲

　　电话被现代人公认为便利的通信工具，电话沟通成为现代沟通的重要形式之一。在日常工作中，电话沟通中的用语很关键，它直接影响着一个人或一个单位的声誉；我们通过电话沟通也能粗略判断对方的人品、性格。因此，正确、礼貌地接打电话是非常有必要的。

一、拨打电话

（一）通话前的准备

　　在电话沟通中，通话前的充分准备对于确保沟通的高效、顺畅以及达成预期目标至关重要。

　　在拨打电话之前，首先要明确通话的目的。明确目的有助于在通话中保持专注，避免偏离主题。根据沟通目的，列出要讨论的要点和可能需要的信息。通话之前，最好把对方的姓名、电话号码、通话要点等通话内容考虑好，如果是重要的电话，最好列出一张清单，明确谈话的内容，做到心中有数，有的放矢，避免丢三落四。电话旁边应常备记事簿、笔等，以便随时记录。

　　根据通话内容，准备好可能需要的文件、数据或参考资料。这有助于在通话中迅速提供准确信息，增强说服力。如果需要商谈的内容较多，可以先将谈话的相关资料通过邮件或传真发送给对方，让对方事先了解一下，以便在电话交谈时更有针对性，也能节省通话时间。

（二）通话时间

1. 拨打时间

　　因公通电话，不要选择下班之后的时间；因私通电话，则尽量不要占用对方的上班时间。选择通话时间时要学会换位思考，不要只图自己方便。若非特殊情况，不要在节假日、用餐时间和休息时间给对方打电话。半夜或清晨拨打对方的电话，很容易引起对方的反感。拨打国际电话前，首先要考虑与对方所在国家的时差。

2. 通话时长

　　在正常情况下，打一次电话的时间最好不要超过3分钟，这在国际上被称为"打电话的3分钟原则"。根据事先列出的要点，拨通电话后先进行简单的问候，然后进入正题，在尽量短的时间内表达清楚自己的意思，切忌长时间通话，特别是在因公进行电话沟通的情况下。

通话时长一般由拨打电话的一方控制。如果谈话内容较多，应该先询问对方有没有时间，方便不方便长时间进行通话；如果对方不方便，就应另约时间。

（三）电话交谈

1. 电话被接通后的第一句话

注意使用礼貌用语，态度热情诚恳。电话被接通后，我们首先应主动报出自己的单位或姓名，以便让对方大致了解来电者是什么人，来电是为了什么事情。这些基本的介绍有助于双方沟通的顺利开始。开口就打听自己需要了解的事情或态度咄咄逼人会令人反感。

如果是因私通话，电话被接通后，我们应先征询对方现在是否方便接听电话，比如，可礼貌地问："王老师，您好！我是您的学生×××，请问现在说话方便吗？"或"王老师，不好意思打扰您，请问现在和您说话方便吗？"如果对方正在开会、接待外宾或者有急事正要出门，则应该晚一点儿再打过去。否则，对方在繁忙之中很难心平气和地接听电话。

如果是因公通话，电话被接通后，我们应采用规范化的话术。例如："您好！这是××公司，我是××。"这样不仅体现了礼貌和尊重，而且可以免去对方对来电者的询问。

2. 用有声语言传递无声的表情

我们常常会看到有些人在打电话时，仍然眉飞色舞、手舞足蹈，这是人际沟通中的伴随现象，但是电话接听者看不见这些表情和动作。

打电话时的语速要比平时慢些，吐字力求清楚，条理力求清晰。除了使用有声语言表达清楚话语内容外，我们还要善于运用有声语言传递无声的表情。从某种意义上说，声音是人的第二外貌，在通电话的最初几秒内你就可以通过声音让对方"闻其声如见其人"，从而给对方留下一个初步印象。尽管对方看不见你，但你的心情、态度能从你的声音中反映出来，对方会根据你的语气、声音来描绘你的形象。如果你说话时面带微笑，那么你的声音听起来是令人愉悦的。如果你说话时愁眉苦脸，你的声音听起来也不可能热情友善。例如，"喂"只有一种读音，但可以有不同的语调。我们在电话沟通中要特别注意"喂"的语调和所表达的感情。

声音不仅可以传递你的心情，还可以传递你说话时的身体姿势和肢体动作的相关信息。通话过程中要集中精力，千万不能边吃东西边通话，也不要一边打电话一边同旁人聊天，或者一边打电话一边做其他的事，这会让对方感到你心不在焉。通话时，不要趴着、仰着、斜靠着或者双腿高架着，要姿势端正，呼吸均匀，语气自然、柔和。即使对方看不见，你也要设想对方就在眼前，尽可能注意自己的姿势。

无论是因私通话还是因公通话，你都应随时让声音充满活力，保持热情、真诚和友善。在通话过程中，你不可避免地会遇到一些不招人喜欢的人或事，应该注意避免表现出个人的情绪，始终保持心胸豁达和展现良好的个人修养，否则可能引发对方更为强烈的反感。

二、接听来电

（一）及时接听电话

据欧美行为学家的统计，人保持耐心的时间是7秒，7秒之后人就很容易变得浮躁。因此，最多只能让来电者等候7秒，否则来电者很容易产生挂断或以后再打的想法。最好在电话铃声响3声之内接听，如果让来电者等待过久，则应说："对不起，让您久等了。"

接听电话也要注意环境。如果接听来电时所处的环境声音嘈杂，则应该向对方致歉，并征求对方的意见，重新更换通话地点，或者记下对方的电话号码，稍后回拨。

（二）接听电话时的第一句话

很多人接听电话时往往张口就问："喂，找谁？"这是很不礼貌的。在电话接通之后，接听者应该先主动向对方问好，若是公务电话应立刻报出本公司或部门的名称，如"您好，这里是×××公司……"

接听电话时的第一句话至关重要。不管来电者是不是熟悉的人，都应以积极、热情、乐于助人的态度来接听电话。为了给对方留下良好的印象，接听电话之前，你应调节好呼吸，控制好语气、音量，采用中等语速。如果在繁忙的工作中接听电话，在接听之前，你可以先松一口气，清清嗓子，再用洪亮的声音向对方说："喂，您好！这里是××公司。"如果来电者抢先自报家门，你也应该很客气地说声"您好"。

（三）用礼貌来维护自我形象和单位形象

在接听来电时，我们首先应以礼貌的问候给对方留下良好的第一印象，随即表达乐意为对方提供帮助的意愿。紧接着，全神贯注地倾听对方的电话内容，给予对方充分的表达空间，避免不必要的打断，展现出对对方的尊重与自身的专业。若对方来电是为了寻找我们本人，即便手头事务繁忙，我们也应尽可能亲自接听，必要时可礼貌地告知对方需稍做等待或简短安排后再继续通话，以此体现对对方的尊重。

在公务通话中，运用友善的语气和礼貌用语，不仅可以塑造并维护自我形象，还可以维护我们所在单位的对外形象。因此，在通话中我们应始终保持亲切平和的语调，无论面对何种情况，都应平等、耐心地对待每一位来电者，确保沟通氛围的和谐与高效。

面对拨错号码的情况，我们应保持冷静与礼貌，绝不能因此而表现出不耐烦或厌恶的情绪。正确的做法是，以平和的语气告知对方："非常抱歉，您可能拨错了号码，这里是××单位。"随后，若情况允许，还可以提供对方可能需要的正确号码或建议其检查拨号信息，以体现我们的专业素养和服务精神。

（四）巧用复诵和应答

虽然要尽量控制通话时间，但必要时仍需复诵来电要点。电话沟通只是简单的语言沟通，缺少了面对面沟通的非语言手段，很容易造成信息传递和理解的偏差。因此，对重要事项及电话号码等进行复诵，这样可以使电话内容得到非常准确的传达，避免因为信息传达偏差而导致的误会。例如，应该对相关事情涉及的时间、地点、联系人姓名、联系电话、电子信箱等方面的信息进行核查、校对，尽可能地避免信息接收错误。

另外，为了保证通话的流畅，我们还要善于应答或附和。如果接听者在一段时间内不发出任何声音，对方可能会怀疑接听者没有专心听，或者怀疑电话出了"问题"，所以接听者应在说话的间隙，运用"嗯""好的""不错""是的"之类的应答用语，以确保通话的顺利进行。

（五）代接代传电话

在代接代传电话的过程中，我们应秉持专业、高效且尊重隐私的原则。

当办公电话响起，而对方要找的人并非自己时，我们应主动提供帮助，礼貌地询问对方是否需要代为寻找相关人员或转达信息。若需转达重要事项，务必仔细记录相关信息，包括但不限于涉事人物、具体时间、地点以及对方的联系电话等关键细节。记录完毕后，为确保信息的准确无误，应再次复述所记录的内容给对方听，同时告知自己的姓名，让对方感受到我们的责任心与专业态度，从而安心挂断电话。

代接的电话内容应及时转告给相关人员，避免延误重要事务的处理。在此过程中，我们应尊重来电者的意愿，若对方未明确表示希望进一步了解或讨论，我们应避免过度询问或探究，保持适度的界限。

此外，保护同事或朋友的个人隐私至关重要。在未经明确授权的情况下，我们不应随意透露他们的私人联系方式，包括家庭电话或移动电话等敏感信息。

三、结束通话

在电话沟通中，有礼貌地结束通话不仅体现了对对方的尊重，还能为未来的沟通奠定良好的基础。

在结束通话前，简要回顾一下讨论的主要内容或达成的共识，这有助于确保双方都清楚通话的目的和结果。最后感谢对方抽出时间与你通话，以及对方提供的帮助或信息。如果在通话中讨论了需要跟进的事项，应确保双方都清楚下一步的行动计划，还可以询问对方是否还有其他需要补充或确认的事项。

最后谁先挂断电话呢？日常打电话时，经常出现通话双方互相说好几遍"再见"，然后才挂断电话的情况，也不知道究竟是谁先挂断的。在商务或正式通话中，通常的做法是等待对方先挂断电话。从交际礼仪的角度出发，一个规范的做法是：地位高者先挂电话。具体来说，就是上下级之间或长辈与晚辈之间通话时，应由上级或长辈先挂断电话；男士与女士通话时，应由女士先挂断电话。例如，你与老师通话时，应让老师先挂断电话；你与领导通话时，应让领导先挂断电话。工作中，如果是与客户通话，应该让客户先挂断电话。在同辈交际中，一般来说，**谁先拨打谁先挂断**。挂断电话的声音不要太响，以免给人粗鲁无礼之感。

🔾 拓展训练

1. 你认为电话沟通应注意哪些问题？

2. 假设你是某公司的客服代表，公司主营在线教育服务。你接到了一位顾客的电话，他对最近购买的在线课程表示不满。顾客在两周前购买了一门在线沟通课程，但发现课程内容与宣传不符，并认为课程质量不高。他曾尝试联系授课老师，但老师的回复非常慢且不够详细，于是他找到你要求退款，并希望了解具体的退款流程和时间。根据以上情况，你需要通过电话与顾客进行沟通，并尝试解决他的问题。请两位同学分别扮演客服代表和顾客进行练习。

第四章
个人展示与沟通方式

演讲能力是影响一个人事业发展的重要因素，其重要性毋庸赘言。公众演说是展示个人才华的重要方式。无论是命题演讲，还是即兴发言，抑或是成果展示，掌握一定的表达技巧，就能更有效地建立并扩大影响力，助力成功。

第一节　命题演讲

● 学习目标

1. 了解演讲语言的特点。
2. 掌握演讲稿的撰写技巧和语言技巧。
3. 掌握并熟练运用演讲的非语言技巧。
4. 掌握演讲中的一些临场应变技巧。

● 课堂训练

1. 请同学们使用不同的语速和语气演讲以下两段演讲词。

例一：什么叫正气呢？正气就是所谓浩然之气，即孟子所说的"其为气也，至大至刚""则塞于天地之间"。我们还可以把这种正气看作是中华民族之魂。

例二：青年朋友们，爱我们的国家吧，爱我们的民族吧，同心协力，把我们民族的正气，把我们中华民族奋发图强的爱国主义精神极大地发扬起来！

❖ 训练解说

以上两段演讲词选自李燕杰的《国家、民族与正气》，例一出现在全文的中间，例二在文末。很显然，它们不能用一样的语速来讲，前一段语速相对来说要慢，因为这是给听众从容讲解什么是"正气"；后一段语速则要快，因为是在号召、激励青年朋友们发扬正气，这段话具有极强的鼓动性，语速慢了，就会减弱它的力度。

全篇的语速基调到底如何确定，哪儿应当快速，哪儿应当慢速，要在演讲时处理好。语速的变化还不能太突然，要有过渡，只能逐渐加快或减慢；否则，就会使听众感到突兀，难以理解和感受演讲内容。

2. 假设你被选为开学典礼上发言的新生代表，请撰写一篇发言稿并进行课堂发言练习。

❖ 训练解说

撰写发言稿之前，需要把握开学典礼的主题、目标听众（如校领导、教师、新生及家长等）、往届典礼的风格等。思考你的发言旨在传达什么信息，比如欢迎新同学、分享感悟、表达对新学期的期待等。你作为新生代表，发言稿中不能只讲自己的感悟、想法，还需要站在全体新生的角度来撰写发言稿。

扫码阅读这篇新生代表发言稿，并了解其中的结构。可根据自身情况改写后进行发言练习。

新生代表发言稿

知识串讲

一、演讲的含义和种类

（一）演讲的含义

演讲，又称讲演、演说，可分为狭义演讲和广义演讲。狭义演讲是指在人数较多的场合，运用口语、体态语，郑重地陈述观点或意见，并予以论证，以达到宣传思想、鼓动群众、抒发感情的目的的一种带有艺术性的口语表达形式。从广义上讲，大会上的讲话、座谈会上的发言、小组讨论发言、讲课、竞选发言、答辩会上的发言、新闻发布会上的发言等都可视为广义演讲。

（二）演讲的种类

按不同划分标准，可将演讲分为不同的类型。按内容划分，演讲可分为政治思想演讲、科学技术演讲、政策法规演讲、经济文化演讲、宗教礼仪演讲等；按功能划分，演讲可分为说服性演讲、说明性演讲、娱乐性演讲、激励性演讲等；按形式划分，演讲可分为命题演讲和即兴演讲。

命题演讲是指根据指定的题目或限定的主题，事先做好充分准备的演讲，演讲者一般都会提前拟定演讲稿，这是一种经过精心设计和反复演练的口语表达形式。命题演讲不仅有文字底稿，而且表现出更加严谨、稳定、针对性强的特点。根据演讲者的演讲方式，还可把命题演讲分为照稿演讲和记忆演讲。

即兴演讲是指演讲者在事先无准备的情况下，自发或被要求立即进行的当众讲话，这是一种不凭借演讲稿来表情达意的口语交际活动。

二、演讲语言的特点

演讲语言是指演讲者面对观众进行说理、宣传、号召、鼓动时所使用的交际语言。它以人民群众的口头语言为基础，融入适当的文言词句和书面语言；经过演讲者的加工提炼，将口头语言规范化、精炼化，用来为达到一定的目的而论说、解释、宣传、鼓动等，发挥着极强的社会作用。演讲者可以事先准备好演讲语言，还可以预先试讲，从这一点说，它与书面语有天然的联系，发挥了书面语的基础作用，但它的侧重点在于"讲"，因此它还需要符合口语表达的特点与需要。

（一）上口入耳，通俗易懂

书面语和口语的不同之处在于：前者侧重视觉，观众可以仔细察看、辨认、思索；后者侧重听觉，观众在听清、听懂之后才能理解。通俗易懂为演讲语言的一个特点，这就要求演讲者用听众熟悉、能马上理解的语言，把要讲述的内容用浅显易懂的方式表达出来，避免采用生涩、艰深、冷僻的词语，避免引用不好理解的古文和诗词，避免使用过多的专业术语和学术名词。总之，语言要明朗化、浅易化、大众化。著名的演讲家都是非常注意这个特点的。

下文节选自中国著名演讲家邹越的感人至深的演讲《让生命充满爱》。

同学们，我们爱自己吗？我们爱自己的父母吗？我们爱自己的老师吗？我们爱自己的祖国吗？我们真的爱自己吗？我们真的爱自己的父母吗？我们真的爱自己的老师吗？我们真的爱自己的祖国吗？

今天在这里，我要问问大家，我们有没有发现，我们的身边有多少人在爱着我们？我们的父母在爱着我们，我们的老师在爱着我们，我们的同学在爱着我们，我们的祖国在爱着我们，可是，我们有多少人，能够清楚地感受到这些爱呢？

当我们生病的时候，是谁在床边守护着我们？当我们遇到困难的时候，是谁在默默地支持着我们？当我们取得成绩的时候，是谁在为我们欢呼喝彩？是我们的父母，是我们的老师，是我们的朋友，是我们伟大的祖国！

可是，我们有没有想过，我们应该如何去回报这些爱呢？我们有没有想过，我们应该如何去珍惜这些爱呢？

上文通过一连串的提问和设问，以及生动的举例，将爱这个抽象的概念具体化，让听众能够清晰地感受到身边的爱，并引发听众对于如何回报和珍惜这些爱的思考。这样的演讲内容，既上口入耳，又通俗易懂，能够深深地打动人心。

（二）多用短句，简短有力

就文体来说，演讲属于论说文体，虽然也讲事实，也有描述、抒情，但那些只是手段，议论才是其总体特点和要求。演讲者总要阐明自己的主张、见解与态度，或者申诉，或者解说，或者动员，或者鼓励，这都是在说理。

演讲是用口语面对面地说理，不能像书面语那样写几万字乃至几十万字；也不能像书面语那样采用论证严密、附加成分多的长单句或分句多的长复句。如果句子太长，严密倒是严密，但是听众跟不上，不容易连起来理解，不易掌握句子的整体意思。因此，演讲语言的另一个特点就是简短有力。

下文节选自清华大学博士生梁植2018年在《我是演说家》舞台上演讲的《我的偶像：中国"原子弹之父"邓稼先》（有改动）。

我们一起先来想三个问题：如果说你一不小心，用不到三年的时间，从美国的名校拿回一个博士学位。你的导师跟你说："你很有才呀，我觉得你只要跟着我混，我带着你，给你最好的待遇，你留在美国，我能让你成为世界一流的科学家。"这个时候你们会怎么选择？

可能，做科研对你们来讲太遥远，因为咱们都不是"学霸"。那么如果说你的男朋友或者女朋友，他（她）有一天回家告诉你："亲爱的，我要调动工作了，但是去哪儿，做什么和去多久，我都不能说。"这个时候你要怎么办？

好，如果说有一项事业，因为你的努力，让中国在这个领域拔地而起，提高了中国的话语权。你觉得你应该获得国家的什么奖励？

我的偶像用他的一生这样回答了这三个问题。

26岁，用不到三年的时间拿到美国的博士学位。在拿到博士学位的第九天，回到了祖国。

34岁，他回家告诉妻子，说："我要调动工作了，我明天走。"

妻子问他："你要去哪儿？你要去做什么？你要做多久？"

他的回答是一样的："不能说，不能说，不能说！"

从此他从他的妻子、两个孩子和所有熟悉他的人中消失了。

整整28年，回来的时候，他是一个直肠癌晚期的病人。

61岁，作为中国第一颗原子弹和第一颗氢弹的理论设计的总负责人，他一共获得了国家奖金特别奖20元。其中原子弹10元，氢弹10元。是，我的偶像叫邓稼先。

这篇演讲稿巧用设问，扣人心弦，带领听众感受邓稼先的人生。句子简短有力，没有冗长的附加成分和修饰成分，口语色彩浓郁，节奏感强，有利于听众理解。

（三）以理服人，以情动人

演讲要能说服人、启迪人，还要能感染人、打动人，从而使听众听了演讲后变得激动、兴奋和产生共鸣。听众不仅心服，而且心动；不仅认识有所提高，而且还愿意拿出行动来，这就不是客观、冷静、慢条斯理的分析论证所能做到的了。演讲不但要以理服人，更要以情动人，方能做到情真意切。情真，是指演讲的内容和表达都体现真挚的感情；意切，是指表达的意思契合时代、契合听众的接受要求。

三、演讲准备

（一）知己知彼

1. 做好心理准备

演讲前，首先要了解自己，在自己的水平、能力范围内进行选题和选材，做到心中有数。演讲不能忽视心理准备，**自信心**是演讲者的重要心理支柱。要树立自信心，首先要克服怯场和紧张的心理。克服怯场和紧张心理的主要方法就是多说多练，熟练了，自信心就强了，怯场感和紧张感自然就消失了。

调整好心态，不要对自己期望太高，要明白做一次十全十美的演讲是不现实的，丢下思想包袱。只有经过一次又一次的历练，才能不断提高自己的演讲能力和水平。

2. 熟悉听众构成

演讲是一对多的单向沟通形式，演讲成功与否不仅取决于演讲者的演讲内容和演讲形式，还取决于听众的反馈，所以演讲讲求**针对性**，这就要求演讲者充分把握听众的情况。如了解听众的人数、年龄、性别、身份、文化程度、职业等信息，以听众的需求和期待为出发点，选择适合听众的演讲内容和演讲形式，不能曲高和寡、我行我素。演讲者在撰写演讲稿之前，只有充分把握听众的情况，才能准确定位自身与听众的关系。

演讲稿的写作

（二）准备演讲稿

演讲稿是演讲者事先准备的，是用来在大会上或其他公共场合发表个人的观点、见解或主张的文字底稿。下面简要介绍演讲稿的构思和写作技巧。

1. 审题并确立主旨

撰写演讲稿时，审题并确立主旨是至关重要的第一步。首先，审题意味着深入理解演讲的主题和要求，包括明确演讲的场合、听众背景、演讲目的以及所需表达的核心信息。演讲者要通过细致分析给定题目或演讲主题，确保自己对演讲的核心主题有清晰的认识。接着，确立主旨是在审题基础上的进一步提炼、聚焦。主旨是演讲的核心思想或中心论点，它应简洁明了，能够贯穿整个演讲，并引导听众理解演讲者的主要观点。确立主旨时，演讲者应考虑其针对性、时效性和价值性，确保主旨既能引起听众共鸣，又能传达出自己想要表达的核心信息。

2. 构思并遴选素材

撰写演讲稿时，构思并遴选素材是确保内容充实、逻辑清晰的关键步骤。

构思是搭建演讲稿骨架的过程。在确立主旨后，需要围绕主旨进行逻辑结构的安排。一般多采用"总—分—总"的经典结构，即开头引出主旨，中间部分展开论述，结尾总结升华。在构思过程中，应考虑如何设置开场白来吸引听众注意，如何安排过渡来连接各部分内容，以及如何设计结尾来留下深刻印象。

设置开场白的方式有开门见山、设置悬念、介绍情况、创设情境等。主体部分的结构布局有以下几种方式：以时间发展为序，以叙事情节为序，以因果关系为序，以事理逻辑为序，以观点和材料的逻辑关系为序（并列式、总分式、综合式），等等。结尾部分可根据设置开头部分的方式采用对应的结尾方式，也可不必首尾呼应，而是采用讲述人生哲理、鼓舞、激励、展望未来等写法，给听众留下思考的空间。

遴选素材是填充演讲稿血肉的过程。素材的选择应紧密围绕主旨和论点，确保其相关性、真实性和说服力。演讲者可以从个人经历、典型案例、数据统计、历史事实等多方面入手。个人经历能够拉近与听众的距离，使听众产生情感共鸣；典型案例和数据统计则能增强论点的权威性；历史事实则能为演讲增添深度和广度。在收集素材时，注意筛选和甄别，确保素材的准确性和可靠性。

构思并遴选素材是撰写演讲稿不可或缺的两个环节。精心构思能确保演讲结构清晰、逻辑严密，遴选优质素材则能使演讲内容更加丰富、有说服力。

3. 分层次撰写演讲稿

撰写演讲稿要处理好内容的层次、节奏和衔接等问题。层次感体现在内容的环环相扣上，但每一部分内容又相对独立。在节奏安排方面，要注意整个演讲过程的跌宕起伏、张弛有度。一般来说，一部分内容体现一个小的主题思想，每部分作为一个节奏单位。例如，一场10分钟的演讲，开场白的用时可以为1分钟左右，主体部分可设置三四个层次，每个层次用时两三分钟，最后辅以半分钟以内的结尾语。在语言表达方面，撰写演讲稿时要注意语言的口语化，做到上口入耳；句子应以短句为主，不宜太长，句子的修饰成分不宜过多；用词要避免因发音相同或相近而产生歧义。

4. 朗读式修改演讲稿

写好演讲稿初稿后，要反复修改。修改演讲稿最直接、最方便的方法就是朗读，演讲者可以边朗读边修改。朗读时，容易发现条理不清晰、不通顺或拗口的地方，这些地方就需要认真修改。修改时，还需结合演讲时间要求对演讲稿的字数进行控制。字数控制以语速控制为主。一般来说，每分钟200～250字的语速，有利于演讲者进行表达，也有利于听众理解。

语速控制要顾及听众的感受，演讲者说得太快，听众跟不上他的思路；演讲者说得太慢，听众会觉得无聊、乏味。如果是学术演讲，可适当放慢语速，给听众留点思考、理解的时间。

（三）使用AI大模型辅助撰写与修改演讲稿

1. 使用AI大模型辅助撰写演讲稿

有效利用AI大模型辅助撰写演讲稿，可以提高撰写演讲稿的质量与效率。

首先，我们需要选择合适的AI大模型，确保AI大模型具备演讲稿撰写所需的功能，如文本生成、大纲创建、风格仿写等。在选择AI大模型时，建议选择界面友好、操作简便的AI大模型，以便快速上手并提高写作效率。可以优先选择有搜索引擎大数据支持的AI大模型，以确保生成的演讲稿内容翔实、新颖。

其次，在与AI大模型互动之前，要明确演讲稿的主题与要求，确定演讲的核心观点，这是跟AI大模型对话的基础。提供给AI大模型的对话信息越精准，生成的文本质量会越高。比如，把握演讲稿的受众特点，包括年龄、职业、兴趣等，以便AI大模型能够生成更符合受众需求的文本。

最后，使用AI大模型生成演讲稿的大纲，我们要分析生成的大纲的合理性，确保内容结构清晰、逻辑连贯。大纲确定后，再利用AI大模型生成演讲稿的初稿。在与AI大模型互动的过程中，可以适时调整AI大模型的参数，如文本长度、风格等，以获得更满意的结果。

假设你要撰写一篇关于"人工智能与未来教育"的演讲稿，你可以进行如下操作。

1. 选择AI大模型：选择一个具备文本生成、大纲创建等功能的AI大模型，如文心一言等。

2. 明确主题与要求：确定演讲的主题为"人工智能与未来教育"，并设定受众为教育工作者和大学生。

3. 设定风格：选择正式且富有启发性的风格。

4. 生成大纲：利用AI大模型生成以下大纲。

（1）前言

开场白：问候教育工作者和大学生听众，简短介绍演讲主题的重要性和背景。

引入话题：提及当前教育领域面临的挑战，如资源分配不均、个性化教学需求增加等；引出AI作为潜在解决方案的论点。

（2）主体

① AI在教育中的应用现状

智能辅助教学：介绍AI在自动批改作业、智能答疑系统等方面的应用。

个性化学习：阐述AI如何通过数据分析为大学生提供定制化学习路径。

虚拟学习环境：展示AI在虚拟现实（VR）和增强现实（AR）教学中的应用。

② AI对未来教育的潜在影响

提升教学效率：分析AI如何帮助教育工作者减轻负担，提高教学质量。

促进教育公平：讨论AI在缩小教育资源差距、实现教育普及方面的作用。

培养创新能力：强调AI作为工具，如何激发大学生的创造力和培养大学生的批判性思维。

③ 面临的挑战与应对策略

技术普及与培训：指出教育工作者需要接受AI技术培训，以适应新技术的发展。

数据安全与隐私保护：讨论AI的数据安全和隐私泄露问题，提出加强数据安全和隐私保护的措施。

伦理与责任：探讨AI在教育中的伦理问题，如避免算法偏见，确保教育公平。

（3）结尾

总结：强调教育工作者和大学生在迎接AI时代教育变革中的关键作用。

展望：描绘一个由AI赋能的未来教育图景，强调人机协作的重要性；鼓励听众积极拥抱变化，共同塑造更加公平、高效、创新的教育体系。

致谢：表达对听众的感谢。

2. 使用AI大模型辅助修改演讲稿

AI大模型生成的初稿可能缺乏情感深度和个人化的故事，需要进行适当的润色和修改。修改时，可以利用AI大模型的润色功能，或者结合人工编辑，使演讲稿更加符合个人风格和演讲需求。比如，加入个人情感和观点，以增强演讲稿的感染力。

基本确定演讲稿后，对语言风格进行加工。一般来说，正式场合的演讲书面色彩较浓，非正式场合的演讲口语色彩较浓。我们可以与AI大模型互动，根据需要生成书面性较强或口语性较强的演讲稿。

最后，仔细检查语法、拼写和标点等细节，确保演讲稿的准确性和流畅性。完成演讲稿后，需要进行多次练习，以确保演讲流畅并增强自信。根据练习情况，对演讲稿进行进一步的调整和优化。

需要说明的是，AI大模型只是辅助工具，真正的演讲还需要结合个人的思考和情感来打动听众。

（四）排练试讲

"台上一分钟，台下十年功。"要想有最佳的演讲效果，台下的勤学苦练必不可少。演讲时，演讲者普遍会有所恐惧，排练试讲可以减轻演讲者因怯场产生的心理压力。

当你做到知己知彼，选好题目，写好演讲稿后，最后一个重要环节就是把演讲稿用最有效的演讲方式和表达技巧传递给听众。无论你使用哪种形式演讲，反复地记忆、演练能使你达到熟能生巧的程度，这样才能保证取得良好的结果。

一般情况下，排练试讲可分为以下几步。

第一步是自己大声练习，反复给自己演讲，目的是熟悉内容。尽量做到脱稿演讲，将演讲稿烂熟于心，要讲述出来而不是念稿。

第二步是在有条件的情况下，把自己的演讲录下来，这样可以自我检查有哪些方面需要反复练习，在声音或肢体语言方面是否需要改进。

第三步是在家人或朋友面前演练，观察他们的反应，然后调整，他们会从听众的角度给你提出改进的建议。

第四步是有条件的话，到演讲现场试讲，从而对演讲环境有切身的体验。

演讲者要想打动观众、说服观众，首先得打动自己。排练时需要全情投入，没有热情、没有激情的演讲，只会让听众觉得索然无味。演讲时，更要投入热情，演讲者的情感应随着演讲内容的起伏而起伏，这样才能带动听众的情绪，才能让听众感同身受。

四、演讲之"演"

演讲之"演"含有表演的意思，就是演讲者在演讲中通过非语言手段的运用来表演，增加演讲的表现力。本书第二章已经较为详细地讲解了非语言手段的运用。在此，再针对演讲中的非语言手段运用进行适当补充。

（一）合理使用肢体动作

手势、身体的姿势，都属于肢体动作。手势多少会因个人习惯的不同而不同。演讲中，**手势主要起强化作用**，因此使用的时候要与演讲中有意强调的内容结合起来，不要乱用，一定要自然。手势要多样化，不能太单一，以免显得单调、乏味。手势不能过多，否则会干扰听众获取信息。

1. 使用开放式体态语

面带微笑、舒展双臂、手心朝上等动作，都属于开放式体态语。开放式体态语会让你看上去更加精力充沛，更具信任感。当你使用手势时，将手掌自然打开，并保持在身体的两侧。当你要做手势时，略微抬起手臂，让手心向上（也可朝向侧面），手臂从胸前向外舒展，你可以随着讲话的节奏感来使用手势。注意，不要把手插在口袋里，不要把手臂交叉在胸前，也不要紧握拳头。如果你无意识地用手去触摸自己的眼镜，或抓耳挠腮，这会显示出你的焦虑和不安。

2. 合理使用空间语

在演讲中合理使用空间语，是提升演讲效果的重要手段。空间语的运用不仅能够增强视觉效果和互动感，还能帮助演讲者更好地表达情感、传递信息。在演讲时，有时演讲者要决定是站在话筒后面讲，还是手持话筒讲；是走到听众中间讲，还是就在台上来回走动着讲，这主要看听众的文化习惯，也要看场地的大小和听众的数量。演讲者可以根据场地的大小和听众的数量合理调整自己的位置和演讲声音的大小。例如，在较大的会场中，演讲者可以站在中央位置，让每个听众都能够听到自己的声音和看清自己的动作，而在学术会议上来回走动就不合适。演讲者要根据演讲内容、演讲感情、演讲环境灵活调节与听众的距离。听众多、内容明确、感情激烈、场景大时，可离听众远一些；听众少、内容含蓄、感情平稳、场景小时，可离听众近一些。

3. 自信来自恰当的身势语

不同的身势语给听众不同的感受：挺胸抬头的姿势给人以自信、乐观、精力充沛的印象；耷拉着肩膀，低垂着头，给人以无精打采、萎靡不振的印象。演讲者应该保持挺拔、自信的身体姿态，以展现自己的专业素养和自信心。身势语应与语言内容、语调、节奏等相协调。

肢体动作在演讲中的作用是非常突出的，辅助作用也很大。但是事情都会过犹不及，肢体动作过多，例如手舞足蹈，或在台上走来走去，或者身躯前仰后合，不管听众配合是否恰当，都是不可取的。一是因为这会使听众感到疲劳，影响其倾听和思考；二是因为这会给听众造成演讲者不严肃、不稳重、不老练、毛手毛脚的印象，觉得演讲者风度不佳、气场不足；三是因为肢体动作一多，就难免重复，反而会妨碍演讲者运用有声语言准确表达意思。

（二）与观众的眼触多多益善

眼触是演讲中最重要的非语言传播部分。你在演讲中是否看着观众，表示你是否对他们感兴趣。抓住观众的注意力、观察到他们的反应，要通过眼触来实现。观众也会根据你的眼触判断你是否可信，是否有能力和水平。

有研究表明，如果你在演讲中用少于50%的时间面对观众，观众会认为你不友好，没有经验，知识浅薄，甚至不够诚实。演讲中，尽可能在所有的时间都面对观众，因为**眼触多多益善**。在演讲开始时，还有开讲之前，就要与观众通过眼触建立联系，表示对观众的尊重。在开场时，不要看讲稿，保持与观众的眼触，从而顺利开场。与观众进行眼触时，要注视观众的眼睛，从一个人转向另一个人，而不是从他们的头上望去，要让在座的每一位观众都与你进行眼触，都感觉到你在与他们对话。

（三）面部表情与演讲内容相匹配

平时生活中，大家可能有这种切身感受：有的人一上台，大家就感到很亲切，很期待他要讲的内容；而有的人一上台，大家就感到压抑，巴不得他赶快下去。这就是亲和力的作用，亲和力往往通过一个人的面部表情展示出来。因此，在公众前演讲，最忌讳的就是面无表情。

面部表情是表情达意、感染他人的一种信息传递手段。面部表情能以最灵敏的形式，把内心世界的各种复杂变化，如喜悦、快乐、坚定、愤怒、悲伤、惊讶、痛苦、恐惧、失望、焦虑、疑惑、不满等充分表现出来。

在演讲中，面部表情要与演讲内容相符，喜怒哀乐应随着内容的变化而变化。讲述一个严肃的话题时，面部表情要严肃；表达幽默的信息时，要面带微笑。你的面部表情能显示出你是否对观众感兴趣，是否尊重他们，是否对演讲足够重视和投入，是否友好和精力充沛。

下面一起来练习几个面部表情。

喜悦：面部肌肉放松，嘴角向上，眼神明亮。

快乐：面部肌肉放松，嘴巴张开，双眼眯起。

坚定：面部肌肉收缩，嘴唇微闭，目光炯炯。

愤怒：面部肌肉收缩，嘴角向下，怒目圆睁。

悲伤：面部肌肉放松，嘴巴微张，眉目低垂。

惊讶：面部肌肉收缩，嘴巴张开，眉目聚张。

（四）发挥声音的表现力

有声语言比书面语言表达的内容更为丰富，因为它不仅仅表达思想，还表达思想所蕴含的情绪与情感，所以演讲时，演讲者要充分发挥声音的表现力。

声音包括音量、音调、语速、发音的连贯性和清晰度等方面。

音量是指声音的大小或强弱。我们可以通过调整音量来强调演讲中的某一部分内容，有时故意减弱声音也是为了吸引听众的注意力。如果使用话筒，应注意调整好音量，因为音量过大会使听众感到不舒服。

音调是指声音的高低。一般来说，声音的高低是身体的自然条件决定的，女性的音调一般比男性的高。演讲者要根据演讲内容适当调节自己的音调，尤其是在表达情感时，高音调能吸引听众。如果音调没有高低起伏，演讲就会显得平淡，甚至枯燥。但在设计音调的变化时，也不要过分牵强，那样就会显得很不自然。

语速是指说话的快慢。一般来说，演讲者在一分钟内说200～250字。讲话的快慢也给演讲带来不同的效果：太快了，听众可能听不清楚；太慢了，听众会不耐烦，还会认为演讲者思维迟钝。但有时演讲者可能故意加快或减慢语速，以此来强调演讲的内容。演讲者要在适当的时候使用停顿，如演讲者在问听众一个不需要他们回答，但需要他们思考一下的问题时，就可以使用停顿，给听众时间思考。

最后是发音的连贯性和清晰度。除了做到字正腔圆、发音清晰外，还要克服使用"口头禅"。有人说话时一个"然后"连着一个"然后"，一个"这个"连着一个"这个"，这都是不良的口语习惯。有人发音含糊不清，字与字之间连接不清，有人讲话有地方口音，有人讲话慢吞吞或习惯拉长声音，这些都会影响其在听众心中的形象和可信度。

（五）根据场合选择着装

演讲者的服饰、发型、妆容等也是重要的体态语言。针对演讲场合选择着装时，应综合考虑演讲主题与环境、色彩与款式、细节与搭配、听众与身份等多个因素。通过选择合适的着装，演讲者可以更好地展现自己的专业形象和自信风采，从而赢得听众的信任和尊重。

着装

不同的演讲场合对着装的要求是不同的。一般来说，在正式场合中，着装要正式，以表示对观众和场合的尊重和重视，也表示自己的可信度较高。在其他场合中，着装要以美观大方、贴近生活为原则。着装应该同演讲者的身份相称，即与演讲者的年龄、性别以及演讲的场合相符。

五、演讲之"讲"

演讲之"讲"就是用有声语言来表达，有声语言包括常规语言和副语言。常规语言是指我们平时交谈时运用的分音节语言，副语言则是重音、语调、笑声、咳嗽声等语言形式。演讲时需要综合使用常规语言和副语言。

（一）发音准确，吐字清晰

演讲者要做到发音准确、吐字清晰。准确、清晰是对演讲者最基本的口语表达要求。有一条公认的原则是一个演讲者无论讲什么内容，都要使听众听懂他要表达的意思，做不到这一点，其他的准备、努力、心血都是徒劳的。

发音准确是指不念错字；吐字清晰是指把字、词、句准确地说出来，让听众听得清清楚楚。不能过快或过慢，不能结结巴巴、丢三落四，不能破坏语句的内在结构和语义联系，要使听众感到很流畅。有的人演讲时口齿不清，嘴里像含着东西，这些都是表达上的毛病，应该在平时或演讲时努力改正。

（二）语速得当，语气适宜

演讲不同于一般交谈，也不是朗读、朗诵，它既有讲，又有演。当然，讲是主要的，是第一位的。要使准备好的内容得到生动有力的表达，具有艺术魅力，吸引听众，就需要语速得当，恰当地运用语调、语气，增强口语的美感。

语速，即说话的速度。要处理好语速，需要注意两点。

一是以听众理解为主来控制语速。就整体而言，语速不可过快，也不可过慢。过快，像打机关枪似的，只管自己噼里啪啦地说出一连串的词语，不管听众是否能听清、能听懂，这样是达不到好效果的。听众捕捉词语都来不及，哪里还有思考的余地，听一阵子，他们就反感了、倦怠了。过慢，词和词之间、句和句之间的停顿时间格外长，听众容易等得不耐烦，他们听一会儿就会无精打采，或者干脆不听了。因此，就整体来说，语速要适中，以听众能理解为原则。

二是以内容为转移来把控语速。演讲者要根据思想情感表达的需要，做出恰当的语速处理。当快则快，当慢则慢，适当变化，讲究节奏适宜。这样做本身就是对语言艺术性的体现。

停顿在演讲中也至关重要。如何停顿、何时停顿，对大多数演讲新手来说，都是一大挑战。等到在演讲时更加镇定、自信、游刃有余后，你会发现停顿非常有用。你可以用它来提示某个意群的结束，给听众一点时间消化你的观点，或给你的表述带来戏剧性的效果。

（三）语言朴实，句式灵活

语言朴实、句式灵活是对演讲中的词句的要求。**演讲语言**是一种独白式的、有一定话题的交际口语，应该力求自然、朴实、通俗。在某企业召开的年终表彰大会上，一位领导登台讲话时说："在大家热烈的掌声和欢快的乐曲声中，我愉快地走上讲台，心潮翻腾，情难自禁……"几句话就引起了一阵讪笑，原因就是词句不够自然和朴素。

演讲的句式要灵活多变。总体来说，演讲的句式以短句为主，句式比较整齐，句型多样，句式运用比较灵活。例如，电影艺术家、喜剧"大师"查理·卓别林在《要为自由而战斗》的演讲词中，有这样一段。

哈娜，你听见我在说什么吗？不管你在哪里，你抬起头来看呀！抬起头来看呀，哈娜，乌云正在消散，阳光照射进来！我们正在离开黑暗，进入光明！我们正在进入一个新的世界——一个更可爱的世界。那里的人将克服他们的贪婪、他们的仇恨、他们的残忍。抬起头来看呀，哈娜，人的灵魂已长了翅膀，他们终于要振翅飞翔了。他们飞到了霓虹里——飞到了希望的光影里。抬起头来看呀，哈娜！抬起头来看呀！

这段演讲词以短句为主，长短句交错；句类上以陈述句为主，疑问句、感叹句和祈使句俱备；句型也多种多样，有主谓句、非主谓句。主谓句中，有一般主谓句、带宾主谓句和省略句；非主谓句中，有无主句等。通过这些变化多样的语言，演讲者把寻觅和平与自由的意志和愿望倾诉出来，而且倾诉得十分动人，富有魅力。

六、演讲中的应变技巧

演讲者除了要做好充分的演讲准备、掌握语言和非语言技巧，还需要掌握一些舞台上的应变技巧。

（一）坦然面对忘词

在演讲中，忘词是许多演讲者都可能遇到的挑战，但关键在于如何优雅且自信地处理这一情况，以确保演讲的流畅性和整体效果不受太大影响。演讲时，因紧张一时忘了该怎么办？忘了就忘了，听众不知道你忘了什么词，自己灵活调整即可。为了增强应变能力，最好对全文框架进行整体把握，对每段的开头要十分熟悉，这样，如果在演讲中途忘词了，就直接跳到下一部分继续演讲，或者使用过渡句，如"让我先谈谈另一个相关的话题"或"这让我想起了另一个重要的点"，自然地过渡到下一部分。

有些演讲是半脱稿形式，虽不会发生忘词现象，但演讲者要确保与观众的眼触足够多，避免照本宣读。

（二）照顾听众情绪

当众演讲时，听众的反应是否积极是衡量演讲是否成功的标准之一。在演讲前，尽可能了解听众的背景、兴趣和需求，以便有针对性地设计演讲内容和风格，使之更加贴近听众。在演讲过程中，要注重与听众进行眼神交流，以获取听众的反馈，照顾听众的情绪。通过眼触来接收听众的反应，及时给予听众积极的反馈和鼓励，可以增强听众的参与感和归属感，提高听众的满意度和忠诚度。

当谈论到某一话题，发现听众不感兴趣，难以引起共鸣时，那就少说为妙，适时放弃既定内容，延伸到另一个话题，重新组织语言，吸引听众，调动听众的积极性，这样才能取得演讲的成功。如有可能，在撰写演讲稿时，可设计一套备用方案，或者多备一些素材，以备应急之用。

（三）灵活把握时间

命题演讲一般有时间限制，特别是演讲比赛对时间要求很严格。在演讲中，演讲者会根据听众的情绪、反应等来调整演讲的重点，有时可能超常发挥，导致事先准备的内容无法在规定时间内讲完，这就需要进行快速缩讲。

如何快速缩讲呢？一是提前缩讲，将未讲完的内容略讲，点到为止。二是临近结束时，用一两句话概括未讲完的内容。快速缩讲的常用公式为"结合场景＋用简短的话语概括未讲完的内容＋谢谢大家"。例如，一位学生在演讲《大学生脚下的路》时，本来还有一大段未讲完，这时限时铃声响了，他便从容说道："铃声再一次警示我们大学生，时不我待，抓住机遇，迎接挑战，大学生的路就在脚下。谢谢大家！"

（四）机智应对提问

在一般性发言、做报告或演讲比赛中，可能有听众或评委提问环节，机智应对不仅能够展示你的应变能力，还能加深评委对你的好感。

首先要仔细聆听评委的问题，确保你完全理解了问题的内容和评委提问的意图。如果不理解问题的内容，可以请评委重复或解释清楚。

如果评委提出了一个你事先没有准备的问题，你可以尝试从不同的角度思考问题，或者将问题与你演讲的主题联系起来。如果有些问题一时难以回答，你可以诚实地承认自己不知道，可说："您提的这个问题是一个很好的问题，我对这个问题的研究不多，不敢妄言，我回去再好好研究研究。"

如果有评委不同意你的观点，对你发难，最好不要在台上直接与台下的评委论辩，因为在舞台压力下，自圆其说有一定难度。你可以说："谢谢您的意见，我的看法也许不太成熟，您是这方面的专家，后面再向您讨教。"无论评委的问题多么尖锐，你都要保持礼貌和专业。

（五）从容处理意外

即使演讲稿准备得很充分，排练时也很顺利，演讲时还是会出现很多意想不到的情况，我们要有心理准备，以便从容应对。例如，演讲时，扩音器突然没声了、话筒没电了、PPT播放出现故障等，这些客观因素导致演讲意外中断时，在工作人员处理的过程中，演讲者不能把自己"晾"在台上，需要具备较强的应变能力。这时，演讲者一是要保持良好的心态，二是及时向听众致歉，三是感谢工作人员的及时处理和听众的耐心等待。

如果是一些主观因素导致的意外，演讲者需要保持冷静，不要让意外打乱整体的演讲节奏。比如，听众反应冷淡，听众寥寥无几，演讲者可以通过提问等方式邀请听众参与来提升互动性。如果演讲中说错了相关信息，如说错数据或事实，应立即纠正并进行简短道歉，这样可以显示演讲者的专业性。

🏃 **拓展训练**

1. 请以"我的大学生涯规划"为主题，撰写一篇演讲稿，并在课余时间进行演练，课堂训练时，做一次4分钟的命题演讲。

2. 在网上搜集国内大学校长在开学典礼或毕业典礼上的一些讲话稿，总结这类演讲稿的写法，并挑选一两篇进行演练。

【扫码看案例】
（毕业典礼讲话）

3. 请以"人工智能时代的有效沟通与人际关系"为题，撰写一篇演讲稿，并进行8分钟的命题演讲。

4. 请使用多个AI大模型辅助写作，撰写题为"新时代大学生的梦想与使命"的演讲稿，并对比分析不同AI大模型生成的演讲稿在句式、节奏、选材等方面的异同。

5. 搜索并观摩《中央广播电视总台2023主持人大赛》的视频片段。

第二节　即兴发言

● **学习目标**

1. 掌握4种常用的发言模式，并能根据场合灵活运用。
2. 掌握即兴发言的表达技巧。
3. 掌握即兴发言思维训练的一般方法。

● **课堂训练**

请学生上台进行即兴发言训练，每题限时3分钟。任课老师就学生的发言情况进行即兴点评。

1. 假如你被选举为学院学生会主席，针对全院同学或学生会的同学做就职演讲。
2. 高中同学聚会，你作为主要组织者，在聚会开始前做一次发言。
3. 请以"大学生如何面对就业压力"为题，进行即兴演讲。
4. 请谈谈学习某门课程的收获和体会，并为任课老师改进教学内容和方式提供建议。
5. 你认为自己在大学里已经取得了哪些收获？
6. 你认为自己在学校里属于好学生吗？为什么？
7. 请谈谈你对"五育并举"的理解和认识。
8. 对于任课老师拖堂这一现象，你是怎么看待的？

知识串讲

一、即兴发言障碍及其表现

除了命题演讲，在公众面前讲话均可视为即兴发言，这也叫即席讲话。**即兴发言**是指在没有事先准备或排练的情况下，发言者根据当前情境或话题，通过口头语言进行的一种即时、灵活、自发的交流活动。即兴发言对发言者的思维能力和口语表达能力要求很高，发言者不仅要反应敏捷、构思迅速，还要克服紧张心理。

即兴发言障碍是指在没有预先准备的情况下，发言者在面对需要即时口头表达的场合时遇到的困难和挑战。即兴发言障碍有多种表现。例如，有些人登台发言时总是心跳加速、语无伦次、大脑空白，或者在台下想得很好，结果一上台就思维混乱、手抖脚抖、声音颤抖；有些人随机接受采访时，支支吾吾讲不出几句话；有些人平时说话还可以，但一上台讲话就"哑火"；有些人上台讲话时倒不是紧张，但是在台上乱七八糟讲了一通，就是讲不到点子上；有的人讲了上一句，不知道怎么接下一句，讲的话毫无逻辑可言。

这些即兴发言障碍中，有的是因为演讲者"不敢"当众即兴发言而产生的，因为即兴发言最大的障碍不来自听众，而来自缺乏自信心的演讲者；有的是因为演讲者"不会"即兴发言而产生的，这源于演讲者语言组织能力不足或思维不够敏捷。

在公众场合，无论是领导干部还是普通大众，都会经常遇到需要即兴发言的情况。即兴发言展现的不仅是个人魅力，还包括个人的思维敏捷度、应变能力、知识储备、沟通技巧以及情感表达能力。在即兴发言时，如何做到临场不乱、从容不迫、沉着应对、充满自信、侃侃而谈呢？掌握即兴发言的一些基本技巧是很有必要的。下面介绍一些即兴发言的表达技巧。学会这些技巧后，你还得善于抓住锻炼的机会。无论是在学校还是工作单位，当众讲话的锻炼机会很多，你得抓住这些机会，敢于当众讲话，不要给自己找逃避的借口。

二、活用常用发言模式

（一）感谢 + 回顾 + 愿景

"感谢 + 回顾 + 愿景"这种发言模式比较适合会议上的即兴发言，如总结会、座谈会、意见征求会、同学聚会、表彰会等。怎么活用这种发言模式呢？

第一，感谢。不少明星上台领奖发表获奖感言时，是不是先表示感谢？我们发言时要感谢谁呢？建议从**两个方面**考虑：一是根据时间线索，感谢曾经给予我们帮助的有关人员；二是根据现场情况，有条理地感谢在场和不在场的有关人士。

例如，你获得了全校征文比赛一等奖，在颁奖典礼上，主持人把你留在台上，请你发表获奖感言，你就可以先表示感谢。

老师们、同学们：

大家好！能获得今年比赛的一等奖，我首先想表达我的感谢。感谢主持人给我这个发言的机会，感谢征文比赛主办方的精心组织，感谢评委们为评审参赛作品付出的辛劳，还要感谢在场的所有人，我们一起参与、一起交流，共同见证了××征文比赛的成长！

如果是在其他场合，你就根据实际情况，用礼貌、诚恳的态度来表达感谢。比如，感谢活动主持人给你发言的机会、感谢×××的诚挚邀请和盛情款待、感谢各位亲朋好友的光临、感谢各位嘉宾在百忙之中能够前来参加活动、感谢领导的指导和同事的帮助等。如果要分出层次，你还可以用"非常感谢""十分感谢""特别感谢"来对感谢对象加以区分。

第二，回顾。回顾什么呢？感谢之后，就要想"我是谁""我向谁讲""讲什么"。其实，这就是3个定位，即定位自己的角色、定位讲话的对象以及定位讲话的内容。这样，你回顾的内容就很有针对性，听众也能产生共鸣。

回顾就是讲过去你和大家共同经历的一些事。可以使用"曾经……""还记得……""想当初……"之类的过渡句来回顾往事，如回顾参加活动的历程、回顾上大学以来取得的一些成绩、回顾刚加入公司时的情景、回顾公司过去一年的发展、回顾大家相识的经过等。回顾自己和**大多数听众**亲身经历的事情，紧扣现场主题，定能打动不少听众。而且，你讲述与自己有关的经历时，一般不会出现"忘词"的情况。例如，你作为单位新员工，在为获得最佳新人奖发言时，就可以按下面的模板来讲。

还记得×个月前，刚加入咱们这个团队时，我对……还不太了解，工作上处处碰壁，畏首畏尾的，是×××（领导）及时给予我指导，多次……让我比较快地适应了岗位工作的需要；还有×××、×××（同事）等经常鼓励我，帮助我修改××方案，才让我没有掉队。今天，我虽然取得了一点成绩，获得了这个奖，但我觉得这是大家的功劳……

第三，愿景。回顾完过去，自然过渡到憧憬未来，也就是表达你的畅想、打算、决心、祝愿等，可以按下面的模板来讲。

我相信，在大家的共同努力下，我们一定能……

我向大家保证，在以后的工作中，我一定要……

最后，我祝愿这个活动越办越好，越来越多的人从中受益……

展望未来、表达祝愿后自然结尾。总体来看，"感谢+回顾+愿景"这种模式很有逻辑性，也有利于自然结尾，整体发言比较简洁利落。

这种模式的应用范围很广，比如在大学同学毕业10年聚会的晚宴上，你作为组织者，在宴会开始时总得讲两句。下面是这种模式的应用示例。

各位老师、各位同学：

大家好！毕业10年再相聚，首先我代表全班同学，非常感谢各位老师今天抽出宝贵时间出席我们班的同学聚会，感谢您的精心栽培和悉心教导；同时，也要感谢同学们的积极响应和鼎力支持！比如，××同学负责联络工作，××同学负责预订场地，××同学负责采购……记得×××年的那个金秋，我们全班××人有缘成为同窗，那时候，大家都很稚嫩，课堂上聆听老师们的教诲，课下与同学们打打闹闹……毕业时，我们约定10年后再聚首，转眼间10年过去了……最后，祝愿我们的同学情谊、师生情谊地久天长，祝愿老师们身体健康，让我们一起举杯、干杯！

（二）过去＋现在＋未来

对于不善言辞、不知道如何组织语言进行即兴发言的人来说，使用"过去+现在+未来"的发言模式就能有话可说，并且还能说得很有逻辑，这一模式被很多人奉为"**万能发言模式**"。在很多场合发言时，你都可以用这种模式去提升讲话能力。

某个刚入职一年的员工在优秀员工表彰大会上是像下面这样即兴发言的。

各位领导、同事：

大家好！（开场问候）

记得一年前我刚刚进入公司的时候，我还是一个什么都不懂的新人，不懂得用传真机，不懂得用Excel做表格，不懂得用Photoshop，对AI工具也不会熟练使用。但是我很幸运，遇到了一位愿意教下属的领导，他教会了我用传真机、用Excel制作精美表格，还教我用AI工具提高工作效率。还有很多同事都给了我很多帮助。是你们让我快速成长起来。（说过去）

今天，我能获得优秀员工的荣誉，我觉得这是领导的功劳，没有他就没有今天的我，同时，这也离不开在座各位同事的包容与支持！所以在这里，容我对你们说声"谢谢"。（说现在）

希望在以后的日子里，我能够继续跟大家并肩作战，共同成长！最后祝愿大家在工作和生活中能够心想事成、梦想成真！（说未来）

前面讲了在大学同学毕业10年聚会晚宴上的讲话可以使用"感谢＋回顾＋愿景"的发言模式，这样的场合也可以使用"过去＋现在＋未来"模式。举例如下。

各位老同学：大家好！（开场问候）

我们的同学聚会马上开始，我先来讲两句。上高中时，我是一个调皮捣蛋的"学渣"，比如我拔过××同学自行车的气门芯，××同学也因为我的"晚归"睡不好觉（笑着说出来）。现在回想起来，虽然大家对我很包容，但还是觉得很对不起大家。我等会儿多敬大家几杯赔罪呀！（说过去）

时间过得真快，一晃10年过去了，今天我们重新聚在一起，大家都有了很大的变化，有的创业当了老板，有的当了领导，有的当了爸爸，有的已经是两个孩子的妈妈了。总之，大家现在都很好，小日子过得都很幸福。（说现在）

我希望以后大家还能经常联系，把我们的友情延续下去。大家举杯，干杯！（说未来）

上面这两个例子中的场合都比较常见，演讲者只要大大方方发言，应该都能处理好。如果遇到不熟悉的领域，需要即兴发言，也可以活用这种模式。

例如，在大学期间，你们学院邀请了一位专家来做一次学术报告。报告结束后，有半小时可进行提问、交流等，主持人组织大家积极提问、互动，但是大家听完报告后暂时没有问题可以咨询，这导致有点冷场，专家被晾在台上。这时主持人就开始寻找同学即兴发言，用目光示意你"要不你来讲两句"。那么你就可以大大方方站起来，做如下发言。

×教授：

您好！刚才听了您的讲座，我获益匪浅！（客套两句）

原来，我对您讲的这个问题一点研究都没有，对习以为常的××现象没有进行过思考。（说过去）

听了您的分析、讲解后，我茅塞顿开，深受启发，觉得这个研究方向很有趣，很有研究价值！（说现在）

冒昧请教一下，如果我们要参与这方面的研究，需要学习哪些基本的理论和研究方法呢？谢谢！（说未来）

你这样一说，虽然没有直接对报告内容提出什么疑问，但是解决了冷场的问题，专家也可以借机再讲几句。如果专家做完报告后，没有人参与互动，场面就有点尴尬。

（三）三点式

有一个很有意思的现象：不管是有底稿的讲话，还是即兴讲话，不少领导讲话时总喜欢讲"三点意见"、说"三点希望"、提"三点要求"、提"三点建议"等。另外，这几年非常流行的一句话就是"重要的事情说三遍"，为什么不是说两遍、四遍、五遍呢？

且不说数字"三"的文化含义，由"三"组成的汉语词语比比皆是，如三伏、三更、三军等。其实，"三点式"发言模式反映了一个人的逻辑思考能力。要讲好"三点"可不是那么简单，如针对某个问题试讲"三点意见"或提"三个建议"。你可能刚好讲了"三点"就表达完了，也可能讲完"两点"后就没话可说了，或者你讲了"三点"以后，发现还没有讲清楚，也就是"三点"不够讲。用"三点"刚好讲完的，可能是少数。因此我们说，用"三点"恰到好处地讲完的人一般具有对信息进行**快速分类、归纳、整理的能力**。

为什么讲"三点"比讲"两点""四点""五点"的效果要好呢？

讲"三点"有利于达到更好的记忆效果，让听众更愿意倾听。我们的大脑在进行短时记忆或者工作记忆时，是有一定区间限度的，这个区间可能有7 ± 2个信息组块，也可能有5 ± 2个信息组块。对于普通人来说，9个信息组块基本就是短时记忆的极限了。当我们只记忆3个信息组块时，可以极大地降低记忆难度。例如，我们在收到6位数字的手机验证码时，大多数人可能会将其分为两组，每组3位，从而进行短时记忆。从听众角度来说，当演讲者讲"三点"时，听众更愿意倾听。假如你在做某公司产品的兼职促销员，你把促销产品的说明书、产品介绍认真地熟悉一遍后，发现这款新产品一共有10多个优点。如果在为客户介绍产品时，你跟客户说："这款产品有15个优点，分别是……"你还没说完，客户多半会摆摆手，示意你不用说了。但如果你先了解客户的需求，然后有针对性地讲出三大优势，客户就会愿意听完你的介绍了。

讲"三点"，其中各点可以相互支撑且有说服力。假如就某个问题，我想说服你，但是我只说了两个理由，你会不会觉得有点不充分？如果我说了三个理由，你可能就会觉得比较可信了。讲得太少的话，内容不充分；讲得太多的话，内容又有点杂乱，逻辑关系不好处理。"三点"或"三个方面"，不管是并列关系还是递进关系，都是比较合理的逻辑关系。如果是"两点"或"两个方面"，就很难体现"层层深入"的逻辑关系。

讲"三点"有助于把复杂的事情简单化、条理化。能够把复杂的事情简单化、条理化是一种能力。只有具备严密逻辑的人才可以用"三点"来清晰地表达。常使用"三点式"发言模式的人，在长期的工作实践和思考中，往往容易形成自己的逻辑表达模式。如果你觉得自己讲话的逻辑还不清晰，就可以尝试运用这一模式来训练，这也许能在短期内让你的讲话逻辑变得更清晰。

在语言上，我们可以用"一、二、三""第一、第二、第三""首先、其次、最后"等**序次语**来帮助我们形成强有力的逻辑表达结构，这也能帮助听众听出逻辑层次。

例如，有客户问你，你们公司的产品和其他公司的产品相比有哪些优势，你可能会像下面这样回答。

我们的产品在价格方面很有优势，在质量上就更不用说了，在×年获得了×××认证，用过的人都知道，而且我们的售后服务也做得很完善，可以说是物美价廉，您可以放心购买我们的产品。

这样的回答涵盖的信息比较全，也没有明显的错误，但可能无法在客户的脑海中留下比较清晰的印象，也就不易打动客户。如果将上述内容归纳为"三点"，就可以做如下回答。

和其他公司的产品相比，我们的产品具有三大优势：第一是价格优势……第二是质量优势……第三是售后服务优势……

两者一对比，高下立判。所以，我们可以培养自己采用"三点式"发言模式的习惯，将内容的逻辑性和概括性大幅增强。

在内容上，要处理好"三点"之间的**逻辑结构和逻辑关系**。例如，对某课程的教学进行评价时如果要提"三点意见"，可以从教学内容、教学方式、教学效果三个方面进行评价。再如，如果要在开学典礼上对学生提出"三点希望"，可以从如何做人、做事、做学问三个方面展开，这"三点"可以构成递进关系。

（四）问题＋原因＋方案

在与领导谈话、意见征求会、专题讨论会等场合，一般会对工作中存在的问题进行讨论，找出问题的症结所在，以便推动工作的进一步开展。既然是以找出问题为出发点，以解决问题为落脚点的会议，那么就可以采用"问题＋原因＋方案"的发言模式。

问题，就是演讲者从表象入手，有条理地列举一些学习或工作中存在的问题。在无准备的情况下，发现的问题一般是零散的、不成系统的。在查找问题的时候，可以将发现的问题进行分类，如分清哪些是主要问题、哪些是次要问题。根据发言时间的长短来决定主要说出哪些问题。对同类的问题也需要进行归类，不宜一口气列举十多个问题，将问题归纳为三四类即可。同时，这也能为下一步分析原因做好铺垫。

原因，就是演讲者针对前面提出的问题，分析并阐述原因。如何快速地分析原因呢？我们可以从客观层面和主观层面入手进行分析，也可以从共性和个性方面找原因，还可以从多数人和少数人角度分析原因，等等。

方案，就是演讲者在查找问题并分析原因的基础上，有针对性地提出解决方案。召开意见征求会、工作推动会等时，领导最怕的是与会人员说出一大堆问题，但提不出建设性的意见或处理方案。更有甚者，把意见征求会开成了"吐槽会"。

"问题＋原因＋方案"这种发言模式怎么使用呢？下面举例说明。

某校召开学风建设座谈会，发言者可以做如下发言。

据我初步了解，当前大学生存在如下学风问题：第一，学习目的不够明确；第二，缺乏严谨的学习态度和良好的学习习惯；第三，学习氛围不佳。

我认为出现这些问题的原因在于：第一，学生的成才观和价值观存在问题是思想根源，此外还有社会因素的影响、学生自身认知的偏差；第二，学生的自我管理和自律意识不强，教师未能积极地引导；第三，大环境对营造学习氛围的影响十分重要，目前的教育方式存在弊端。（从主客观上找原因）

为了解决这些问题，实施"三全育人""五育并举"是十分重要的。如何做到并做好全员育人、全程育人、全方位育人呢？一是需要改进思想政治教育，如×××（具体的改进措施）；二是需要创新育人方式，拓展育人渠道，如×××（提出一两个方法）；三是加强组织保障，如×××（组织建设、制度建设等）。

再如，某校为了提升学生毕业论文的质量，专门召开学生毕业论文质量提升研讨会。提升毕业论文质量涉及方方面面的问题，如果将问题罗列出来，能列出几十种。这时候，就需要对问题进行合理归纳。在这类会议的即兴发言中，可能问题说得多，原因分析得少，但仍需要提出改进方案。

根据我平时指导和评阅学生毕业论文的情况来看，我认为目前学生毕业论文存在如下问题。第一是形式方面的问题，比如语言规范、格式规范、结构安排等方面……。第二是内容方面的问题，比如选题……，研究方法……，理论基础及其运用……。第三是毕业论文指导和管理上的问题。（分类陈述问题）

出现这些问题的原因是多方面的。（可略而不提）我认为，要提高毕业论文质量，可以从以下几方面入手。第一，以人才培养目标为导向，加强……。第二，加强学生学术道德、学术规范教育，加强学生科技论文写作教学……。第三，指导教师和教学管理人员要……。

从整体来看，以上发言运用了"问题＋原因＋方案"的发言模式；从局部来看，其又灵活运用了"三点式"发言模式。也就是说，在即兴发言时，发言者可以综合运用多种发言模式。

以上介绍的发言模式不宜生搬硬套，要根据场合灵活变通。对于初学者来说，遵循一定的发言模式是很有必要的，这至少可以训练自己"敢说"，至于如何做到言之有物，如何让内容具体而充实，还需要勤实践、善思考。

三、即兴发言的技巧

工作中，在开会时被领导临时要求讲两句是常有的事情，多数人没有即兴发言的能力，即使从开会伊始就做好"被动发言"的准备，开会过程中被领导叫起来讲两句的时候，还是会表现得不知所措。

虽然即兴发言能力不是多数岗位人员需要具备的业务能力，但即兴发言却是职场人员脱颖而出的好机会。那如何在短时间内临场组织好自己的发言呢？

（一）做好发言的心理准备

所谓即兴发言，就是你不知道何时会发言、谁会让你发言。会议过程中，说不定会议主持人突然让你谈谈看法。虽然会议主持人是即兴叫你发言的，但你不应是毫无准备的。

开会不能只是带着耳朵去听，你应当在会议开始时就考虑到发言的可能性，尤其在一些小范围的学习交流会、座谈会、意见征求会、部门员工例会等场合，大家会各抒己见，讨论得很热烈，会议主持人很可能会注意那些没发言的少数人，并点名要求躲避发言的人谈谈想法或体会。因此，开会时，你不能把自己摆在听众的位置上，在会议开始时就要做好发言的心理准备。

（二）善于临场整合发言素材

针对发言类会议，你不仅要考虑自己该如何发言，还需要倾听别人的发言，将别人的发言融入自己的发言。怎么做好发言素材的临场整合呢？一方面，要认真听取别人的发言，在笔记本上记下别人发言中的关键字词或语句，为自己之后的即兴发言积累素材；另一方面，要快速整合大家的意见，把握大趋势和共性问题，在此基础上构思自己的发言，梳理出框架，或者听完别人的发言后，获得一定启发，看看在别人发言的基础上是否可以延伸、深化下去，或者谈论相关问题，将问题或看法引向更深入的层次。有了这样的临场准备，别人的发言就成了你的发言的基础和素材。

当然，即使没有得到即兴发言的机会，这也是一种锻炼，一定要坚持做好发言素材的临场整合，这样等有发言机会时，就能好好表现一番，让人刮目相看。除了临场整合发言素材以外，还要在平时注重积累，用知识、见识来武装自己，这样讲起话来才能镇定自若，有话可说，也会体会到"知识就是力量"。

（三）表明态度并做好承前启后

即兴发言时怎么开头为好？

首先，轮到你发言时，建议你在开头就**表明立场和态度**，从而奠定发言的基调。你可以对前面的发言赞扬一番，然后引出自己的看法，这种承前启后的发言方式的效果会比较好。前面发言的人会感激你，因为他们的发言被后面的人采用并肯定了。

如果你没有认真听取别人的发言，只是琢磨自己该如何发言，效果大概率不会好。另外，你的发言是给人自以为是、咄咄逼人的感觉，还是给人恭敬有礼、谦虚谨慎的感觉，往往也取决于发言开头的表态部分。

（四）有逻辑地表达你的想法

听了别人的发言后，你可能会发现，你想表达的某些想法已经被别人先说了，轮到你讲时，如果去掉雷同的部分，你提前想好的内容会显得支离破碎，那你怎么重新组织语言并有逻辑地表达你的想法呢？可以尝试采用"感谢+认同+自谦"的模式来表达。

首先是感谢，就是用感谢的话术开场。你可以感谢领导或主持人给你发言的机会，感谢主办方提供这么好的交流平台，感谢刚才与会人员的发言让自己受益良多，等等。这样的开场不仅没有难度，而且还能赢得大家的好感，让大家觉得你很有礼貌。

其次是认同，就是在"承前"时对前面的发言表示赞同。例如，你可以夸奖某个人，"前面几位同志的发言见解独到，生动形象，我听了很受启发，尤其是×××讲到的……，×××建议的……。他们说得十分到位，我深有同感"；或者称赞一下组织，"今天讨论的这个问题，××部门高度重视，第一时间组织大家研讨，大家集思广益，提出了很多具有可行性的想法，我的认识也得到了进一步深化"。总之，如果你在中间或者靠后的顺序发言，应表达你对前面发言的认同，这样可以表明你很虚心，会为你赢得更广泛的群众基础。当然，不能人云亦云，你还是要合理地讲出自己的想法。

最后是自谦，就是谦虚地表达自己的想法、提出建议等，塑造一个谦虚谨慎的形象。如果开场时，你"不幸"被点名第一个发言，无法"承前"的话，就可以在开头说"下面我抛砖引玉，请大家批评"这类的话。如果你在后面发言，"承前"表达认同之后，在发言结束时要做好"自谦"或"启后"，可以说"以上就是我对这个问题的粗浅看法，不妥之处，还请大家批评指正"，或者"好了，我就简单说这些，供大家参考。我相信，其他同事还有高见，我就不占用时间了，谢谢大家"。

（五）让即兴发言富有含金量

如果发言没有实质性的内容，只有一大堆客套话，就会显得发言没有水平，因此，即兴发言的重点还是在内容上，我们要掌握一定的表达技巧，让自己的即兴发言富有含金量。

怎么提高**即兴发言的含金量**，给别人留下良好的印象呢？我们不妨平时多学习、模仿所在单位领导干部的发言模式、讲话艺术和呈现形式，借为己用。例如，从领导讲话稿或者党政机关公文中学习数括词语的表达。党中央提出的"四个全面"就是对"全面建设社会主义现代化国家""全面深化改革""全面依法治国""全面从严治党"4个短语的概括，"一带一路"就是对"丝绸之路经济带"和"21世纪海上丝绸之路"的概括，类似的还有"四个自信""五位一体""两免一补""三农""四风"问题等，这些数括词语具有高度的概括性，既便于表达，又便于记忆。

如果我们在即兴发言时善于总结、提炼，便能给听众留下深刻的印象。从内容上说，如果我们从多个方面发表看法，不进行提炼，讲完之后，别人很难记住相关内容。所以，我们需要从形式上增强表达效果，增强语言的表现力。例如，在一个工作经验交流会上，单位领导让你谈谈"如何才能有创造性地开展××工作"，讲好这个话题难度很大，你不能漫无边际地乱说，可以将话题概括为如下内容。

我认为，要想创造性地开展××工作，就要做到"三个处理好"。

一是处理好守正与创新的关系……。

二是处理好制度制定与落实的关系……。

三是处理好考核与激励的关系……。

这样从3个方面来谈自己的意见，可以给领导和其他听众留下好印象，原因有两点：一是讲话内容的逻辑性强；二是表述清晰，简洁好记，给人留下的印象肯定很深刻。即使内容讲得不太好，别人只要记住你提出来的"三个处理好"，那么你也算没白讲。

再如，你是某单位新入职的员工，经过入职培训，单位召开培训结业座谈会，你也可以用数括词语来概括发言内容。

各位领导、同事：

大家好！我是×××，刚入职就能得到这样系统的培训，在此，感谢×××、感谢……。刚才，×××在发言中谈到……，对此我深有体会。通过培训，我掌握了……。为尽快适应岗位的需要，我将在接下来的工作中努力做到"三个学习"。

一是要向领导学习，多与领导沟通……。

二是要向同事学习，多向同事请教……。

三是继续向书本学习，不断更新知识……。

不管"……"部分的内容是什么，只要你把握住大框架，发言的效果不敢说有多好，总体应该还是过得去的。要想讲出货真价实的内容，还需要我们提高思想认识水平、增加阅历、积极思考。

最后对这部分内容做个小结。不善即兴发言的人要想做好即兴发言，可以这样训练自己。

首先，做好发言的心理准备，开会时别干其他事情，要整理别人的发言，为自己的发言积累素材。

其次，轮到自己发言时，临阵不乱，表明自己的态度，做好承前启后。

最后，把自己想说的和临场整理的内容梳理一下，有逻辑地表达出来，力争在发言中提出一两个独到的见解或想法。

这样，一次完整、流畅的即兴发言就完成了。

四、即兴发言思维训练

即兴发言不仅需要发言者有良好的口语表达能力，还需要其具备良好的思维能力，这样才能做到言之有物。语言既是思维的工具，又是思维的成果。思维和表达存在着相辅相成的关系。口语表达是将头脑中无声的内部语言向有声的外部语言转化的过程。思维的发展丰富了语言的表现力，语言的发展会提高思维的周密程度，促进思维能力的提高。因此，要想提高口语表达能力，发言者还需要加强思维训练。

1. 快速思维训练

严格来说，快速思维不是一种思维方式，而是指思维敏捷。即兴发言完全不同于书面表达，是一种边想边说的表达方式，因此其要求发言者的思维具有敏捷性和灵活性。

下面练习3道题，读完题目后，请立即作答。

（1）如果你是一名教师，在第一次上课时要点名，在点名的过程中，突然发现一个学生的名字中有一个你不认识的字，你该怎么办？

（2）如果你是一名教师，在点名时，把某个学生的姓名念错了，同学们哄堂大笑，你该怎么办？

（3）随意列举教室里的几件实物，如讲台、时钟、桌子、椅子、教材、计算机、窗帘等，请将这些实物连缀成篇，编成一个故事。

发言者还可以通过做逻辑推理题、图形推理题等逻辑思维训练题来训练快速思维。

2. 发散思维训练

发散思维，又称辐射思维、扩散思维或求异思维，是一种从不同角度、不同方向去思考问题，寻找多种答案、解决方法或结论的思维方式。要想培养发散思维，需要储备广博的知识。广博的知识是思维清晰和口语流畅的基础。

请利用发散思维回答以下问题。

（1）请以"人工智能"为话题，做一次3分钟的即兴演讲。

（2）给定一个主题（如"如何解决城市交通拥堵问题"），请组织一次头脑风暴会议，尽可能多地提出不同的解决方案或想法，不限制思维的广度和深度。

（3）请尽量多地说出"书"的各种用途。（限时2分钟）

就第（3）题来说，如果他人已经指出了"书"的不少用途，你在回答时就需要做好承前启后，从更多的角度来谈"书"的用途。

3. 聚敛思维训练

聚敛思维，也被称为集中思维、求同思维或统摄思维，是一种逻辑思维方式。它以集中思维为特点，通过深入挖掘已有的知识经验来探究事物的本质，并寻求唯一的答案、结论或规律。聚敛思维与发散思维方向相反，在某种意义上，聚敛思维训练也是训练归纳概括能力的一种方式。

在目前的公务员申论考试中，有些题型是专门用来测查考生的综合分析能力的，考生需要对给定材料的全部或部分的内容、观点或问题进行分析和归纳，多角度地思考，从而做出合理推断或评价。

聚敛思维训练以做归纳分析题为主。常见的**归纳分析题有4种类型**：①归纳概括主要内容；②归纳概括主要问题；③归纳概括部分内容；④归纳概括语段。多做一些归纳分析题，可以训练自己的聚敛思维能力。另外，在初高中的语文课程学习中，对课文中心思想的归纳概括也是一种运用聚敛思维的体现。

请阅读以下短文，并尝试用一句话概括其主要内容。

在现代社会中，随着科技的不断发展，人们的生活方式发生了巨大的变化。智能手机、互联网和社交媒体等的普及，使得人们可以更加便捷地获取信息、交流思想和进行娱乐。然而，这种便捷性也带来了一些问题，如信息过载、隐私泄露和网络成瘾等。

4. 逆向思维训练

逆向思维就是反过来思考问题。当大家都朝着一个固定的方向思考问题时，你却朝相反的方向思考，这样的思维方式就叫逆向思维。人们习惯于沿着事物发展的正方向去思考问题并寻求解决办法。其实，对于某些问题，尤其是一些特殊问题，从结论往回推，反过来想，或许会使问题简单化。运用逆向思维经常需要**改变常规思维方式、打破思维定式**，从反方向进行思考，往往可以发现新问题、产生新观点。人们常说，发现问题比解决问题更重要。很多时候，有逆向思维的人更容易发现与众不同的问题。

怎么运用逆向思维呢？我们要敢于"反其道而思之"。例如，司马光砸缸的故事就是运用逆向思维的典型。有人落水，常规的思维模式是"救人离水"，而司马光面对紧急险情，运用了逆向思维，果断地用石头把缸砸破，"让水离人"，救了小伙伴的性命。

运用逆向思维最简单的方式之一就是变肯定为否定，变否定为肯定。请用逆向思维回答以下问题。

（1）"谁在背后不议人，谁人背后无人议"，对此你是怎么理解的？

（2）假设你是一家设计公司的产品经理，任务是设计一款能够吸引年轻消费者的新型智能手表。通常，产品经理会考虑增加新功能、提高"颜值"或优化用户体验。但这次，你要采用逆向思维，思考如果不考虑成本和技术限制，做哪些"减法"可以使这款手表更具吸引力。

（3）据说作家托尔斯泰设计了这样一道题。从前有个农夫，死后留下了一些牛，他在遗书中写道，妻子得全部牛的半数加半头；长子得剩下的牛的半数加半头，正好是妻子所得的一半；次子得还剩下的牛的半数加半头，正好是长子的一半；分给长女最后剩下的半数加半头，正好等于次子所得牛的一半。结果一头牛也没杀，也没剩下，问农夫总共留下多少头牛？

拓展训练

1. 假如在上课时，有位专家来听课。课间，这位专家走到你身边，请你谈谈上这门课的收获或体会，请尝试用"三点式"发言模式进行即兴发言。

2. 请你为提高大学的教学质量提出一些建议（要求使用"问题+原因+方案"发言模式作答）。

3. 假如你所在的学校正在进行教育教学综合改革，校方召集各方面人员分别召开改革工作座谈会，如果请你出席"学生座谈会专场"，请构思一下你的发言。

4. 分享一个你在生活中遇到的挑战，以及你是如何克服它的，并说明这对你的成长有何意义。

5. 在你看来，教育中最应该培养的但常被忽视的能力是什么？个人如何有效培养这些能力？

6. 假设你是一名导游，要向一群外国游客介绍你的家乡，你会重点介绍哪些方面？

7. 谈谈你如何看待社交媒体对现代社会的影响。

第三节　成果展示

● 学习目标

1. 掌握评奖评优成果展示的一般形式。
2. 掌握成果展示的语言表达技巧。
3. 熟练掌握制作PPT的方法。

● 课堂训练

小张在大三时申报并获批了一项大学生创新训练项目，研究时间过半，指导教师要求小张去他的办公室当面汇报项目进展情况。如果你是小张，请讲一讲你将从哪些方面向指导教师进行汇报。

训练解说

在平时的学习中，如果指导教师参与指导论文写作或项目研究，我们应定期向指导教师汇报进展，以便及时得到其指导。以研究项目的汇报为例，可以从研究方法、研究结果、面临的问题、下一步研究计划等方面进行汇报。

如果你是在读研究生，也需要定期向导师汇报自己的学习情况和研究情况。汇报学习情况时，可以简要地汇报自己查阅了哪些文献、阅读了哪些专著，不用把自己学习的具体内容一一汇报，应重点汇报自己在学习中遇到的问题，自己有什么想法，有不懂的地方需要及时请教导师，导师会对你下一阶段的学习计划进行指导。汇报研究情况时，主要汇报研究内容、主要观点或结论，或者是实验进展、实验数据、自己的初步分析等，重点说明研究中遇到的困难或瓶颈，以便得到导师的指点。

⚑ 知识串讲

成果展示，是向特定对象展示学习、工作中所取得的成果的一种常见形式。成果展示有多种目的，如评选各类先进个人和先进集体，汇报学习和工作中的好经验、好做法，汇报科学研究成果，等等。下面选取大学生活中常见的成果展示类型进行讲解。

一、评奖评优成果展示

（一）各类先进个人展示

在学校期间，很多同学要参评各类先进个人，如三好学生、优秀学生干部、优秀共产党员等，在评选先进个人时，不少学校要求学生进行公开展示。

材料的选取和提炼

下面以评选三好学生为例进行简要讲解。"三好学生"的"三"不是实指，而是表示学生在各方面都很优秀。虽然是对全面发展的学生进行评选、表彰，但学生在竞选展示时，不能面面俱到，要有所侧重。

第一，用故事来体现品德高尚。高校评选三好学生时，一般把学习成绩作为重要条件，成绩排名靠前的学生才有资格参评。在竞选展示中，候选人应主要针对学习成绩来展示，其实，这种做法还有不少改进之处。比如，思想品德往往被忽略掉，或者被认为是不值得说的，这是不对的。那学生怎么展示自己的品德修养呢？可以谈理想，讲一个自己奋斗的小故事；也可以谈谈自己学习思想政治理论的方式方法，如关注时事、明辨是非等；还可以讲自己为人处世的一些好做法。

第二，讲出自己能取得好成绩背后的原因。成绩是评选三好学生的重要指标。学生参与评选时，重点不是说明具体成绩和排名，而是要讲述自己的学习目标、学习兴趣、学习方法等，以此来说明自己能取得好成绩背后的原因。竞选展示不只是为了取得理想的竞选结果，也是一个与他人相互交流、相互学习的过程。

第三，综合陈述体、美、劳。如果把体、美、劳3部分分别说出来，可能会导致各部分不均衡，也不易讲得深入，这时就可以从全面发展的角度来综合陈述。例如，在好好学习的同时，积极组织、参与课外活动，投身文体活动，加强体育锻炼，观看艺术展演，参

与社会实践，等等。对于这3个方面，学生可以根据自身实际，选择其中一个作为重点来讲述。

值得注意的是，在竞选展示中，学生不要为了凸显自己的优秀而忽略了成长环境，应在展示自己优秀的时候，不忘表示对班集体的肯定、对老师教导的感谢、对同学互帮互助的认可。

（二）先进集体评选展示

在学校期间，学生班级、社团、团支部、党支部等都会参评各类先进集体，在评选展示中，评选团队可以根据评选条件和评选要求有针对性地准备。

1. 紧扣评选主题

先进集体的类型和评选条件是展示准备的重要参考，评选团队一定要围绕评选主题准备展示材料，做到主题鲜明、特色突出。围绕先进集体的核心特质，如团队合作、创新精神、社会责任感等，提炼出展示的主题。

班风展示

例如，参评"五四红旗示范团支部"时，参评团支部就需要把握好示范团支部的建设要求，可以从思想政治学习、团组织建设、团日活动开展、志愿活动开展等方面进行提炼，分清基础性团组织建设工作和特色工作，重点突出团建特色，如理论学习有方法、团日活动有特色，社会实践有成果等，从"人无我有"的角度去挖掘亮点。

2. 塑造集体形象

在塑造集体形象时，需要确定并强调集体所秉持的核心价值观，如团结、创新、奉献等。价值追求、文化认同、协作精神、凝聚力等都是塑造集体形象的要素。展现集体的凝聚力与团队精神时，可以描述集体成员之间的紧密合作和相互支持，以及这种凝聚力与团队精神如何推动集体向前发展。

优秀的集体需要优秀的领导班子和优秀的成员。先进集体的评选，除了要展现好的班子建设外，还需要从整体的角度去展示集体的形象。如果一个班级的班风好，学风优良，学习氛围浓厚，则需要从整体的角度来说明，如介绍班徽、班训、班规，从团队分工与协作等方面展示集体风采。

3. 选好典型材料

准备的材料要突显典型性和先进性。收集材料时，要"求全"，但遴选时要有所取舍，不能"求全"，否则越想面面俱到，越容易没有重点，就不能突出特色。**具体做法**是，先把收集的材料排列出来，然后进行分类，分类不要太多，分3类或4类即可。分类的过程就是遴选、分析、归纳的过程。遴选时要"求精"，舍弃那些说服力、代表性不强的材料；分析时要"求深"，深入分析材料蕴含的本质；归纳时要"求准"，准确区分材料的共性和个性。

例如，有的班集体在思想教育、专业学习、课外活动、社会实践、文艺体育等方面表现都很突出，如果进行全方位展示，可能会让人觉得展示内容零散，没有特色。而通过与其他班集体的初步对比，选择一个更有代表性的角度来组织材料，就会独树一帜。

4．善用业绩数据

展示集体成绩时，可使用具体数据和案例来做支撑，增强说服力。例如，在PPT中利用柱状图、折线图、饼形图、统计表等图表形式，将**业绩数据**以直观、易懂的方式呈现出来。如果可能的话，应突出业绩数据的对比和变化趋势，从而凸显本集体的先进性。结合案例讲述业绩数据背后的故事，为每个关键业绩数据找到一个或多个具体的案例作为支撑。案例应具有典型性和代表性，能够体现集体的价值观和团队精神。

业绩数据主要代表以前取得的成绩。我们还可以将业绩数据与集体的愿景和目标相联系，解释业绩数据如何支持集体实现其愿景和目标，以及这些业绩数据对集体、社会或特定领域的积极影响，并强调集体在未来继续取得优异成绩的决心和信心。

二、社会实践成果汇报

理论联系实际是党的优良传统和作风之一，教育与生产劳动和社会实践相结合是党的教育方针的重要内容，理论教育和实践教育相结合是大学生思想政治教育的根本原则。大学生参加社会实践，可以了解社会、认识国情、增长才干、奉献社会、锻炼毅力、锤炼品格。长期以来，在共青团、教育部的领导下，各个学校都在组织大学生全面深入开展"三下乡"和"四进社区"实践活动。实践结束后，实践成果的汇报展示也是实践育人的重要环节之一。社会实践成果汇报要做到以下几点。

1．讲好故事

社会实践成果汇报就是把实践过程和实践效果讲述出来，利用讲故事的方式生动地向听众展示实践情况。故事具有天然的结构模型、场景感、画面感、生动性。怎么讲好实践故事呢？当然是选择发生在实践过程中的真实故事来讲解，大学生要聚焦某些"镜头"，对实践中的某些具体环节进行特写，把实践中一个个感人、动人的场面故事化。

讲好故事，需要把时间、地点、人物、起因、经过、结果等具体化，重现场景。重现场景的一个技巧就是表达具体化、描述具体化，这样才能让听众根据你描述的画面融入故事情节。在讲故事的同时，辅以一定的实践照片或短视频，进一步增强现场感，将听众成功带入你所要讲的故事中，就能让听众产生情感认同。

2．声情并茂

感动自己的故事才可能感动别人。要感动自己，就需要在演讲时达到声情并茂的状态。有专家统计过，当众演讲的成功，50%取决于内容，50%取决于激情，这也说明声情并茂对成功演讲的重要性。激情从何而来？主要在于演讲时如何"演"。因此，在演讲时，不仅要讲好，更要"演"好，这可以通过声音、表情和身体语言来体现。适当控制演讲节奏，也能营造气氛。

例如，在支教实践活动中，为了展现孩子们对知识的渴望，可以采用一些带有渴望的感觉的特写照片，用话语去描述孩子们的表情，同时自己也加以模仿，达到绘声绘色的效果。在动人、感人的环节，需要放慢语速，降低音量，让听众去体会，这样一般容易获得较好的效果。

3. 图文并茂

只用苍白的语言去陈述实践中的所见所闻，听众听起来会比较抽象，如果我们能结合音视频资料陈述，就能达到图文并茂的效果。在社会实践过程中，我们要善于捕捉不同主题、不同角度的场景，并通过照片、视频等形式记录下来。音视频资料往往比语言更有说服力，有时一张好照片能胜过千言万语。

图文并茂的展示，不仅涉及演讲时的有声语言，还涉及配合演讲放映的PPT。后文将专门介绍PPT的制作方法与技巧。

4. 巧谈收获

在展示社会实践收获时，很多人习惯于讲述自己通过实践后获得的个人体会。其实，这只是一个方面，只是把自己了解社会、认识国情、增长才干、奉献社会的感受讲出来；我们还可以以服务对象的收获来展示另一方面。在"三下乡"（文化、科技、卫生）、"四进社区"（科教、文体、法律、卫生）、大学生支教等社会实践活动中，我们可以通过服务对象的反馈、感受等来体现实践的价值和意义。例如，支教结束后，学生们写的感谢信、听课笔记等，都是很有说服力的材料。

三、科研项目成果汇报

大学期间，有些大学生会参加课外科技活动或科研项目，在科研项目的中期审查和结项时，都要进行科研项目进度和成果汇报。在大学毕业前，大学生要进行的毕业论文答辩，也属于科研项目成果汇报的一种类型。科研项目成果汇报要做好以下几点。

1. 找准创新点

创新点是科研项目成果汇报中需重点说明的内容。项目的特色及创新之处，是指项目的研究在理论上、实验上、技术上与同类研究相比，有什么不同之处，有哪些创新的地方。在进行科研项目成果汇报时，必须至少说明一个创新点。创新的类型有问题创新、理论创新、方法创新、结论创新、数据创新、政策建议创新等。

怎么来体现创新呢？在展示时，陈述你研究的这个论题，如前人已经取得了哪些成果，哪些问题已基本解决了，还存在哪些争议，而你的研究在前人的基础上解决了什么问题。说清楚你在研究中采用了什么方法，获得了什么新的、主要的材料，得出了什么新的结论，等等。

2. 揭示研究价值

揭示研究价值，就是说明项目具有的研究意义，而研究意义的本质就是对创新的论证。研究意义可以分为理论意义与实践意义，项目选题的研究意义决定着项目立项的价值。在汇报时，你要针对现实或历史中的问题或矛盾，结合学界已有的研究，阐述自己研究的重要性、必要性和可行性，还可对研究成果进行评价与展望。

如果研究获得了同行评审、专家推荐、学术奖项或媒体关注等外部认可，不妨在汇报中提及。这些权威评价可以进一步增加研究的可信度和影响力。也可在汇报结尾部分简要展望基于当前研究成果的未来研究方向或可能的拓展领域，强调持续研究的重要性及对未来科学发展的期待。

3. 把握展示重点

如果成果汇报的方式是提交科研项目报告，不同阶段的要求和展示重点是不同的。

科研项目**报告开题**时，应重点陈述研究背景、选题依据、研究目的、研究目标、研究方法、技术路线、拟解决的关键理论或技术问题、预期成果、研究团队组成、科研经费预算和研究进度安排等。

科研项目报告**中期审查**时，应重点汇报研究课题的进展情况、有无取得阶段性科研成果、在研究中遇到了哪些新问题、如何开展下一步研究工作、是否需要调整研究方案，以及科研经费执行情况等。

科研项目**报告结题**时，应重点汇报取得的研究结果、研究发现、研究结论，研究过程中取得的主要经验和教训，存在的主要问题和有待进一步研究的问题，研究成果的使用去向或可能的社会效益，科研经费执行情况，等等。

如果是毕业论文答辩，答辩委员会的老师会提前阅读大学生提交的毕业论文，在答辩时，大学生可以用简洁的语言概述研究情况，不必对细节展开陈述。答辩中有问有答，还有辩，因此，大学生在陈述后应主要听取答辩委员的提问，并当场进行回答。研究方法的可行性、研究数据的说服力、研究结论的可信度、研究的创新性、论文中错误的观点等，都是答辩委员提问时经常使用的角度，答辩前，大学生应对这些问题的答案了然于胸。回答提问应有针对性，阐述要简明清晰。如有拿不准或回答不上的问题，不要进行辩解，可以请答辩委员给予一定的提示，或以诚恳的态度请教答辩委员。

4. 讲好收获体会

对学生来说，参加科研项目和完成毕业论文（设计）是个人成长的重要环节，研究成果不是大学生能力的唯一评价标准，研究过程对学生的成长也十分重要。因此，大学生进行科研项目成果汇报时，往往需要陈述相关收获或体会。在讲收获体会时，不要泛泛而谈，可以从具体的某些环节入手。比如，描述在老师的指导下学习到的具体技能，如文献检索、数据分析、实验设计、编程能力等；讲述在项目中遇到的主要挑战和困难，以及你是如何克服它们的；如果项目是团队完成的，分享你在团队合作中的体验，包括角色分配、协作过程、冲突解决等；讲述参与这个项目如何激发了你对科研的兴趣，或者加深了你已有的兴趣；基于项目中的收获，谈谈你对未来学习的规划，包括想要进一步深造的方向、感兴趣的研究领域或职业目标。

除了讲收获和体会外，不要对缺点和不足避而不谈。在充分展示自己取得的科研项目成果的同时，说出研究中的薄弱环节、研究的局限性等，是一种比较明智的做法，胜过被评委指出相关问题。

四、制作PPT

进行成果展示时，如果使用PPT进行辅助展示，可以取得图文并茂的效果。在展示中，把事情说得越具体，且有图片、图形或数据的支撑，展示就会越生动。例如，一个大学生社会实践团队在汇报实践成果时，只是口头上说去哪个地方进行了支教活动，没有图片展示，观众很难想象支教地区的实际状况，但如果用照片、短视频等来辅助展示，会让观众获得画面感。具体、准确的描述更容易让人信任你所做的事情，也容易让你表达的内容有镜头感，易于将观众带入特定的情境中。

一份精美的PPT可以从视觉上弥补演讲的空洞感。PPT是一种辅助表达的工具，其目的是让观众能够快速地抓住演讲者表达的要点和重点。PPT主要从视觉角度来展现演讲内容，我们制作PPT时，要思路清晰、逻辑明确、重点突出，兼顾内容美和形式美。

（一）PPT的内容美

1. 内容的清晰呈现

我们根据演讲稿Word文档制作PPT时，要将内容可视化、条理化，做到呈现整体逻辑、展现讲述思路、理清结构层次。

PPT的制作

（1）**呈现整体逻辑**。PPT要有封面页和封底页，第二页最好设置为目录页，用于呈现整体内容，显示各部分内容之间的逻辑关系。

（2）**展现讲述思路**。进行口头讲述时，内在的思路难以直观呈现，这时就可以借助PPT来揭示不同内容之间的衔接关系，展现讲述思路。在PPT中，可以用箭头、线条等绘制流程图，也可以利用动画来体现内容的先后顺序，还可以利用PPT上下页的切换来表示过渡或者内容的前后衔接。

（3）**理清结构层次**。在制作PPT时，建议使用"一、""（一）""1.""（1）"等层级序号来体现各级标题的逻辑关系。在字体和字号的选择上，同一层级的字体、字号要统一，从而让PPT中的纲目清晰明了。

2. 关键内容的提取

PPT不是演讲内容的全部呈现，我们在制作、美化PPT时，需要根据展示目的来提炼关键词、选取重点内容。

（1）**提炼关键词**。关键词可以用来提示演讲者，演讲者看着一个一个的关键词，就可以把整个演讲串联起来，还可以根据关键词来讲故事。关键词也可以用来拟定各级标题，反映观点和认识，并以此来吸引观众。在排版上，要想办法突出关键词，如加粗、加下划线、改变颜色等。

在制作PPT时，要弄清楚PPT是给谁看的。其实，PPT主要是给观众看的。观众一边听演讲，一边观看PPT，同时使用听觉和视觉接收信息，但观众的耐心是有限度的，因此PPT上的文字不宜太多，应尽量简洁，这就离不开对关键词的提炼。

（2）**选取重点内容**。如果是用于演讲的PPT，重点内容可以是章节标题、关键词、图片、数据等。如果是用于授课的PPT，应重点呈现目录、概念、关系等，一般文字较多、信息较全。如果是用于科研汇报、学术讲座等的PPT，可以采用问题、观点、图表等来呈现重点信息。如果是用于工作进展汇报的PPT，数据图表、趋势图、关键词就是选取的重点。

（二）PPT的形式美

一份精美的PPT会给观众带来视觉的享受。下面从6个方面简要谈谈PPT的排版设计原则。

（1）**排版设计原则之版式**。在版式的选择上，我们需要了解投影仪和投影幕的比例，以便确定PPT的页面比例设置为4:3还是16:9。

（2）**排版设计原则之字体**。PPT上的中文，建议选用"黑体"或"微软雅黑"，西文选用"Times New Roman"，字号一般要大于20号，不同层次内容的字号要有所区别，不同层级的字号不超过3种。

（3）**排版设计原则之颜色**。PPT本身可以有背景颜色，此外我们要处理好主色、辅色、点缀色的搭配。选取的主色要符合内容的整体风格，我们还要利用好不同颜色的象征意义，如用绿色代表健康、用红色凸显喜庆、用蓝色体现科技感等。

（4）**排版设计原则之对齐**。这主要是指PPT上的文字、图片等的排列方式。一般来说，有对齐分布、居中分布、平均分布等，做到页面美观大方即可。

（5）**排版设计原则之留白**。PPT上的内容不能编排得太满，应适当留白。留白有多种作用，如可以让观众的视线聚焦，可以让观众的大脑有时间思考，可以让观众的眼睛适度休息。怎么来留白呢？可以通过设置左右边距、使用小段落、调整行距等来留白。

（6）**排版设计原则之对比**。PPT上的内容是从演讲稿中挑选出来的重点内容，在这些内容中还有重点，即重中之重，我们可以通过更改字体或字号、变换文字颜色等手段来突出不同重点。

在做好PPT排版设计的同时，应尽量做到图文并茂，适当使用动画效果，但不宜使用声音效果。设计完成后，若有时间再进行精雕细琢，综合考虑字体、字号、颜色、页面等整体效果，消灭错别字和误用标点等。PPT在不同计算机中的显示效果可能不一致，因此我们在演讲前，最好检查一遍放映效果。

（三）利用AI大模型制作PPT

AI大模型在PPT制作中的应用日益广泛。通过智能技术辅助生成、优化和美化PPT，可以极大地提高制作效率和质量。下面简要介绍利用AI大模型制作PPT的步骤。

（1）**明确主题**。首先要明确PPT的主题，比如教育教学、成果展示、学术报告、工作汇报、产品介绍等。

（2）**生成大纲**。向AI大模型提供关于PPT内容的描述或关键词，让AI大模型帮助我们生成一个结构化的PPT大纲。例如，"我正在准备一场关于'人工智能在教育领域的应用'的演讲，请帮我生成一个大纲"。

（3）**整理素材**。根据大纲，收集相关的数据、图表和案例等素材，明确需要展示的关键文字信息、数据、图表等元素。

（4）**编写内容**。基于生成的大纲，利用AI大模型辅助编写具体的内容。我们可以将大纲中的每个部分作为提示词，让AI大模型生成相应的文字内容。如果已有大纲或部分内容，可以将其作为输入信息，让AI大模型根据这些信息生成相应的PPT页面。

（5）**选择模板**。许多AI大模型都提供了丰富的PPT模板库，我们可以根据主题选择一个合适的模板，再利用AI大模型的设计功能，调整字体、颜色、布局等，使PPT更符合个人需求或内容风格。

（6）**生成PPT**。将生成的大纲和内容导入AI大模型中，它会自动生成PPT的每一页，包括标题、正文、图表等元素。

（7）**优化PPT**。检查生成的PPT，对内容进行必要的修改和调整，确保信息的准确性和完整性。同时，我们可以利用AI大模型提供的自动排版、智能配图等功能，进一步优化PPT的设计。尽管AI大模型生成的PPT已经相当完善，但仍可能需要进行一些人工调整和优化。优化PPT时，可以结合上文提到的PPT的内容美和形式美的要求进行。

（8）**导出PPT**。完成所有编辑和优化后，将PPT导出即可。

拓展训练

1. 你们班级是一个积极向上的班级，班级同学在学校各大学生社团担任学生干部，组织开展了很多课外活动，班级还具有良好的学风和班风，班级的平均学习成绩在同专业中占有绝对优势。你作为班长，需带领全班同学积极申报"××大学先进班集体"，请准备5分钟的评选展示方案，并在全班试讲。

2. 你所在的学校正在评选三好学生，请结合自身情况，撰写一份竞选三好学生的演讲稿（5分钟），并制作PPT（可使用AI大模型制作PPT）。

3. 请以"志愿者在行动"为题，展示你参加过的志愿者活动，并制作PPT辅助展示。

第五章
集体交流与沟通效果

在学习、生活和职场中,汇报工作、组织会议和团队沟通是使用频率非常高的群体交流手段。掌握汇报工作的方式方法,了解组织会议的基本流程,掌握会议主持技巧,重视自我沟通,学习团队内外部沟通的方式,必能助力职场发展。

第一节　汇报工作

● **学习目标**

> 1. 掌握汇报工作的共性技巧。
> 2. 养成及时汇报工作的习惯。

● **课堂训练**

> 年底，辅导员要求各个学生组织、社团负责人汇报本学期学生活动的开展情况，并就下学期即将开展的活动进行简要说明。负责人汇报时，需要演示PPT。如果你是学院学生会主席，请撰写一份汇报提纲，并制作一份配合汇报使用的PPT。
>
> ◆◇◆ 训练解说
>
> 汇报本学期学生会各项学生活动的开展情况，可以从不同的角度进行。
>
> 第一种，先汇报学生会下设各部门的活动情况，再汇报总体情况，然后总结学生会的成绩与不足，最后对下学期的工作进行展望。这种汇报有利于突出学生会内部各部门的职能和成绩。
>
> 第二种，可以按照活动的性质进行分类，如学习类活动、管理服务类活动、科技类活动、文体类活动等。在展示成绩的同时，应总结措施和经验，并分析不足，最后展望下学期的工作。这种汇报以活动目的和活动内容为主线，淡化了各部门的职能，有利于凸显学生会整体的成绩。

⚑ **知识串讲**

在学习和社团工作中，学生要向指导教师汇报学习进展和学生工作情况；在职场工作中，下级要向上级汇报工作。从原则上说，只要是上级直接交办或委托他人交办的工作，无论大事小事，无论工作的结果是否圆满，下级均应向上级如实做出相应的汇报。

汇报工作的技巧

从管理的角度看，上级准确地了解下级的工作情况，有利于及时掌握下级的工作进度。对于下级而言，掌握汇报工作的技巧，不仅有利于自身素质的提高，而且会进一步提升自己在上级心目中的形象。

汇报工作有时采用书面汇报，有时采用口头汇报。不管采取哪种形式，汇报工作有一定的共性技巧。

一、明确汇报目的

在准备汇报之前，首先要明确汇报的核心目的是什么。搞清楚汇报是为了展示工作成果、请求资源支持、解决特定问题，还是进行项目进度更新，等等。思考你的汇报对象（如老师、上级、同事或客户）最关心的是什么，以此来调整汇报内容的侧重点，确保汇报内容与对方的期望相匹配。

在学习中，不同场景下的汇报目的不同。参与科研项目需要经常向指导教师汇报研究进展情况，入党申请人需要定期向党组织汇报自己的学习、思想和工作情况。在研究生学习阶段，学生要养成定期向导师汇报学习和研究进展情况的习惯。学生把阅读文献的情况、学习或研究中遇到的问题主动、及时向导师汇报，是为了得到导师有针对性的指导，尽快确定研究方向或解决研究中的棘手问题。

在工作汇报中，有些汇报是领导要求的，有些则是我们主动向领导做的。如果是被动汇报，就要明确领导的要求，领导要求汇报什么我们就集中汇报什么，无关的无须汇报。如果是主动汇报，需要考虑汇报的目的、汇报的时机等。此外，还应预测汇报对象可能提出的问题，并准备好相应的回答或解释。这不仅有助于增强我们的自信心，还能确保汇报过程更加流畅和有效。

二、把握汇报时机

在主动汇报工作时，需要选择恰当的汇报时机，以便达到最佳的汇报效果。

在学习中，建议定期向导师进行汇报，如一个月汇报一次，可以以召开研究小组组会的形式汇报，也可以通过电子邮件向导师书面汇报。入党申请人一般需要每个季度进行一次思想汇报，如有特殊情况，需要及时汇报。

汇报工作的时机

在工作中，可以进行事前、事中和事后汇报。

事前汇报，就是把工作中的新思路、新想法在实施之前向领导汇报，这样可以避免信息不对称。做好事前汇报，可以获得领导的认同和指导，不至于偏离方向，还能提高办事的效率。在领导给了明确的方向后再动手工作，最后任务的完成质量也会较高。

事中汇报，能够让领导及时了解工作的动态，这对领导来说十分重要，领导最担心的就是自己分管的工作不在自己的掌控之中。特别是下属在工作上遇到困难，为了得到指导和帮助，就需要把目前的想法、方案、思路、下一步工作计划向领导汇报，而不是出了问题再推卸责任。如果领导给予指导，下属还可以及时改进工作的方式方法。

事后汇报，是为了把工作结果告知领导，顺便做一次工作总结，为下一步工作做好铺垫。

三、理清汇报思路

在汇报工作时，理清汇报思路是确保信息传达清晰、高效的关键。在组织汇报内容时，可以使用时间线、流程图或列表等方式来理清汇报思路。

关于学习和研究进展汇报，可以采用表格的形式来体现汇报思路。例如，学生定期向导师汇报文献阅读情况，导师可能不会在意学生具体阅读了文献的哪些内容，而会关注学生阅读文献后的收获、问题等。那么，汇报思路可以这样梳理：先列出文献题目、文献来源等信息，然后摘录文献中的核心内容或核心观点，最后把阅读文献后得到的启发写出来，并就有关问题向导师请教。

在职场工作中，理清汇报思路可以使用结构化的框架，比如"背景—现状—问题/挑战—解决方案/建议—下一步行动"的结构。根据逻辑关系，决定先说什么，后说什么，哪些内容

简略提及，哪些内容需要详细说明，从而整理出一个比较清晰的汇报思路。如果你自己对要汇报的内容都没有一个比较完整、比较清晰的思路，那么你也就无法或难以让别人听明白或说服别人。建议在梳理汇报思路时，先**列出提纲**，再列出一个个小标题，并有逻辑地排列好，在汇报时逐条道来。

四、突出汇报重点

在把握汇报重点方面，你认为的重点不一定就是汇报的重点，你要从对方的角度来思考，如思考指导教师或领导关心什么、关注什么。这样可以帮助你有针对性地准备汇报内容，确保汇报的内容与对方的关注点一致。

学生向导师汇报学习或研究情况时，汇报的重点是"问题"，这样才有利于学习进步，有利于研究工作的顺利开展。在汇报内容的安排上，应遵循一个**清晰的汇报结构**，如"研究背景与目的—研究进展与成果—遇到的问题与挑战—解决方案与请求—下一步计划"，这种结构有助于指导教师快速理解你的汇报重点。

在职场，领导听取工作汇报或审阅汇报材料时，关心的主要问题是重点问题、关键问题的处理结果。因此，我们要善于把握工作重点，抓住工作中的关键。关键问题往往关系着工作的大局或重大利益。汇报时，尽量突出关键成果和亮点，特别是那些与团队或公司目标直接相关的成果，并使用具体的数据和事实来支撑成果展示。建议只提及与汇报目标直接相关的信息，避免进行冗长和复杂的汇报。如果汇报对象对某个点感兴趣，你可以准备更深入的信息。

汇报内容较多时，我们应将汇报内容浓缩成几个关键点，每个关键点都应该是独立且重要的信息。提前想好汇报的目的和核心要点，依次列出重点，并将最重要的事情放在最前面说。建议每次汇报时重点汇报一个问题，若有多个汇报重点，最好不超过3个。

五、讲究汇报方法

领导在接受汇报时有两种不同的风格，分别为倾听型和阅读型。如能明确领导的风格，我们可以更好地汇报工作。面对倾听型的领导，更适合口头汇报工作；而面对阅读型领导，更适合写一份工作汇报材料。

领导工作繁忙，时间有限，你要想高效地向领导汇报工作，就要讲究汇报方法。无论是做口头汇报还是做书面汇报，都需要做到删繁就简。这不仅是技巧，而且是原则。所谓删繁就简，就是把不必要的话语从汇报中删去，否则会产生两种不利影响：一是让人觉得你思维混乱，二是让人觉得你文风不正。

如果是**书面汇报**，你应该把汇报材料写得简练一些，突出各级标题，因为领导翻阅材料时，标题是其关注点。鲁迅曾说，写完后至少看两遍，竭力将可有可无的字、句、段删去，毫不可惜。宁可将可作小说的材料缩成速写，决不将速写材料拉成小说。写汇报材料也是如此。

如果是**口头汇报**，则必须掌握领导问什么你答什么的原则和策略，不做无谓的拓展和借题发挥。例如，领导让你汇报工作的结果，你就直接说结果，而不要叙述工作的处理过程，不要把自己处理工作的难易程度、艰辛付出等借机说出来。

六、注意汇报顺序

除了突出汇报重点、讲究汇报方法以外，还应注意汇报顺序。在确定汇报顺序时，可以使用"电梯法则"。"电梯法则"源自麦肯锡公司曾经得到的沉痛教训。

麦肯锡公司曾经为一个重要的大客户做过咨询。咨询结束的时候，麦肯锡的项目负责人在电梯间里遇见了对方的董事长，该董事长问麦肯锡的项目负责人："你能不能说一下现在的结果呢？"由于该项目负责人没有准备，但就算有准备，他也无法在电梯从30层下到1层的30秒内把结果说清楚。最终，麦肯锡失去了这一重要客户。

从此之后，麦肯锡公司要求员工在最短的时间内把结果表达清楚，凡事要直奔主题、直奔结果。它的原理是结论先行，论点次之。在开场时先抛出一个核心结论，然后再一步步展开对论点的叙述，这样哪怕对方的时间有限，在短暂的时间内也能得到最有效的信息。

该如何运用"电梯法则"呢？我们需要在开始说话前，在头脑中对要讲的内容进行归纳，再按照自上而下的方式依次说明。

第一步，结论先行，因果倒置。

示例：××，您好！我向您汇报一下上一周的产品推广和销售情况。上周共销售了×份产品，销售额达到×元，比前一周增长了×%，我们还开拓了××这个市场。在推广销售中，我们主要采用了以下措施……。

第二步，自上而下，依次说明。

示例：我们主要采用了以下措施。首先制订销售计划……；其次分工协作，由××负责联系老客户，由××挖掘新客户……；最后，在销售渠道上，我们借鉴……做法，对……进行尝试。当然，我们也遇到了一些问题，比如……。

运用"电梯法则"先给出结论，让领导知道结果，然后他才有可能带着问题去听关于细节的具体说明和陈述。我们再来看一个例子。

领导交给小王一项任务：去公司总部领取一份文件。小王坐车到总部，正赶上保管文件的小张在开会。等了一个多小时会议才结束，小王找到了小张，并向其说明情况。小张说，文件放在家中了，明天才能带过来。无奈，小王匆匆跑回公司向领导汇报："领导好，今天真是太不凑巧，我坐车堵在路上，到达总部后，小张在开会，我又等了一个多小时。这还不算什么，我见到小张后，他竟然说把文件落在家了。领导，您看这一上午把我跑得够呛，汗流浃背的……"

本来领导就急需文件，听了小王这一顿啰唆，且他并未带回文件，领导心情更加烦躁，最后他被领导轰出了办公室。此时，小王应该汇报领导关注的重点（结果），至于细节和原因，应等领导询问后再作陈述。小王的汇报内容可以改为："领导好，那份文件没能取回，小张把文件落在家了。如果您急需文件，我再联系小张，跟他商量一下，去他家取，您看怎样？"领导可能会轻松地说："没关系，明天再取来也无妨。"或者让小王直接执行解决方案。总之，在这种汇报下领导不太可能对小王发怒。先说结果，后说原因，这是节约领导时间的方法。当领导想了解详情时，我们再告知细节。

当然，汇报工作的方式方法有很多，结论先行、自上而下的"电梯法则"只是其中之一。这种开门见山式的表达，适用于以突出成果、说明结果为主要目的，需要在短时间内说清楚一件事情、一个要点的工作场景。如果是在生活化的场景中，这种方式就不太适用了。

🔄 拓展训练

1. 假设你是某科技公司市场部的一名项目经理，负责一个名为"智能穿戴设备市场推广计划"的项目。该项目自启动以来已进行3个月，目前正处于关键的市场测试与反馈收集阶段。你的直接上级是市场部的总监，他要求你准备一份详细的工作汇报，以便在下周的部门例会上向整个管理层汇报项目进展、遇到的问题、已采取的措施及下一步计划。（可使用AI工具辅助练习）

2. 党政机关公文中有一种上行文叫报告，它是适用于向上级机关汇报工作、反映情况，回复上级机关的询问的公文。报告按内容来分，有工作报告、情况报告、建议报告、答复报告等。请同学们查阅相关材料，了解公文的写作方法和技巧。

第二节　组织会议

● 学习目标

1. 了解会议组织工作的一般流程。
2. 掌握会议组织工作中常见文种的基本写法。
3. 掌握主持会议的语言表达技巧。

● 课堂训练

发言类会议主持模拟训练。

为了进一步加强班级学风建设，交流所学专业的学习方法，某班级决定模拟举办一场学风建设与学习经验座谈会。从班级同学中挑选4名同学作为发言代表，挑选1名同学作为会议主持人，其余同学作为听众。每名同学的发言时间不得超过3分钟。主持人要注意保证会议的完整性，在15分钟之内结束会议，并进行会议总结。教师从其余同学中指定一两名同学进行点评，然后教师进行综合点评。

❖❖ 训练解说

召开座谈会就是召集若干人就某一专题或某几个专题进行讨论，以收集各种意见和建议，为领导决策和部署工作提供参考依据。座谈会也是调查会，它是了解并熟悉情况的有效手段之一。

主持座谈会除要掌握开会的一般要领外，还应该注意以下几点。

一是选好参加座谈会的代表。一般来说，应当选择那些比较了解情况，有一定实践经验和分析能力，作风正派、敢讲真话的人。

二是努力找好第一位发言代表。第一位代表的发言情况将在一定程度上影响后续的发言。除了临场决定请谁第一个发言以外，还可以在座谈会之前做一番功课。

三是要善于分析各种意见。座谈会上，每个人都希望别人（尤其是领导者）能重视自己的意见、接受自己的观点、采纳自己的建议。主持座谈会时，对提出各种意见和持各种不同观点的人应当一视同仁。

🚩 知识串讲

从党政机关、企事业单位、社会团体到项目团队、学生社团、班级、团支部等，召开会议都是一项重要的工作。**会议沟通**是运用得非常频繁的一种群体沟通手段。在日常学习、生活和工作中，我们会参加很多会议，也可能组织并主持很多会议，如组织所在单位、所在部门的办公会议，组织专题座谈会，组织各类学生比赛活动，组织颁奖典礼或表彰大会，组织文艺联欢晚会，组织科研项目组会议，组织学术报告会、研讨会，参加科研项目评审会、答辩会，等等。本节主要介绍组织会议的流程、注意事项和主持技巧等。

一、会议组织工作流程

会议组织工作是指围绕会议所进行的各项组织、管理和服务工作，包括从会议准备到会议总结的一系列具体工作。完整的会议组织工作流程包括会前准备阶段、会中实施阶段及会后总结阶段等。

（一）会前准备阶段

会前准备就是对会议的筹备和计划，是为达到会议目的而对各种工作任务所做出的系统安排。充分做好会前准备是有效召开会议的前提。会议的规模不同，会前准备的内容也有所不同，但会前准备的步骤大同小异。下面仅从人、财、物的角度进行说明。

1. 人员调配

确定会务人员。会务人员要分工协作，成立不同的工作小组，如文件资料组、宣传报道组、会场布置组、交通住宿组、餐饮服务组、技术保障组等，各司其职。

在明确各组职责的基础上，需要进一步细化分工，将任务落实到具体的会务人员身上。每个会务人员都应该清楚自己的职责和任务，并能够按照计划有序地开展工作。会务人员之间需要加强沟通和协作，确保信息的及时传递和共享。在会议筹备过程中，可以定期召开会议或进行电话沟通，及时发现问题并共同解决。同时，还需要建立有效的沟通机制，确保在会议期间能够迅速响应和处理各种情况。为了确保会务人员能够胜任各自的工作，可以进行相关的培训和演练。

2. 财务预算

举办会议涉及经费收支时，首先需明确资金来源，制定财务预算并办理审批手续，确保财务预算的合理性和准确性。财务管理团队需要审查会议经费申请，确保经费符合财务预算和政策要求。

具体来说，会务人员需根据会议规模、支出项目、会议场地等申请会议的预算经费。预算经费一般包括场地租赁费、餐饮费、住宿费、交通费、设备租赁费、技术支持费、印刷及广告制作费、人员服务费等。预算经费包括两部分：固定费用和可变化费用。无论预算多么精确，都会有意料之外的情况发生，因此总预算可以有3%～5%的浮动空间。

3. 物质准备

确定会议时间时，要充分考虑参会人员是否方便，是否与节假日冲突，等等。确定会议地点时，需要考虑距离和交通情况，根据会议日程安排考虑是否安排食宿等。确定会议时间、地点后，根据会议主题撰写并发布会议通知。

在**会议材料**方面，需编制并印刷会议文件资料。如果会议规模较大，在具备条件的前提下可将参会人员的资料按每人次准备好，注意区分参会人员的角色（如参会领导、嘉宾、普通人员）。会议资料较多时，需要按照会议议程按次序排放，最好装订成册，编好页码，方便参会人员阅读。如果需要准备参会胸卡或参会证，可以统一制作或按姓名和工作单位逐一制作。

在**会场设计**方面，要完成会场布置、会议设备调试、会议物品采购等任务。会务人员应根据会议的性质及参会人数的多少来布置会场。例如，信息传达会议、工作安排会议等的参会人数较多，安排在不设桌子的戏院式会场或是设桌子的教室式会场较为理想。在带有问题讨论性质的会议中，如果人数不多，可以让每一位与会者均环绕桌子而坐，以方便每一个人跟其他人进行多向沟通。如果是培训会，参会人数不多，与会者可坐在马蹄形桌子的外圈，这样不仅便于与会者与培训主讲人之间的沟通，而且便于与会者之间的交流；如果培训人数众多，最好将与会者分成若干小组，每个小组各聚在同一桌子的周围，这样便于分组讨论或综合讨论。需用到多媒体放映或者开视频会议时，要调试好会场的投影仪、调音台、幕布、话筒等设备。正式会议一般需要悬挂会标，确定主席台的座次安排并摆放好桌签（姓名牌）；如有需要，还需安排好参会人员的座次并准备好参会人员的桌签。

在**会场接待准备**方面，会务人员要分工协作，责任要落实到个人。会议开始前，会务人员应在会场入口处设立接待处，准备好签到表，让参会人员签到，并清点人数；在入口处安排服务人员，引导参会人员入座，维护会场秩序。如果需要，组织调度会议用车，安排新闻报道和会场警卫及交通疏导工作。此外，在会议彩排中，根据情况准备紧急应对计划，预见可能出现的问题，如技术故障、关键人员缺席等。

（二）会中实施阶段

正式会议开始时，主持人一般需要介绍会议的整体流程，即会议分为几个阶段，如工作汇报阶段、讨论阶段、工作安排阶段等。会议流程介绍需要整理成正式文档并作为会议资料装订好。参会人员就座后，工作人员应提醒全部参会人员关闭手机或将手机调成静音。

会议服务工作大致如下。

1. 做好会议记录

选择具有良好文字功底和细心的团队成员作为会议记录员，为他们提供笔记本电脑、录音笔等必要的记录工具，对参会人员的发言进行记录（特别是讨论性质的会议），记录内容要在会后存档。在会前与会议记录员沟通，明确记录的重点和格式要求。对于有些会议记录，应要求会议记录员做好保密工作。

除文字记录外，根据会议需要，还可以安排专人录音录像，安排与会人员合影留念。

2. 做好会场服务

根据会议规模和需求，确定所需的服务人员数量。服务人员应包括接待人员、茶水服务人员、技术保障人员等。

会议时间较长时，可适当安排中途休息，或设置茶歇。

举办大型会议或视频会议时，应安排技术保障人员负责操作话筒、调音台、投影仪等。

（三）会后总结阶段

会后总结阶段的工作主要有清理会场、整理会议记录、撰写会议纪要、撰写新闻稿等。

整理好会议中的文字记录和图片、视频、音频记录，进行存档备查。梳理会议总结材料，整理会议议程涉及的各项内容、主要人员发言材料、会议讨论内容和总结性结论。如有必要，需根据会议记录和总结性材料撰写会议纪要，然后报领导审批。重要会议结束后，可考虑在网站上或微信公众号发布相关新闻。

纪要的写作

二、发言类会议主持

有人认为，主持会议很容易，其实这是一种误解。要真正主持好一场会议，需要充分调动与会者的积极性。**会议主持**涉及如何开场、如何连接、如何驾驭、如何总结等诸多环节，无论哪个环节处理得不好，都会影响会议的效果。可以说，会议主持对于召开会议、把握会议主题、控制会议进程、调动与会者情绪、正确引导问题讨论、掌握会议时间、提高会议质量具有重要作用。

发言类会议包括工作例会、座谈会、研讨会、答辩会等，这类会议一般是在主持人的引导下完成会议的既定事项的，会议主持的好坏将影响会议的效率和效果。不同的会议有不同的主持风格，发言类会议一般比较正式，主持人的语言风格也应比较正式。主持发言类会议有以下注意事项和技巧。

（一）会议开始时的开场白

准时宣布会议开始。主持人在会议正式开始前，可以先用几秒钟的时间面带微笑地环视全场，跟与会者进行简单的眼神交流，引起大家注意后，准时宣布会议开始。

主持人应根据会议内容设计开场白，介绍来宾或领导，以亲切、热情的语言向与会者致以问候。在介绍顺序上，要先宾客后主人，先职务高的后职务低的。在介绍方式上，一般称呼"职务+姓名+同志（老师）"，其中职务高者可以冠以"尊敬的"。在介绍过程中，主持人**要注意介绍的节奏**，给与会者预留鼓掌的时间，有时还可带头鼓掌。在介绍领导和来宾前或在会议开始之前，一定要提前掌握他们的职务、职称、姓名、所在单位等信息，不能遗漏，不能把职务搞错，以免带来误会和麻烦，影响会议效果。

在介绍领导和来宾之后，一般由主持人说明会议的主题、目的、意义和议程，向与会者介绍会议的总体安排和相关要求，此时，主持人的语调与表情要与会议气氛一致。开场白要富有启示性和诱导性，时间不宜太长，然后进入会议的主体部分。

（二）会议进程中的主持

在会议进程中，主持人负责控制好发言秩序与发言者的发言时间，在会议中穿针引线，控制整场会议的节奏和流程。但要注意，主持人不是会议的中心，其作用是突出别人、衬托别人、拾遗补阙，不能喧宾夺主。在这期间，各种问题、各种现象均可能出现，这需要主持人具备良好的临场应变能力。

1. 灵活处理分歧

在一场会议中，在研究、讨论问题时出现偏离主题、意见分歧、无谓争辩等现象都是很正常的。要使会议顺利进行，达到预期目的，主持人需要正确引导。主持人是与会者发表意见的引导者，而不是意见的裁决者，所以主持人要能正确看待不同的观点或意见。当有人提出反对意见，主持人应当感谢对方敢于提出不同观点。如果会议上出现激烈争论，主持人首先要保持头脑清醒，不要介入争论之中，应要求与会者都安静下来，适时用语言制止无谓的争辩；如果出现不友好的争辩，主持人应将讨论话题巧妙收回，可以说："各位代表，大家在这个问题上各抒己见，都非常关注这个话题，但时间有限，我建议以后开个专题座谈会，专门讨论这个问题。好，下面接着讨论下一个问题……"

2. 掌握插话技巧

在会议中，有些与会者虽然不会偏离话题，但喜欢长篇大论，发起言来滔滔不绝。要打断这类发言者的讲话，主持人需要学会插话的技巧。插话需要充分的准备。首先，要耐心倾听别人的发言，坚持充分发扬民主、集思广益、尊重别人的原则。当有人发言时间过长时，要善于利用当时的语境，针对发言者表达的内容，在其表达过程中插入适当的词句，表示赞同或附和，起补充、调节作用，达到调节会议氛围、推进会议进程的目的。插话一定要选好"插缝"，把握时机。有的主持人在插话时不太注意选择时机，只是觉得自己有话想说，不管该不该说，就插话。这样不但起不到补充作用，反而会影响正常的发言，使发言者不知所云，其他人也会产生逆反心理，觉得"你老是打断别人的话，我们到底听谁的呢"。因此，插话一定要选准时机，只有到了应该补充几句才足以说明问题的时候再去插话。

插话不仅要选好时机，更要切中内容核心。会议主持需要主持人具备良好的时间管理能力，主持人要把时间安排好，对每一项议题大约需要多长时间、整个会议需要多长时间都要测算好，并保留一定的弹性空间。合理的插话，能为主持人把握会议进程赢得主动权。

3. 做好穿针引线

会议主持人的一项重要职责就是穿针引线、过渡照应、承上启下，把整个会议串联成一个有机的整体。这个串联过程也是主持人发挥其临场应变能力和语言表达能力的过程，也能体现主持人的组织能力和概括能力。

首先，主持人的精力要高度集中，要对前面的发言或讲话中最精华的内容进行概括或肯定，画龙点睛，为后面的发言做好铺垫；然后根据后面议题的特点和要求，渲染气氛，使前后议题自然过渡，顺理成章。承上启下不能生搬硬套，要根据具体情况巧妙使用顺带、转折、设疑、问答等语言手段，增强会议的连贯性和整体性。

在会议过程中，跑题现象时有发生。当发言人离题万里时，主持人应及时制止，以免耽误众人的时间。主持人可以微笑着用真诚的语调对跑题者说："您提的这个问题很好，大家也比较感兴趣。我们还是先回到刚才的问题上，会后我们再就这个话题进一步交流。×××，您对今天的话题有何看法？"这也是穿针引线的一种手段。

4. 完成会议任务

举行会议是为了讨论并就相关问题达成一致意见，或者是为了完成既定议题或既定程序，所以主持人应在规定的时间内控制会议的进程，力争圆满完成会议任务。主持人一定要明确会议怎么开，有几项议程，先干什么，后干什么，大约需要多长时间，对各个方面都要做到心中有数。如果会议的结束时间快到了，会议的目的尚未达到，主持人就必须千方百计地引导与会者尽快完成会议任务，不宜在得出结论或做出决定之前仓促散会。

（三）会议结束时的总结

在会议即将结束时，主持人要对会议召开的有关情况及会议成果进行全面、客观的总结，对不能确定的或未解决的问题做出解释、说明。对会议总结得如何，是衡量主持人水平的重要方面。

在会议过程中，主持人在主持好会议的同时，还要记录会议的重点内容，以便在会议结束前进行提纲挈领式的总结。在会议结束前，主持人应对会议中提出的重点加以强调，对关键问题进行提示，等等。如果领导在会议中提出了相关要求或做出了相关指示，主持人也可在总结阶段简要重申一遍。会议总结要求简明扼要，突出重点。会议总结的方法主要有直叙法、归纳法和号召法。

直叙法，就是简要回顾会议讨论了哪些事项，达成了哪些共识，解决了什么问题，以加深与会者的印象。例如，"这次会议我们传达学习了××文件，研究讨论了××决定，××领导发表了讲话，对下一步的工作做出了具体安排和部署：一是……；二是……；三是……。希望大家认真抓好落实，切实取得成效"。

归纳法，即在会议结束前，对会议进行高度总结、归纳，把会议的成果提纲挈领地概括出来，加深与会者的印象。

号召法，就是用号召性的语言进行总结，这不是全面总结会议的召开情况，而是号召与会者为某一目标或朝今后的工作方向不懈奋斗。

三、比赛类活动主持

在学生活动中，赛事种类繁多，如演讲比赛、主持人大赛、新生歌手大赛、辩论赛、文化创意大赛、风采展示大赛等。比赛类活动的主持与发言类会议主持的差异不大，下面仅介绍明显不同的地方。

（一）赛前准备

在比赛类活动的主持中，主持人需要从多个方面做好充分的准备，以确保活动的顺利进行和观众有良好的体验。

第一，熟悉比赛活动流程。主持人需要全面了解比赛的流程，包括开场、选手介绍、正式比赛、评委评分、颁奖等各个环节的具体内容和顺序。熟悉每个环节的规则和要求，以便在主持过程中能够准确、清晰地传达给参赛选手和观众。

第二，了解参赛选手信息。主持人应事先了解参赛选手的基本信息，如姓名、背景、特长等，以便在主持过程中能够准确地称呼和介绍他们。

第三，了解嘉宾和评委信息。了解嘉宾和评委的人员构成、专业背景。如需评委提问或点评，应提前告知。对于重要的嘉宾或评委，更应提前了解他们的身份，以便在介绍时能够体现对他们的尊重和自身的专业性。

第四，撰写主持词。主持人需要准备一份详细的主持词，包括开场白、过渡语、结束语等。开场白应简洁明了，能够迅速吸引观众的注意力，并营造比赛的氛围。过渡语应自然流畅，能够巧妙地连接各个环节，使比赛过程紧凑有序。结束语应总结比赛的亮点和成果，并向参赛选手、评委和观众表示感谢。

第五，做好彩排和调整。主持人在比赛类活动开始前应进行彩排，模拟真实的比赛场景，检查各个环节是否顺畅。如果不是单人主持，彩排就更为重要，主持人要确保做到相互配合。彩排时，主持人需要了解比赛现场所使用的设备和技术，如音响、灯光等。根据彩排中发现的问题，主持人可以及时调整和改进主持词及流程开展细节。

（二）现场主持

比赛正式开始前，可由其他工作人员宣布会场纪律，待一切就绪后，主持人上场。首先是**开场白**，主持人应介绍举办比赛的背景、目的、意义等，然后介绍出席比赛的领导、嘉宾和评委。如果有关领导高度重视此次比赛，需要致辞，应安排在比赛正式开始之前。领导致辞后，主持人对领导表示感谢，同时预祝参赛选手在比赛中取得好成绩。接下来，一般需要宣布比赛规则或具体评分规则，以及奖项设置情况等。

第一位选手上场比赛时，第二位选手准备。当第一位选手比赛结束后，如果有评委提问环节，主持人应引导相应评委进行提问。问答环节后，评委打分，此时，主持人要适当进行串词，时间不要过长，也不要太短。**串词的作用**有两方面：一是给评委预留打分时间，二是顺利、自然地介绍下一位参赛选手。

介绍参赛选手时，主持人不应转身面向参赛选手，而应展目望向观众，至最后一句话说出，再转身面向即将上场的参赛选手，这样能顺势把观众的视线引到参赛选手身上，而自己则悄然退下。

在比赛过程中，如何宣布选手得分呢？一般有两种方式：一种是在比赛结束后，集中公布比赛成绩；另一种是在每一位参赛选手比赛结束后，立即公布得分。现在利用电子打分系统，可以实时统计、显示得分，这在很大程度上提高了比赛的效率。有时，为了增强打分的可比性，可以选择在前三位参赛选手比赛结束后，由评委团合议，综合考虑后打分，然后宣布前三位选手的得分，从第四位参赛选手开始，逐一公布得分。

在比赛全部结束后，工作人员需要统计比赛成绩，确定获奖情况。在此期间，主持人要做好串场。如果比赛成绩的统计时间较长，可以提前安排评委代表进行点评。主持人可以说："今天的比赛到此已经告一段落。比赛的结果究竟如何，稍后向大家一一揭晓。在工作人员紧张地统分和排序期间，有请评委代表×××对选手们的表现进行点评。掌声有请！"等工作人员统计完毕和评委点评完毕后，主持人要感谢评委的精彩点评，并说："现在工作人员的统分结果已经出来了，我们今天的比赛也到了最令人激动和兴奋的时刻。下面我宣布……"

比赛结束后，举行颁奖仪式。

（三）颁奖主持

在比赛类活动的颁奖环节，主持人扮演着至关重要的角色，需要确保颁奖过程的庄重、公正、有序且充满仪式感。颁奖仪式的主持可被看作一个独立的主持环节。如果是在比赛后立即举行颁奖仪式，就不用对领导、嘉宾再次介绍；如果是择时单独举行颁奖仪式，到时需重新介绍参加颁奖仪式的领导和嘉宾。

在颁奖之前，主持人应提前了解所有奖项的类别、评选标准和获奖者名单；如需宣读颁奖词，则应精心准备颁奖词，为每个奖项撰写个性化的颁奖词，突出获奖者的成就和贡献。

就**颁奖顺序**来说，一般先给最低奖项的获得者颁奖，最后给最高奖项的获得者颁奖，即把"悬念"留在最后，以增强颁奖仪式的吸引力和可观赏性。颁奖嘉宾的安排也应讲究对应性，即职务或级别相对较低的为获得较低奖项的获奖者颁奖，职务或级别最高者为最高奖项的获得者颁奖。

在颁奖时，一般先宣布获奖者，然后请出颁奖嘉宾。获奖者先上台，待获奖者站好后，由礼仪小姐引导颁奖嘉宾上台；或者礼仪小姐在颁奖嘉宾之后上台，用托盘盛上奖杯、证书或奖品，证书要正对着颁奖嘉宾。一般情况下，中间是获奖者，颁奖嘉宾与礼仪小姐各站一边（以礼仪小姐不挡住获奖者正前方或侧面的照相人员为宜），颁完奖后，礼仪小姐马上下场，为了不影响获奖者们合影，应从舞台另一侧下场或从获奖者身后离场。主持人要注意**控制颁奖节奏**，以免颁奖环节断断续续。为了营造颁奖仪式的喜庆氛围，可播放颁奖音乐。

颁奖之后，如有获奖者代表发言环节，则主持人邀请获奖者代表上台，鼓励其简短发表获奖感言，分享获奖的喜悦和心得。同时，主持人也应鼓励未获奖的参赛选手继续努力，期待他们在未来的比赛中取得更好的成绩。

沟通与写作：语言表达与沟通技能（第2版）

🔄 拓展训练

1. 你所在的班级将要举办一场迎新年联欢会，如果由你负责组织并主持这场联欢会，你打算怎么做？

2. 假如你毕业后在一个单位的行政岗位工作，公司将举办一场新入职员工交流沟通会，由你负责组织，请说说你将如何开展这项工作。

3. 假如你是一家科技公司的项目经理，负责主持一次重要的项目启动会议。此次会议的目的是向团队成员介绍项目的背景、目标和初步计划，并促进团队内部的沟通与协作。参会人员包括公司高层领导、各部门负责人，以及项目团队成员。请撰写一篇主持词，需包括开场白、会议议程安排、项目负责人发言、小组讨论、领导总结讲话等环节。

第三节 达成共识

● 学习目标

1. 了解倾听在沟通交流中的作用。
2. 掌握倾听的策略。
3. 掌握说服自己、说服队友和说服对方团队的原则和方法，以便达成共识。

● 课堂训练

学会倾听训练。

假如你作为大学新生代表，参加学校举办的"校长与新生代表的见面座谈会"，请描述你在会上如何在做好发言准备的同时去倾听其他同学的发言。

◆◆ 训练解说

　　参加座谈会、经验交流会、总结会时，有些人不太在意别人的发言，这有时候是由于自身经历、阅历不足，常常只会顾及自身。在整个座谈会中，有些人总是在想自己怎么发言，不停地打腹稿，因而失去了倾听别人发言的机会。

　　不去倾听，不会倾听，也就不会有流畅的讨论和环环相扣的交流。其他发言人的发言信息和独到的观点就可能被忽略、遗漏了，使得我们无法弄清楚讨论的焦点问题以及问题的来龙去脉。

　　在参加座谈会时，如何选择发言时间和组织发言内容，如何把握好发言的顺序和时机，都需要掌握一定的技巧。如果你没有勇气第一个发言，你可以选择第四个或第五个发言。发言时，要善于承前启后，赞扬、肯定前面的发言，发言后，期待后面的发言更精彩。只有学会倾听，才能对别人的发言进行有针对性的赞许，才能将自己的发言融入大家的发言中，从而达成一些共识。

　　有时候，等轮到自己发言时，你会发现你想说的内容可能被前面的发言者说得差不多了，能讲的内容已所剩无几。因此，我们要学会倾听，从前面的发言中获得新的启发，这样可以重新组织自己的发言内容。

⚑ 知识串讲

　　第一章讲到，人际交往中的沟通一般是指成功的沟通，"沟而不通"通常不被认为是严格意义上的沟通。简单地说，达成共识才叫沟通，或者说，与人沟通应以达成共识为目标。反观大多数的争论和"沟而不通"，其实都是因为没有达成共识，只是进行了表达。因此，沟通不只是说话，更不是找碴儿，而是为了解决一些问题并达成共识。从某种意义上说，<mark>善于语言表达，并不等于善于沟通</mark>，因为沟通是双向或多向的交流和理解。

　　达成共识至关重要。对国家而言，人心齐，泰山移；对企业而言，上下同欲者胜；对家庭而言，夫妻同心，其利断金。要达成共识，不能只依靠简单的表达和理解，还需要掌握一定的沟通方法。

　　沟通是一个双向或多向的互动过程，我们要想在某些问题或意见上与他人达成共识，使他人理解、行动，就要学会倾听、说服自己、说服队友、说服对方团队等。

一、学会倾听

　　在人际沟通中，我们不仅要敢说、能说、会说，还要会听、善听。常言道："会说的，不如会听的。"下面主要介绍倾听的作用及倾听的策略。

（一）为什么要倾听

1. 倾听的重要性

　　在各种沟通场合中，倾听都是沟通的重要环节，可以说，没有倾听就没

倾听的重要性

有沟通。有研究表明，在日常语言沟通中，听说读写传递的信息量所占的比例是不同的，听占45%，说占30%，读占16%，写占9%，足见听在语言沟通中的重要地位。

倾听是达成沟通意图、取得共识的重要途径。有些人可能会认为良好的口才是成功沟通的决定性因素，其实并非完全如此。沟通者之间的交流不是某方沟通者的独白，而是在相互倾听、相互理解的基础上达到沟通目的的过程。沟通者通过倾听可以准确地抓住对方的说话要点，领会对方的说话意图，从而提高沟通交流的质量。沟通者如果不去倾听或不会倾听，就容易产生误解。

2. 倾听的功用

对沟通个体来说，倾听具有重要的功用，对个人发展具有重要意义。

（1）**倾听可以提升个人形象**。倾听能够帮助我们更准确地理解对方的意图、情感和需求。当我们展现出真诚的倾听态度时，对方会感受到被重视和尊重，从而给对方留下良好的个人印象。倾听是改善双方关系的有效方式之一，可增进彼此的理解与信任。

（2）**倾听是开阔眼界、丰富知识等的最便捷的途径之一**。倾听不仅是对他人的尊重，也是个人成长和学习的机会。"听君一席话，胜读十年书"，这句古语说明了倾听是获取信息、开阔视野的重要途径。

（3）**倾听可以避免误解和冲突**。通过倾听，我们可以及时发现并纠正可能存在的误解。当我们对对方的观点或情感有清晰的理解时，就能更有效地避免由于误解而引发的冲突。

（4）**倾听可以为自己争取主动权**。倾听能使人更真实地了解对方的立场、观点、态度和沟通方式，从而为之后的沟通做好准备。在时机未到时选择倾听并保持沉默是一种"大智若愚"的艺术。

（5）**倾听有助于建立良好的沟通氛围**。倾听可改善沟通环境的气氛，有利于身心健康与获得成功。心理学家指出，善于倾听的人容易克制冲动，控制愤怒。从一方面看，一个较为平和的人际环境，对于成功与健康是有百益而无一害的。从另一方面来看，在某些情况下，倾听本身就是一种情感支持和安慰。当对方处于困境或情感低落时，我们的倾听可以让对方感受到温暖和被理解。

在工作中，倾听同样具有重要的作用。新时代，营造一个有效倾听的文化氛围可以助力企事业单位的发展，提高企事业单位的运转效率。管理者通过倾听可以提升领导能力，更好地了解下属的需求和意见，从而更好地指导和支持团队成员，赢得团队成员的信任和尊重，推动团队的发展。有效倾听还有利于获取单位内部和外部的诉求，更好地适应发展的需要。

（二）倾听的原则与策略

听，有多种表现形式，如洗耳恭听、倾耳细听等。在沟通中，我们提倡理解式倾听。理解式倾听，就是通过语言和非语言手段的沟通交流，了解对方的思维观念，感受对方的内心世界，尽可能理解对方。在人际沟通中，我们要掌握倾听别人说话的原则和策略。

1. 掌握倾听的原则

要实现良好的倾听，需要注意倾听的几个原则，如合作原则、相容原则、尊重原则和互动原则。

（1）**合作原则**，就是沟通者要以一个积极主动的姿态去倾听。合作原则是由美国语言哲学家格赖斯首先提出来的。格赖斯认为，在所有的语言沟通中，为了达到特定的目标，沟通者之间存在一种默契，即一种双方都应该遵守的原则，这种原则就是沟通的合作原则。合作原则也被称为"配合原则"。倾听不仅是对讲话者的尊重，也是对讲话者的高度赞美。

（2）**相容原则**，就是沟通者要有包容不同意见的心胸。人际沟通的相容原则就是指在处理人际关系时，沟通者要有宽广的胸怀，不在一些非原则的问题、无关大局的小事上斤斤计较，要用辩证的观点看待人和事，以达到沟通交流的目的。在沟通中，免不了有思想的碰撞、意见的交锋，这就需要沟通者能做到求同存异，善于持保留意见、保留态度。

（3）**尊重原则**，就是沟通者要有尊重讲话者的言谈举止。尊重原则是指在沟通交流中，沟通双方通过言语、体态向对方表示谦虚、赞誉、恭敬、宽容等。尊重原则中的"尊重"包括人们为维护和谐的交际关系所做出的种种努力。尊重能够引发人的信任、坦诚等情感，缩短交往的心理距离。同时，尊重还包括对别人意见的尊重，沟通者还应该避免在倾听的时候抱有成见，否则就难以冷静地去倾听。

（4）**互动原则**，就是沟通双方应该积极参与、相互回应，形成有效的信息交流和反馈机制。沟通双方可以通过目光交流来传达对对方的关注和尊重。在沟通过程中，沟通双方应该及时给予对方反馈，确认信息的接收和理解情况。这有助于消除误解，确保信息的准确传递。反馈可以是口头上的回应，也可以是肢体语言或表情的展示。互动原则还强调沟通双方在沟通中的平等地位。

2. 掌握倾听的策略

倾听是为了理解对方，达成某些沟通目的或共识。要在沟通过程中实现理解式倾听，需掌握一些基本的倾听策略。

（1）端正态度

端正态度，就是倾听者要保持良好的精神状态，集中注意力。别人与你谈话时，如果手上的事务不紧急，你应放下手中的工作，认真听对方讲话；如果事务缠身，也需要调整自己的情绪，耐心表达自己目前忙碌的状态；不能心不在焉、一心二用，否则别人会认为你不尊重他。

（2）积极配合

在倾听他人讲话时，应目视对方，身体前倾，表情自然，以表示你对他人的兴趣和尊重。使用鼓励性的语言来配合，如"嗯""对""是"，能够让对方感到被尊重和被重视。在倾听过程中，可借助一些目光语和肢体动作予以配合，如肯定的眼神、表示赞许的点头、鼓励的手势等，这样可使沟通对象感到轻松自然，没有顾虑地把话说完。另外，还可以采用做笔记的方式来表达积极配合的态度。

（3）适时参与

讲话者在说到兴头上时，会留下许多空当，你若能及时地回应对方说的内容，对方将把你看作知己。适时参与就可能涉及插话，这时要请求对方的允许。研究倾听的学者认为，倾听不仅有利于交流信息及理解内容，还能帮助别人感到愉悦，甚至起到治疗的作用。

（4）主动呼应

在讲话者停顿时，提出一些与谈话内容有关的问题来请教或给出建设性的反馈，能证明你不仅在听，而且在思考。这种情况会使讲话者大为感动。如要提问，建议提一些开放性的问题。另外，复述讲话者传递的信息也是一种呼应。在对方表达完毕后，可以用自己的话简要复述对方的意思，以确认自己对对方的理解是否准确。这样可以避免误解和沟通障碍，并增强双方之间的信任感。

（5）言行得体

言行得体，就是在沟通中所使用的语言必须合乎交际情境，所使用的非语言手段要合乎社交礼仪的基本要求。要选择与不同的沟通对象、不同的交际关系、不同的沟通目的、不同的沟通环境等相适应的沟通方式。例如，跟师长、领导沟通，要尊敬、礼貌；与下属、晚辈沟通，要和蔼、亲切；与儿童沟通，尽量采用儿童能听懂的语言与之交谈；等等。在交谈中，切不可随意打断别人说话，应尊重对方的发言权，等对方讲完后再表达自己的意见或疑问。即使对方说的话不准确或有错误，也不必当面评论或直接纠正。

二、说服自己

说服自己分为两种情况：一是说服自己做自己的事情，这属于自我沟通；二是在说服他人之前先说服自己，这属于人际沟通。**自我沟通**是经常被忽视但又很重要的沟通。

（一）说服自己做自己的事情

人生面临很多选择，例如高考时填报什么志愿，大学毕业后选择升学还是就业，要不要加入学生社团，课余时间去不去图书馆，作业是否要及时完成，要不要谈一场恋爱……这些是我们在大学阶段常面临的选择，我们往往觉得采取行动很难。为了能够积极行动，在做出选择前，需要先自己说服自己。

1. 认识自己，培养主见

说服自己的过程就是自我沟通的过程。要做好自我沟通，首先要认识自我。人的一生就是在不停地认识自己、提升自己、改造自己。大学时期是自我认知发展的关键时期，我们要在此时期学会进行自我沟通。

我们要树立随时进行自我认知和自我调整的意识，根据实际，在不同阶段对自己的阶段性目标进行调整，对自己的情绪、能力进行评估。比如，早上起床后，想想自己全天的安排，需要上什么课，下课后干什么；等晚上睡觉时，在头脑中再把当天遇到的人和做过的事简要回顾一下，对做得好的地方进行自我肯定，鼓励自己，这有利于树立自信。这些做法就是在自我沟通。有些大学生喜欢写日记、写备忘录、写回忆录等，聆听自己内心深处的声音，这也是在自我沟通。在与他人沟通前，问一问自己的沟通目标是什么，这也是在自我沟通。现在，是时候培养自信、发挥内在潜能、说服自己采取行动了。

大学时期，我们不再进行"千军万马过独木桥"的竞争了，而是根据自身发展目标、职业生涯规划来度过充实的大学生活，完成学业。在这个过程中，我们需要不断地和自己对话。例如，自己在大学中想学什么，能学什么？这都需要我们做出决定并付诸行动。自己想干什么并不等于能干什么，我们可以去求助父母、咨询师友等，但一定不能缺乏自我沟通。要说服自己做自己的事情，就要多问问自己，多倾听自己的声音，不要盲从。

有些大学生缺乏主见，干什么都喜欢跟风。别人考研，他们也准备考研；别人想出国，他们也准备出国。这类大学生没有根据自己的实际情况来选择，这就是缺乏自我沟通的表现。在大学期间，我们要学会进行积极的自我沟通，与自己的内心达成共识，活出自己的精彩人生。因此，我们要在一次又一次说服自己的过程中，培养主见、强化主见、展示主见。

2. 说服自己确立奋斗目标

不少学生考上大学后就失去了奋斗目标，马上松懈下来，这时就要说服自己确立自己奋斗的目标。例如，自己是否想努力学习去争取各类奖学金？自己是否有从事科学研究的志向？大学毕业后自己想干什么？自己想在哪个城市工作和生活？自己是否想进一步深造？自己想要的是什么样的人生？不管目标大小，请确立自己的奋斗目标。

怎么确立奋斗目标呢？目标有大小之分，也有短期目标、中期目标和长远目标之分。设定具体的大目标，比设定一系列较小的目标更能激励你前行。然而，长远目标有时似乎遥不可及，就像是一个不可能完成的艰巨任务。如果天天想着长远目标，将让自己不堪重负，就会打击自己的斗志，甚至放弃自己的计划。这时就需要对长远目标进行分解，将其分解为一个一个的阶段性目标。打个比方，假如你想创作一部长篇小说，不可能一气呵成，你可以暂时把"写完一部小说"这个大目标放到一边，眼下只专注于撰写当前的内容，或每天完成1000字的写作。这样，你就可以集中精力去完成一个一个的小目标，可以看到一点点的实质性进展，积少成多，最终实现大目标。

确立目标，就是确立对自己的一种期望。假如你对自己的期望很低，那么你得到的回报通常也会很少。一般来说，丰厚的回报往往来自较高的期望、较大的梦想，且伴随较高的风险。结合实际想想自己目前的处境，例如，现在就读的这所大学自己是否满意？要不要树立更高的目标？考研时，是否报考一所更好的学校？你对自己现在的学习成绩是否满意？是持"六十分万岁"的态度，还是想要努力提升成绩，争取获得奖学金？试试确立更高的目标吧，说服自己不要安于现状。

当然，要把自己的期望控制在合理的范围内，不要好高骛远，天天做白日梦。我们不但要确立自己的目标，还要知道如何去实现它们，而不是在纸上空谈。想清楚具体目标是什么，希望何时实现，打算如何实现；然后制定一份合理的时间表（行动计划），这会让我们的计划变得切实可行。

3. 说服自己改变思维模式

在制订行动计划时，需要考虑的问题很多，我们面临的条件和打算采取的措施也会因情况的不同而不同。在制订计划时，我们需要不停地说服自己，在此过程中，我们可以尝试一下说服自己改变思维模式。

首先，**权衡利弊**，为最好和最坏的情况做打算。先好好想一想：假如坚持完成计划，最好的结果可能是什么？最坏的结果又是什么？为实现某个目标，如果坚持到底，最后能有多大的收获？如果失败了，自己能承受多大的损失？例如，你打算考研，试想：一心一意备考，最好的结果是考上了；如果考不上，你怎么办？是去就业，还是来年再考？如果一边备考一边找工作，会不会顾此失彼，甚至二者都未做好？

其次，**不要怕失败**，要将失败的经历视为人生财富。每个人都会经历失败，最成功的人往往失败得最多，因为他们冒险的次数远超常人，他们会从以往的失败中不断学习。为了实现人生中的重要目标，我们必须敢于尝试，正视失败，接受失败，甚至可以通过自寻失败来重塑我们的大脑，克服害怕失败的心理。消极的思想往往导致消极的结果。不看好自己，低估自己的能力，以致还没尝试就认定自己必将失败，这就叫"预先失败"。这时，我们需要说服自己去改变思维模式，用积极的想法取代消极的想法；或者去寻找我们害怕失败的原因，不要为如何实现目标而烦恼。

最后，说服自己时**不要被别人的看法左右**。一是不要拿自己和别人比较，二是不要为别人对我们的看法而烦恼。如果我们经常瞧不起自己，妄自菲薄，那就不要和任何人比较，而要换一个角度认识自己，我们不妨这样理解：我们的负面感受完全来自我们的内心。是我们非要和别人比，才导致我们感觉自己样样不如人，但我们要知道，别人可没有逼迫我们妄自菲薄。"走自己的路，让别人说去吧。"这话说起来简单，做起来难！在日常生活中，我们往往很在乎别人的看法、别人的评价。我们很难说服自己，有时就是因为别人对自己的看法而烦恼，做事犹豫不决。我们之所以犹豫不决，可能是因为害怕别人看不起我们，害怕自己不合群，害怕别人说我们会失败。他们也许是对的，但事在人为，我们要说服内心的自己。

4. 说服自己采取积极行动

说服自己并确立目标后，还不能成就自己，我们还需要说服自己积极采取行动并持之以恒，方可实现目标。自我反思一下，我们有多少事情半途而废了？如果很多，我们就要经常问自己并说服自己：我为什么还没有行动？不行动对我有什么好处？不坚持下去对我有什么坏处？如果不能放弃，那我什么时候开始行动？现在立刻有所行动对我有什么好处？这样不停地问自己，行动力就产生了。

我们有时不愿采取行动去实现目标的原因是安于现状，那么就请离开舒适区。一直待在舒服、安全、没有压力的环境中，当然毫不费力，但这么做却会让我们失去斗志，阻碍我们的发展，正所谓"生于忧患，死于安乐"。离开舒适区，让自己有机会做一些有创意的新鲜事，从而使自己达到一个新高度。

5. 自我激励和自我奖励也是自我沟通

我们习惯把获得奖励视为别人或者组织对我们的认可，其实自我激励和自我奖励也属于自我沟通。在付诸行动之前，自我激励一番；在实现自己的一个个小目标时、取得一个个小成功时，不妨给自己一些奖励。

自我激励可以采用座右铭的方式。座右铭原来是指写在座位右边的，起警诫、提醒作用的有教益的话，现在指的是人们用来激励、警诫、提醒自己或作为行动指南的格言。历史上，许多中外名人都有自己的人生格言或座右铭。

将奋斗目标可视化，也可以用于自我激励。例如，在纸上写下自己的目标，写出追求这些目标的理由，将它们贴在书桌上或贴在计算机屏幕上（贴在自己能够经常看到的地方），这样可以激励自己朝着目标迈进。这种做法可以让自己保持专注，在通往成功的正轨上不断前进。

当我们实现一些目标时，可以自我奖励。我们可以为自己的表现设定一个标准，达到标准就奖励自己一次。例如，某一门课的考试成绩达到多少分，就犒劳自己一次；如果期末考试进入前几名，就给自己一个更大的奖励；如果工作业绩提高了多少，就找个周末和朋友们庆祝一番；等等。自我奖励时，尽量选择一些对自己有诱惑力的奖励。

（二）欲说服他人先说服自己

在人际沟通中，要想说服他人，先要说服自己。我们先来看一则故事。

某人逛街的时候，很喜欢约上朋友小芳，因为她特别会砍价，如遇到有人推销护肤品，她会等着对方说完，然后一本正经地盯着对方的脸说："我看你的皮肤也没有很白啊，你自己应该也不用这个产品吧。"

推销员一愣，反应过来，赶紧解释："没有啊，我一直在用这个产品，它真的很好用。"

推销员解释时弱了几千丈的气势告诉我们：一个自己都不相信自己推销的产品的人，怎么能成功地向消费者推销产品呢？

这则故事揭示出：只有先说服自己才能最有效地说服他人！

要说服你想说服的对象，需要有逻辑地让他认同你，此时你需要先说服自己、认同自己。怎么说服自己呢？

首先，对自己所要表达的沟通内容深信不疑。你对自己所要讲的内容要有较为全面的认知，从而有逻辑地、有层次地构思沟通内容，对自己的观点或想法进行充分的论证准备，如对所持有的观点进行深入研究，搜集支持自己观点的数据、事实、案例或研究，确保它基于可靠的事实和逻辑。同时，预设反对观点，并准备有力的反驳论据。例如，你要让自己提出的方案获得领导或同事的认可，就需要论证这套方案的可行性，对这套方案区别于其他方案的优缺点了如指掌。

其次，分析沟通对象，增强说服内容的针对性。你要说服谁、怎么去说服，这与沟通对象有密切关系。也就是说，同样的沟通内容，在针对不同的人时，我们要选择不同的沟通方式。例如，在推销一个产品时，我们要针对顾客的不同需求进行有针对性的产品介绍。推广一部教材，我们不能只介绍教材的优势，还要看教材使用者的实际需求，根据对方的需求来介绍，才能让对方满意。另外，还要充分利用倾听、非语言沟通等手段，增强说服内容的针对性和有效性。

最后，采用自问自答的方式说服自己。我们可以与自己进行诚实的对话，评估自己的观点是否站得住脚；想象与持不同观点的人进行对话，提前准备应对策略。也就是说，我们在说服他人之前，可以假设对方会提出哪些问题，并思考自己该如何解答；若能一一解答，我们就成功说服了自己。要做好自问自答，需要有预见性，即对潜在的疑问进行多方面、多角度分析。我们可以问问自己：通过这次沟通希望达到的目的是什么？为什么要进行这次沟通？对方可以从此次沟通中获得什么？自己的想法、方案或建议等有哪些优势和劣势？对方对某些问题提出异议时该如何处理？是否有备选的处理方案？如果不能与对方达成共识，将如何处理？把这些问题都考虑一遍，对回答这些问题信心十足后，再去说服别人。

三、说服队友

在团队沟通中，除了倾听队友的意见、认同队友的正确想法，有时我们还需要去说服队友，让他们听从我们的意见、采纳我们的建议或方案。在团队中，**敢于沟通、勤于沟通、善于沟通**，让其他队友都了解你、欣赏你、喜欢你，你在团队中的作用就更容易得到发挥。

在日常学习和职场中，有很多事情都需要我们经常和别人进行沟通，我们和队友一起合作才能更好地完成工作。但是在和队友合作去完成一些工作的过程中，我们可能会因为各种原因和队友发生分歧，甚至有时候彼此意见不合，最终还会影响团队整体意见的统一。解决分歧就是一个说服和被说服的过程。要说服队友，就需要掌握以下技巧。

1. 结伴而行，专注于团队的共同目标

一个团队要想发展快、走得远，团队成员就得结伴而行。如何让团队成员结伴而行呢？答案很简单，就是让团队拥有共同的目标，并让团队成员专注于实现这个共同目标。在职场上，很多事情都需要团队成员拧成一股绳，向着同一个目标努力，只有这样大家才能把事情做得更好。要想和队友齐心协力去做好一件事情，我们就需要学会团队沟通，巧妙地化解矛盾，更好地说服队友并和队友一起做事。

在团队沟通的过程中，我们不可能让团队其他成员言听计从，团队成员要群策群力，一起贡献智慧和力量。如果我们有很好的想法、措施，在与团队成员沟通时不妨多问问自己：这个想法与共同目标有什么关系？这个措施需要协调哪些团队成员来共同实施？这个想法或措施是否符合团队的共同利益？我们切不可为了私利而牺牲团队利益。

2. 善于倾听，建立队友之间的信任关系

在团队沟通中，我们要给予队友充分的表达空间，认真倾听他们的观点和意见。尊重队友的发言，不要急于打断或反驳，可以通过点头、微笑或说简短的话语来确认自己理解了他们的意思。为了团队利益，我们应始终如一地保持诚实和守信，让队友信任我们。在队友需要帮助时，我们应及时提供支持，展现团队精神和合作意愿。

3. 持续沟通，不断凝聚团队共识

为了实现某个共同目标而组建起来的团队，要想持续发展，其成员就需要持续沟通。**持续沟通能力**是团队成员能够更好地发扬团队精神的最重要的条件。团队成员唯有秉持协商和对话的精神，有方法、有层次地跟队友探讨问题、发表意见、汇集经验和知识，才能凝聚共识，形成团队默契，激发团队潜力。

4. 掌握一些重要语句，让讲话体现团队意识

在团队沟通中，我们要体现大局意识和合作意识，不能独断专行；讲究一定的说话方式，让团队成员乐意接受，并采取行动。下面列出沟通时的一些重要的语句，多使用这些语句，能让我们的讲话中的团队意识明显增强。

常说这个字：您。

使用两个字：我们。

不忘三个字：谢谢您！

建议四个字：不妨试试！

动员五个字：咱们一起干！

询问六个字：您的看法如何？

赞扬七个字：您干了一件好事！

敢说八个字：我承认我犯过错误！

这些看似简单的话语能在团队沟通中发挥巨大的润滑作用。除了这些重要语句，在沟通协商时，多说"您怎么看待这个问题""接下来，我们该怎么做比较合适""现在做了这些，我们如何在这个基础上继续……"这些带有商量语气的话，沟通就会更加顺畅。

四、说服对方团队

团队与团队之间的沟通不同于团队成员的内部沟通。团队之间合则共赢，斗则俱伤。这个道理大家都懂，但是团队间要实现合作，需要沟通、对话。

1. 求同存异，尊重对方

如果说达成共识有什么秘诀，那一定非求同存异莫属。任何共识的达成，必定建立在相互尊重、相互包容的基础上，而求同存异作为一种科学的方法论，能帮助我们尽快达成共识。

下面我们来看周恩来总理在1955年万隆会议上的补充发言。

我们的会议应该求同而存异。同时，会议应将这些共同愿望和要求肯定下来。这是我们中间的主要问题。我们并不要求各人放弃自己的见解，因为这是实际存在的反映。但是不应该使它妨碍我们在主要问题上达成共同的协议。我们还应在共同的基础上来互相了解和重视彼此的不同见解。

周恩来总理以高瞻远瞩、胸怀博大的伟大政治家风度，高举和平、团结、反帝、反殖、友好合作的旗帜，坚持求同存异、协商一致的原则，化解了矛盾，排除了障碍，赢得了朋友，为万隆会议在极其复杂的形势下取得成功做出了重要贡献。

"**求同**"就是寻找共同思想、共同要求、共同利益,这是达成共识的基础;"**存异**"就是保留不同观点、不同主张、不同利益,这是达成共识的条件。要与对方达成共识,我们需要专注目标,避免争论,保持良好的沟通氛围,通过共同努力,找到彼此认同的共识点,通过求同存异的方法最终达成共识。

2. 让对方来赞同我们

谁也说服不了谁时,那就换个角度,让对方来说我们有理并赞同我们。共同认可的"理",不是通过争辩得来的,通过争辩达成共识的概率微乎其微,因为争辩本身就是一个双输的行为。

在一些涉及自身利益和存在未知情况的时候,人们往往都不太愿意轻易地按照别人的意愿去做事。当双方或多方从各自的利益出发时,可能一开始就针锋相对,最终也不能达成共识,只能与目标背道而驰。

为了避免针锋相对,我们可以先假定对方的观点、想法等是合理的,引导大家先按照对方的思路探讨下去,再努力去挖掘其中的弊端或不足之处,让对方发现自己的观点或想法失之偏颇或是错的。当对方发现如果按照他们的方向走下去会出现问题时,他们自然就会与我们共同寻求一种更好的方法。此时,如果我们能立足问题并结合实际,提出我们的解决方案,对方自然会慢慢地向我们这边靠拢。我们也就能引导对方来赞同我们,最终达成我们的目标。

3. 换位思考

为什么很多人总是和对方说不到一起?其中一个重要的原因就在于很多人只是站在己方的立场或角度考虑问题,根本没有考虑过对方的感受。试问,对方怎么愿意和一个自私的人进行深入交流和合作?因此,我们应时刻记住,我们要的是达成共识,而不是己方取得胜利;我们应习惯换位思考,设法让对方觉得受尊重,并认为我们与他们的立场一致。

换位思考,就是当我们在和对方协商一些事情的时候,要学会站在对方的立场或角度去考虑问题,用同理心去想对方此时在想什么。当我们换位思考,站在对方的角度谋划和考虑,理解对方的心理、对方的需求、对方的困难,我们据此提出的观点就更容易被对方接受。要说服对方赞同我们的观点,我们就需要与对方站在一起,让对方对我们产生是"自己人"般的亲近感和认同感,这样双方的关系就会更融洽,我们说服对方就更容易。

4. 启发而非逼迫对方

在与对方沟通或洽谈一些事情时,如果我们说话过于直截了当,对方可能会不理解,甚至还会觉得我们这样做影响了他们的利益。在这种情况下,我们就可以借助一些方式去启发对方,让对方一点点地接受这件事情。例如,我们可以通过一些真实的案例或者别人的故事来一步一步地引导对方向着我们预想的方向思考。当对方通过这些案例中的事件、数据等了解了一些情况,或者对方有了一种身临其境的感觉时,我们再去沟通,就会容易一些。

达成共识是双方或多方共同参与、创造的动态过程,在这个过程中,我们需要保持开放的心态，不要试图将自己的思想强加于对方。

5. 晓之以利吸引对方

在寻求合作伙伴或合作方时，一厢情愿是常有的事情。如果对方不感兴趣，没有合作意愿，我们就可以晓之以利，促进沟通。下面是一个晓之以利的沟通案例。

在英国工业革命方兴未艾时，以发明发电机而闻名的法拉第为了得到政府的研究资助，去拜访首相。法拉第带着一个发电机的雏形，非常热心并滔滔不绝地讲述着这个划时代的发明，但首相的反应始终很冷淡，表现出一副漠不关心的样子。事实上，这也是无可奈何的事情，因为首相只是一个政客，要他看着这种周围缠着线圈的磁石模型，认同这将会带来产业结构的大转变，实在是太困难了。但是在法拉第说了下面这句话后，原本漠不关心的首相突然变得非常关心起来，法拉第说道："首相，这个机械将来如果能普及的话，必定能增加税收。"首相听了法拉第所说的话后，态度突然有了巨大的转变，其原因就是发电机的普及会带来相当大的利润，而利润增加必能使政府得到一笔很大的税收，首相关心的就是税收的增加。

这个案例说明，只有吸引对方，才能为洽谈做好铺垫；只有了解对方真正追求的利益并满足对方，才可达到沟通的目的。

🔘 **拓展训练**

1. 请分析下列案例中申叔时采用了什么说服技巧。

公元前598年（周定王九年），一代霸主楚庄王兴兵讨伐杀死陈灵公的夏徵舒。楚师风驰云卷，直逼陈都，不日即擒杀了夏徵舒，随即将陈国纳入楚国版图，改为楚县。楚国的属国闻楚王灭陈而归，俱来朝贺，独有刚出使齐国归来的大夫申叔时对此没有表态。楚王派人去批评他说："夏徵舒杀其君，我讨其罪而戮之，难道错了吗？"申叔时要求与楚王见面以陈述自己的意见。申叔时问楚王："您听说过'蹊田夺牛'的故事吗？有一个人牵着一头牛抄近路，经过别人的田地时，践踏了一些禾苗，这块田地的主人十分气愤，就把这个人的牛给夺走了。这件事如果让大王来断，您怎么处理？"庄王说："牵牛践田，固然不对，然而所伤禾苗并不多，因这点事夺人家的牛太过分了。若我来断，就批评那个牵牛的，然后把牛还给他。"申叔时接过楚王的话茬儿说："大王能明断此案，而对陈国的处理却欠推敲。夏徵舒弑君固然有罪，但已立了新君，讨伐其罪就行了，今却取其国，这与夺牛的性质是一样的。"楚王顿时醒悟，于是恢复了陈国的国家地位。

2. 在一家科技公司中，有一个项目团队正在开发一款新的移动应用。团队成员包括项目经理、开发人员、设计师和市场专员。项目进行到一半时，市场专员通过市场调研发现，当前的设计方向可能无法满足目标用户的需求。然而，设计师对现有的设计非常有信心，并不愿意做出大的改动。如果你是市场专员，需要说服设计师和其他团队成员接受市场调研结果，并对设计进行必要的调整，你会做哪些准备、从哪些方面进行说服？

第六章
保研、考研与求职面试

如果说高考是"千军万马过独木桥",那保研、考研更像是为了自己的志趣而奋斗。了解并掌握保研、考研的面试技巧,可让"研途"更顺畅。大学生步入社会,不是"瓜熟蒂落"的自然过程,求职是一项系统工程,需要精心谋划和细心准备。

第一节　保研和考研面试

● 学习目标

1. 了解保研和考研的相关政策。
2. 掌握保研和考研面试技巧。

● 课堂训练

1. 假如你大学期间成绩优异，获得了免试攻读硕士学位研究生推荐资格，正在参加某校某专业的保研面试。请结合自身实际和所学专业，向面试评委做一个简要的自我介绍。

>>>>> 训练解说

获得保研推荐资格的同学，拥有自主选择报考研究生招生单位和专业的权利。教育管理部门也鼓励推免生在不同地区间、不同招生单位间及不同学科间交流。因此，推免生可能参加本校保研面试，也可能到校外参加其他招生单位组织的面试。

在本校参加保研面试时，推免生面对的是比较熟悉的本专业教师，介绍的内容包括以下几个方面。

（1）我是谁；

（2）以前的学习情况（包括学习成绩、学习兴趣、学习方法、获奖情况等）；

（3）参与课内外学术活动情况；

（4）今后的学习规划；

（5）致谢（感谢本专业老师的教导）。

如果是到外校参加保研面试，介绍的内容包括以下几个方面。

（1）我是谁（详细一些）；

（2）以前的学习情况（简要说明学习成绩、获奖情况等）；

（3）参与课内外学术活动情况；

（4）今后的学习规划；

（5）致谢（感谢评委给予机会）。

在跨校或跨专业保研面试中，"我是谁"这部分需要介绍得详细一些，并说明你为什么选择到那所学校的那个专业参加保研选拔。这就需要你提前熟悉对方学校的学科情况、重点研究领域和学术影响，并结合自身兴趣进行陈述。这样可以让面试组评委认为你很有诚意。在展示你的能力的同时，还要表达你的真心实意，以打消评委认为你可能同时到多所学校参加保研面试（脚踏多只船）的顾虑。

2. 假如你正在考研，已通过考研初试，现进入复试面试环节。请结合自己所学专业，拟定一个目标学校和报考的专业，进行一次模拟面试。首先请做一两分钟的自我介绍，然后由任课教师充当评委进行模拟提问。

◆◇◆ 训练解说

考研面试和保研面试有一定的区别，这两种面试中自我介绍的侧重点和详略程度是不同的。考研面试中做自我介绍时，你面对的是你报考单位的专业教师，自我介绍的内容建议包括以下几个方面。

（1）我是谁；

（2）为什么报考这所学校的这个专业；

（3）简要介绍以前的学习情况（若原来成绩不理想，可不提）；

（4）读研期间的简单规划；

（5）致谢并表达积极学习的态度。

考研面试是差额面试。一个好的自我介绍能给面试评委留下良好的第一印象。自我介绍中体现出的自信、好学、发展潜力高等，是你要传达的重点信息。

在保研和考研面试中，要重点介绍学习情况、参加学术活动和专业实习的情况，并表达打算进一步参与科研的想法；而参加学生社团和社会实践活动的情况不是重点内容，在时间有限的情况下不必介绍，这是与求职面试不同的地方。

沟通与写作：语言表达与沟通技能（第2版）

⚑ 知识串讲

大学本科毕业后的进一步深造可以通过保研、考研和出国留学来实现。本节主要介绍保研面试和考研面试的相关内容。

一、保送研究生面试

（一）保送研究生

全国普通高等学校推荐优秀应届本科毕业生免试攻读硕士学位研究生（推免生），俗称"保研"，是本科毕业生升学的方式之一。

推荐优秀应届本科毕业生免试攻读硕士学位研究生，其中"推荐"是指学校按规定对本校优秀应届本科毕业生进行遴选，确认其免初试资格并向招生单位推荐；其中"免试"是指应届本科毕业生不必经过全国硕士研究生入学统一考试的初试，直接进入复试。获得推免资格的应届本科毕业生还需要招生单位接收，方可获得研究生入学资格。接收，是指招生单位对报考本单位的具有免初试资格的考生进行的复试和录取。

近年来，报考研究生的人数众多，考研难度越来越大，所以越来越多的同学想通过保研的方式成为硕士研究生。教育部相关文件规定，所有推免生均享有依据招生政策自主选择报考招生单位和专业的权利，并要求各个高校保障学生自主报考的权益。因此，保研的竞争也就越来越大。如果你想保研，需要好好准备一番。

（二）保研夏令营

对学生而言，本科前3年（4年制本科）的加权成绩要符合所在学校的规定才能获得保研面试的资格。保研工作一般在每年的9月份进行，一些高校为了招收优质生源，会在7月份举办保研夏令营，提前招揽考生并进行预选。

什么是保研夏令营呢？保研夏令营是近几年各高校（特别是国内著名高校）争取优质生源的一种方式。高校利用暑假中一周左右的时间，与学生进行较长时间的接触，如组织学生参观实验室、介绍各导师研究方向、举办学术交流会等，通过多种方式（如笔试、面试、实验测试等）来考查学生，以确定是否对其发放拟录取通知书。

对学生来说，参加保研夏令营，可以**增加被其他招生单位录取的机会**；对招生单位来说，举办保研夏令营，可以吸引更多的生源，更深入地了解、考查学生，选择的余地也就更大。

优秀应届本科毕业生要想获得某高校的保研夏令营学员资格，要经过报名、筛选等环节。相关高校在各自的网站上发布举办保研夏令营的通知后，学生应根据通知要求准备并提交相关材料，招生单位通过对学生提供的材料进行筛选，最后确定入营名单。

报名参加保研夏令营一般需要提交以下材料。

（1）申请表（有的高校要求在线填写）；

（2）个人陈述（1000～1500字）；

（3）副教授（或相当职称）及以上的专家推荐信2封；

（4）成绩单及成绩排名证明各1份，并加盖院系教务部门公章（有些学校要求提交扫描件）；

（5）相关获奖证书和英语水平证书（复印件或扫描件）；

（6）在学术期刊上发表的文章、出版物或其他学术作品也可作为申请材料提交；

（7）其他要求的材料，如学生证复印件、保研夏令营学员学术报告等。

个人陈述是与对方沟通的一种书面材料，也是自我推荐的重要材料。个人陈述该怎么写？

如果招生单位规定了个人陈述所要涉及的内容，一定要照做！一般来说，个人陈述中，需要介绍个人的基本情况、学术背景、研究经历，以及将来在研究生阶段的学习计划、研究计划、个人职业生涯规划等。**个人陈述的目的和重点**是突出自己具备进一步深造的潜力，因此先要写出自己在大学期间取得的成绩及学习方法，参加科研工作的初步经历和成果等，然后围绕读研的目标、方向及未来的学习规划进行陈述。

夏令营个人陈述

两封专家推荐信也需要认真对待。一般来说，学生要联系本校两位副教授及以上职称的老师来推荐自己。建议请曾经指导你进行大学生科研项目或调查研究的老师来推荐你，因为他们对你有比较具体、深入的了解。如果你想找相关领域的知名教授推荐你，他虽愿意推荐你但对你不是很熟悉，这时候你需要提供一些材料，让他了解你的相关情况，或者是草拟一份推荐信，请他修改。另外，建议请两位专家分别从不同的角度来推荐你。

夏令营专家推荐信

示例：

推荐信

尊敬的研究生招生负责老师：

您好！我是××大学××学院××专业的教师×××，应我系××专业20××级本科生×××同学的请求，推荐该生参加贵校的暑期保研夏令营。

×××同学，20××年9月进入××大学××专业学习，学习成绩优秀，名列专业第×。本人在该生本科阶段的学习中，担任其"×××"和"×××××"两门课程的授课教师，并担任其业务实习的指导教师。目前，本人正在指导该生参加国家级大学生创新创业训练计划项目"×××××"的研究工作。

在学习、科研方面，该生严谨认真，踏实谨慎，勤于思考，勇于探索。在学期间，该生始终以学业为重，注重学习基础知识，打下了良好的专业基础。通过深入学习专业知识，该生逐渐对×××产生了浓厚的兴趣，并尝试参与了相关研究工作。该生先后参加两项国家级大学生创新创业训练计划项目（或"挑战杯"），在其中一个项目作为项目负责人参与研究，逐步培养了科学、严谨的科研素养。在参与科研项目的过程中，该生善于发现问题，能够运用所学知识，通过查阅文献和分析材料，努力解决研究中发现的问题（可以具体到某个研究问题）。此外，该生在学有余力的同时，辅修了我校×××专业，成绩优秀，具备较强的学习能力。

在个人品质方面，该生谦逊有礼，坚定执着，严于律己，乐于助人。在项目团队中，该生能够与不同年级、不同学科背景的同学进行有效的沟通与合作，具备良好的人际交流能力。课余时间，该生能够发挥所长，担任学院学业辅导讲师，辅导低年级学生的功课，具有服务意识和奉献精神。

鉴于该生对科研有非常浓厚的兴趣，且有进一步深造的强烈意愿，故向贵校郑重推荐。

推荐人：×××

×年×月×日

进入保研夏令营后，你要认真参加学术交流会、学术报告会，接受笔试、面试或实验测试等。保研夏令营的面试一般是在快闭营的时候进行，其程序（包括内容和形式）相对考研面试来说简化了一些。

（三）保研面试技巧

获得推免生资格后，保研面试是研究生招生单位对学生各方面能力考查的重要环节。对于参加保研面试需要准备什么、注意什么，你可以向上一届参加保研面试的学长学姐取经。下面介绍参加保研面试的一般技巧。

（1）**面试前充分准备**。面试之前，要认真准备面试所需材料。面试材料一定要准备齐全，包括获奖证书、论文、成绩单、成绩排名证明，以及个人简历等。简历一定要写好，突出重点内容和你最擅长的方面。如果你的简历中有比较好的科研项目，面试时评委很可能会询问与该项目相关的一些问题，如"你在项目中主要负责什么""你参加研究后取得了什么成果""你在参与项目的过程中发现自己存在哪些不足"等。如果没有参与科研项目的经历，评委可能就会问你各种专业知识。你要对写进简历中的内容熟悉，特别是科研项目，如果评委问到与简历上的项目相关的问题，你却回答不出来，这会比问到专业知识回答不出来更尴尬，你可能还会失去评委的信任。

（2）**塑造良好第一印象**。面试时，请在工作人员引领下入场，在指定座位上就座。入座前鞠躬致敬，入座时腰要挺直，坐在椅子的前2/3处，这样较为正式。态度要端正，仪容仪表要整洁，保持微笑，展示出自信，使用礼貌用语，尊重面试评委。

（3）**精心准备自我介绍**。面试开始后，评委一般会让你做一个简单的自我介绍。自我介绍（包括英文自我介绍）是可以提前好好准备的，应包括个人基本信息、学术背景、实践经历、获奖情况等，但要避免长篇大论，建议时长控制在2分钟左右。**自我介绍要突出重点**，体现你的核心竞争力，而且你对自我介绍要烂熟于心。做自我介绍时要与评委自然地沟通交流而非背稿子。自我介绍要突出你的自学能力和动手能力，很多老师偏爱自学能力强和动手能力强的学生，你在提及自己的这两种能力较强时一定要用实例来证明。

（4）**回答问题要有条理**。面试时，评委通常会问哪些专业性问题？一般来说，保研面试中涉及的专业知识问题可以分为两类：一类是固定问题，是面试组提前设计好的一组或几组面试题，是每个考生均要回答的（可能以抽签的形式来决定回答哪组题的）；另一类是即兴提出的问题，即评委根据考生的自我介绍或对其他问题的回答，进行追问或延伸提问，即兴提出的问题一般是开放性的。面试是双向的沟通，学生不仅要会说，还要会听。当评委提问时，要认真倾听并思考问题，然后再给出回答。回答评委问题前，先在脑海里快速整理一下思路，确保回答条理清晰、逻辑严密。可以采用"总—分—总"的结构来组织语言，先总述观点，再分点阐述理由，最后总结。

（5）**实事求是面对难题**。面试时，遇到自己答不上来的问题怎么办？遇到不会的问题是无法避免的情况，切忌不懂装懂，乱说一通，让人笑话。你可以诚实地说："老师，我不太了解这个问题，不知道该怎么回答，但我会尽快学习。"这样的态度反而会让评委觉得你更加真实可信。

面试结束时，不管表现得好不好，都要沉着冷静，有礼有节，起身离场时对评委表示感谢。

二、统考研究生面试

复试是硕士研究生招生考试的重要组成部分，用于考查考生的创新能力、专业素养和综合素质等，是硕士研究生录取的必要环节，复试不合格者不予录取。参加统考的学生进入复试环节后，要认真准备复试中的面试。

教育部要求，复试时间、地点、内容、方式、成绩使用办法、组织管理等由招生单位按教育部有关规定自主确定。复试办法和程序由招生单位公布，招生单位会按照教育部有关规定制定本单位的复试录取办法和各院系实施细则，提前在本单位网站向社会公布并严格执行。复试录取办法中明确了考生进入复试的初试成绩和其他学术要求，以及复试、调剂、录取等各环节的具体规定。考生需要提前了解报考单位的复试程序和要求，做到心中有数。

考研复试的内容，一般包括外语听说能力、综合素质与能力考核。综合素质与能力考核包括对考生的思想政治素质和道德品质的考核，同时涉及对考生专业素质与创新能力，以及考生实验（实践）能力的测试。对于理工科考生，主要测试其实验和操作技能；对于文科类考生，主要测试其理论联系社会实际并解决问题的能力。考查范围包括考生的科研和社会工作经历、实践经历、事业心、责任感、纪律性、协作性和心理素质，以及举止礼仪和表达能力等。专业素质测试主要考查考生对本专业（学科）理论知识和应用技能的掌握程度，利用所学理论发现、分析和解决问题的能力，对本学科发展动态的了解情况，以及在本专业领域发展的潜力。创新能力测试主要考查考生的培养潜质和创新潜能。

考研面试技巧与保研面试技巧基本相同，此处不再赘述。

🔁 拓展训练

1. 如果你有意申请参加某大学举办的保研夏令营，请撰写一篇个人陈述作为报名材料。

2. 如果你已经通过考研面试，打算通过电子邮件提前联系某一研究生导师，希望尽快选择导师并得到导师的指导，请撰写一篇自荐材料。

3. 在考研面试中，评委问："在一次重要的学术会议中，你作为主讲人正在展示你的研究成果，突然被一位观众打断，他对你的研究方法和结论进行了尖锐的质疑。此时，你该如何应对？"请问你将如何回答？

4. 在考研面试中，评委问："在科研或学习过程中，你曾遇到过哪些突如其来的挑战或困难？你是如何在没有充分准备的情况下，迅速调整策略并克服这些挑战的？请分享一个具体的例子，并谈谈这次经历对你个人成长的影响。"请问你将如何回答？

第二节 求职面试

● 学习目标

1. 了解求职面试的类型及其考查内容。
2. 掌握求职面试中自我介绍的方式方法。
3. 理解并能够运用求职面试的沟通技巧。

● 课堂训练

1. 近年来，社会培训机构推出了一些关于结构化面试和小组面试的模拟训练视频。同学们可以在网上搜集相关视频进行观摩，了解不同面试的大致流程。观摩后，发表观后感。

2. 设定一个职位，如某事业单位的"行政文秘"职位或某科研机构的"科研秘书"职位，邀请两位同学针对这一职位进行求职时的自我介绍。然后邀请两位同学分别进行点评，最后教师进行总评。

训练解说

在面试刚开始时要求应聘者做自我介绍是一个非常普遍的现象。有时考官的问题就是从应聘者的自我介绍中提出的。在准备求职自我介绍时，应聘者需要对职位要求有充分的了解，并结合个人经历和技能进行针对性的展示。

在自我介绍时，应做到简洁明了、针对性强、用实例支撑自我陈述。紧密围绕职位要求展示个人能力和经验，在有限的时间内传达关键信息，用具体事例说明自己的能力和成就，展现个人态度、团队合作精神及对未来工作的期待。

在自我介绍时，诚实非常重要，不要试图通过任何形式来隐藏自己过去的一些经历或者事件，也不要自吹自擂，夸大自己的学识和能力。自我介绍时，一定要将自己的基本情况与应聘岗位进行匹配，找准切入点和契合点，增强介绍的针对性。多数同学可能只介绍自己具备哪些符合应聘岗位要求的能力等，除此之外，还应思考"自己为什么来应聘这个职位"，先从自己的志向谈起，然后陈述自己具备的条件。另外，还应思考自己在众多应聘者中可能具备哪些优势。

3. 假设你要应聘某个岗位，在面试中被问到了以下问题，你会如何回答？

（1）你为什么到我们单位来求职？

训练解说

这是一个考察应聘者动机、对公司的了解程度及是否与公司文化和价值观相匹配的问题。这也是一个非常好的机会，你可以借此展示你对这家单位的研究、兴趣，以及你如何认为自己的能力和目标与该单位的愿景和职位需求相匹配。

回答这类问题可以从两方面入手：一是要说出招聘单位有何优势和特点，正因为这些，你才来这里求职；二是说出自己选择来该单位求职的原因（专业对口、职业规划等），说明招聘单位能为自己提供施展才华的平台，同时自己又能为招聘单位的发展贡献力量。

示例：

尊敬的考官，非常感谢您提出这个问题。我选择贵单位作为我的求职目标，是基于多方面的深思熟虑的结果。

我对贵单位的行业地位和影响力非常钦佩。通过研究和了解，我发现贵单位在××领域拥有卓越的成就和广泛的社会认可，这让我深感向往。我认为，能够在这样一个行业领

第六章 保研、考研与求职面试

先的平台上工作，将有助于我不断学习和成长，实现个人职业发展的目标。

我对贵单位的企业文化和价值观深感认同。从贵单位的官方网站、微信公众号、新闻报道及员工分享中，我感受到了一种积极向上、创新进取的工作氛围，以及对社会责任的积极担当。我相信，在这样的环境中，我能够更好地发挥自己的潜力，同时也能够为贵单位的发展贡献自己的力量。

另外，我也看到了贵单位提供的职位与我的专业背景和职业规划高度契合。我具备相关的专业知识和实践经验，对这份工作充满热情和期待。我相信，通过我的努力和团队的合作，我们能够共同推动项目的进展，实现贵单位的业务目标。

因此，我选择到贵单位来求职，是出于对贵单位的认可和向往，也是基于对自己职业发展的规划和追求。我期待有机会成为贵单位的一员，与团队一起共创美好未来。谢谢！

这样的回答不仅展示了你对招聘单位的了解和兴趣，还突出了你的专业能力和个人价值观，以及你如何为招聘单位带来价值的愿景，有助于给考官留下深刻而积极的印象。

（2）你最大的优点是什么？

◆◆◆ 训练解说

很多考官都喜欢问这个问题。如果你平时就很注意了解并剖析自我，回答这个问题是很容易的。

谈自身优点时，应选择与你申请的职位相关的优点。思考你的哪些优点能够直接帮助你在这个职位上取得成功。比如，如果你申请的是销售职位，那么沟通能力、说服力或坚持不懈可能是重要的优点；如果是技术职位，那么解决问题的能力、创新思维或技术专长可能是关键。同时，不要仅仅陈述你的优点，还要用具体的例子来支持；避免提及可能被视为负面特质或与你申请的职位无关的优点。

有时候，优点和缺点会因为职位的不同而出现互换，即对于一个职位而言的优点，可能会成为你应聘另一个职位时的缺点。因此，你回答的优点应与应聘职位有较强的相关性。尽量说自己能力方面的优点，然后列举两个既与应聘职位有关，又能体现你优点的事例，但说话要得体，不要给人留下自吹自擂的印象。

（3）你最大的缺点或不足是什么？

◆◆◆ 训练解说

这是一个考察应聘者自我认知和改进能力的问题。你的回答需要巧妙而诚实地展现你的自我认知，同时确保不会让你的缺点成为获得职位的障碍。

我们要善于发现并正视自己的优点和缺点。虽然人无完人，但是在回答这个问题时，我们不能为了体现自己的诚实而把所有缺点和盘托出。一般有3种回答方式。

一是如实说明自己的缺点，这种方式不太可取。

二是选择一些可以通过努力改进或不影响岗位核心职责的缺点。尽量说一些大多数应聘者都存在的缺点和不足，如可以说自己实践经验不丰富、社会阅历较浅、知识结构有待进一步完善、专业知识不足以应对新的挑战等，并举例说明，以增强说服力。例如，大学期间通过实习实践，发现自己理论联系实际的能力有待加强，或者发现自己所学的书本知识远远不够用，尚需在工作中再学习。这类不足是绝大多数毕业生都有的，这样回答既说了不足之处，又表达了日后会认真工作、认真学习的积极态度。

三是"变缺点为优点"，也就是说，你所谈的缺点从另外的角度去看，对某些工作来说恰恰是一种优点。这种回答是非一般应聘者所能巧妙使用的，谨防弄巧成拙。不论是谈哪方面的不足，千万不能有道德品质方面的问题。

示例：

针对我所应聘的这个岗位，我认为我的最大不足可能是实践经验相对不足。虽然我在大学期间积极参与了各类实践活动和项目，但与工作岗位的要求相比，我的实践经验还不足。然而，我深知实践经验对于这个岗位的重要性，因此我一直在积极寻找机会来弥补这一不足。例如，我通过实习、兼职等方式积累了一定的实际工作经验，并且我也在持续学习和提升自己的专业技能。我相信，在未来的工作中，我会通过不断学习和实践来迅速提升自己，弥补这一不足。

上述回答中，应聘者既坦诚地承认了自己的不足，又展示了自己积极改进的态度和行动。同时，应聘者还强调了自己对于实践经验的重视和努力提升的决心，这有助于给考官留下积极向上的印象。考官可能会进一步询问你如何计划改进这个缺点，因此，你还需要为此准备具体的行动计划或策略。

（4）你了解我们单位吗？

◆◆◆◆▶训练解说◀

考官通过这个问题来考查你对招聘单位的关注、了解程度。作为一名应聘者，应该尽可能地了解招聘单位的历史、现状、目标、产品、服务、形象以及企业文化等。对这些问题的回答，如果准确无误又简洁，无疑会使你从众多的竞争者中脱颖而出，独受青睐，提高你被录用的成功率。现在，很多单位都有自己的网站，你可以在面试前访问网站，好好做准备。另外，你在了解招聘单位情况的同时，也能尽快地做出最终选择。毕竟就业是双向选择，如果觉得该单位不适合你，你就可马上抽身，去寻找新的招聘单位，不必在这里浪费你的宝贵时间。

（5）请谈谈你在过去的学习或工作中最满意的一件事。

◆◆◆◆▶训练解说◀

这种类型的面试题主要考查应聘者的语言表达能力，也是应聘者展示自己成就、技能、工作态度及解决问题的能力的绝佳机会。首先，要流畅陈述自己最满意的一件事，然后谈谈从这件事情中获得的人生感悟、生活启示等认识层面的收获或能力上的提升，最好与应聘岗位所需能力和要求有较高的契合度，因此不宜就事论事。

（6）假如你是某单位办公室职员，领导让你负责组织一场全体员工参加的迎新年晚会，请你说说你为完成此项工作准备的活动方案。

◆◇◆ 训练解说

这类活动方案面试题主要考查应聘者的计划、组织和协调能力。应聘者应考虑到明确的工作目标和要求，据此拟定工作方案，安排工作流程，调配人、财、物资源，成立筹备小组，协调组织各小组共同完成任务。活动方案可从人、财、物3方面来策划，也可从活动前、活动中、活动后3个环节来策划，回答时注意语言表述的逻辑性和条理性。另外，安全预案是必不可少的内容。

在回答时，你可以结合具体的例子或细节来丰富你的回答，使其更加生动和具有说服力。同时，展现出你对细节的关注和解决问题的能力，以及对团队合作的重视，这些都是考官非常看重的品质和能力。

（7）如果你是一家食品公司的销售经理，突然有一天媒体记者对你进行采访，说有消费者反映你公司的食品卫生不合格，你将如何解释、如何处理？

◆◇◆ 训练解说

这类突发性事件面试题，主要考查应聘者在较短时间内对相对陌生或者突发的事件做出判断，并给出简单的处理方案的危机管理能力和沟通技巧。应聘者决策能力的强弱，应聘者能否在统筹思考、有效分析、准确判断的基础上及时做出科学决断，以及应聘者能否迅速而灵巧地应对突发事件，并以恰当的方法妥善解决问题等，都可通过应聘者的陈述得到评估。同时，应聘者的心理承受力、情绪稳定性、思维敏捷性、思考周密性以及解决问题时所用方法的适宜性和处理问题时的决断力也可从中体现。

示例：

谢谢考官！如果我是这家食品公司的销售经理，我会首先感谢媒体记者朋友们的关注，并表示我们公司非常重视消费者的反馈和食品安全问题。对于这次消费者的反映，我们将第一时间与消费者取得联系，同时向公司进行汇报，并承诺将尽快查明事实真相，给消费者和公众一个满意的答复。

我会解释说，作为一家负责任的食品公司，我们始终将消费者的健康和安全放在首位。公司会对所有的生产流程进行严格的监控和审查，确保每一批次的产品都达到最高的质量标准。同时，我们也会积极与消费者沟通，了解他们的具体担忧和建议，以便更好地改进我们的产品和服务。

在处理这个问题的过程中，我会强调我们公司的透明度和诚信。我们会及时向公众公布调查结果，如果确实存在问题，我们会立即采取措施进行整改，并向消费者公开道歉和赔偿。

最后，我会再次感谢媒体的关注和监督，并承诺我们公司将持续改进和提升产品质量，以确保消费者的权益得到保障。同时，我也会邀请媒体记者参观我们的生产基地和质量检测实验室，让他们亲眼看到我们的生产流程和质量控制措施。

（8）你的上司脾气暴躁，经常当众批评下属，毫不顾忌下属的情面，大家的工作情绪经常受到影响。作为下属之一，你该怎么办？

◆◆◆ 训练解说

这类问题主要考查应聘者的人际沟通能力、人际交往的意识和技巧、处理上下级和同级权属关系的意识。回答这类问题时，最好采用辩证分析法，不应只对上司批评人的方式发表意见，可从其批评人的方式和内容来综合考虑，也可结合被批评人当时的处理方法和事后的处理方法进行全面陈述。

这个问题涉及多方面的沟通技巧和能力。与上司沟通，需要寻找一个合适的时机，可以私下与上司进行沟通，寻求上司的理解和支持。与同事沟通，与团队成员建立互信和支持的关系，增强团队的凝聚力和应对能力，共同面对挑战，减轻因上司批评带来的负面情绪。与自己沟通，反思自己的工作表现，努力提升自己的专业技能和沟通能力，确保自己尽职尽责，减少被批评的可能性。

（9）你有哪些兴趣爱好？

◆◆◆ 训练解说

没有任何兴趣爱好是一个很大的缺陷，而有兴趣爱好说明你是一个有综合素养的人。个性特征、兴趣爱好与职业选择有很强的相关性。有时，考官会用聊天的方式了解应聘者的兴趣爱好、特长等，应聘者千万别麻痹大意，这也是面试的一项考查点。不同岗位需要不同的职业性格，而兴趣爱好、特长等在一定程度上能反映应聘者的性格倾向。下面简要介绍霍兰德职业兴趣的6种类型，以供参考。

① 实用型：喜欢从事使用工具、实物、机器或其他与物有关的工作；具有手工、机械、农业、电子方面的技能；爱好与建筑、维修有关的职业；脚踏实地，实事求是。

② 研究型：喜欢各种与生物科学、物理科学有关的活动；具有极强的数学和科学研究能力；爱好科学或医生领域内的职业；生性好奇，勤奋自立。

③ 艺术型：喜欢不受常规约束，以便利用时间从事创造性的活动；具有语言、美术、音乐、戏剧、写作等方面的技能；爱好能发挥创造才能的职业；天资聪慧，创造性强，不拘小节，自由放任。

④ 社会型：喜欢参加咨询、培训、教学和各种理解与帮助他人的活动；具有与他人相处、共事的能力；爱好教师、护士、律师一类的职业；乐于助人，友好热情。

⑤ **企业型**：喜欢领导和左右他人；具有领导能力、说服能力及其他一些与人打交道所必需的重要技能；爱好商业或与管理人有关的职业；雄心勃勃，友好大方，精力充沛，信心十足。

⑥ **事务型**：喜欢从事有条不紊地整理信息资料一类的工作；具有办公室工作和数字方面的技能；爱好与记录、整理文件、打字、复印等有关的职业；尽职尽责，职业规划完善，忠实可靠。

（10）如果你应聘成功，你对这份工作的期望和发展目标是什么？

◆◆ 训练解说

考官想通过这个问题来考查应聘者的工作态度是否积极，对未来的职业发展是否有一定的规划。回答这类问题时，一是要表达积极上进的工作态度，二是要结合自身实际和岗位特点表达对未来的发展方向和发展目标的思考。

在发展目标设定上，可以将其分解为短期发展目标、中期发展规划和长期发展愿景。先设定具体的、可衡量的短期发展目标，这些目标应该与公司的目标和期望相一致；然后谈谈中期发展规划，如提升业务技能、承担更多责任或拓展工作领域；最后结合职业成长与公司文化来展望长期发展愿景，强调自己的发展目标是如何与公司的目标和愿景相契合的，以及如何能够为公司的成功做出贡献。

（11）今天的面试就到这里了，你有什么问题要问吗？

◆◆ 训练解说

面试的最后环节"面试提问"是很关键的，当然，这也是双向选择的一个沟通方式。不宜马上说"没有"，你可以围绕入职培训、职业发展及公司的整体情况进行咨询。例如，这个应聘岗位的工作职责是什么？我将要接受何种培训？如果工作出色，以后我的职业发展路径大概有哪些？我怎样才能成为单位的优秀职员？单位取得成功和发展的原因是什么？当然，你还得学会察言观色，观察考官的神情和状态，判断考官的意图。

📖 知识串讲

一、求职准备

求职，即谋求职业，是一项系统工程，需要精心谋划和细心准备。求职过程包括很多环节，如撰写求职简历、搜集招聘信息、确定目标单位、投递简历、笔试、面试、签约等。求职面试是一种依靠语言来沟通的特殊交际形式。

（一）了解面试考查内容

对应聘者来说，在通过了简历筛选和（或）笔试之后，就将进入面试环节。面试是求职过程中常见的一种以选择人才为目的、以谈话为主要手段的考查方式。要想成功通过面试，就需要对面试的考查内容进行了解和把握，以便让自己做的面试准备具有针对性。

面试的主要考查内容有以下10个方面。

1. 仪表风度

仪表风度是指应聘者的形体外貌、衣着打扮、行为举止、精神状态等。有些职业对仪表风度的要求较高，如国家公务员、公关人员、教师、营销人员、前厅经理等。面试官通常在面试开始后的前30秒内便可对应聘者产生初步印象。

求职简历写作技巧

2. 专业知识

面试官通常会针对应聘者所应聘的职位，提出一些专业问题，涉及基本概念、操作流程、案例分析等，以检验其专业知识是否扎实。此外，面试官还可能询问应聘者如何保持自己的专业知识更新，以此考察其学习能力和适应性。对于一些技术类职位，面试官可能会要求应聘者演示如何使用特定的工具或软件，以检验其对专业知识的实际应用能力。面试中的专业知识考查有时作为专业知识笔试的一种补充。

3. 实习实践

面试官会详细询问应聘者过去的工作经历和实习经验，包括在实习期间的具体职责、完成的项目、遇到的挑战及解决方案等，以评估其实际操作能力和职业素养。对于一些实操性较强的职位，面试官可能会要求应聘者进行现场操作或模拟操作，以检验其专业技能的熟练程度。

4. 沟通能力

面试官通过面对面的沟通交流，主要考查应聘者能否将自己的思想、观点、意见等流畅地用口语表达出来，考查内容涉及音质、语调、语气、语言感染力及逻辑思维能力等。用人单位性质不同，对语言沟通能力的要求也不相同，有些用人单位还要求应聘者具备较强的英语听说能力。

5. 应变能力

应变能力是指在有压力的情境下，思考、解决问题时能够迅速而灵巧地转移角度，做出正确的判断和处理的能力。面试官可能会通过模拟紧张的工作环境或提出具有挑战性的问题来考察应聘者在压力下的应变能力和心理素质。例如，面试官假设一种突发情况，询问应聘者会如何应对。

6. 社交能力

社交能力主要体现在团队沟通、组织协调、同情、冲突解决等方面。面试官可能会通过询问应聘者在团队合作中的经历和看法来评估其团队合作精神和沟通技巧。此外，面试官还会观察应聘者的肢体语言、表情和礼貌程度等，以判断其是否具备良好的人际交往能力。对于应届毕业生，面试官可能会通过询问应聘者在校期间参与课外活动的情况来了解应聘者在学校各类社团中的任职情况、所在社团的类型等，进而了解应聘者适应的社交场合和人际交往对象，推断出应聘者的人际交往倾向及其与人相处的技巧。

7. 分析能力

分析能力要求应聘者能够从复杂问题中找到简单而有效的解决方案。面试官可能会提出一些具有挑战性的问题，让应聘者现场分析并给出解决方案。在回答问题时，应聘者应该先概括问题的主要内容，再从不同角度进行分析，并注重细节和逻辑。

8. 自我控制能力

自我控制能力是指应聘者在面对诱惑、压力或挑战时，能够保持冷静、专注和自律的能力。面试官可能会通过观察应聘者在面试过程中的表现，如情绪管理、注意力集中程度等，评估其自我控制能力。此外，面试官还可能通过一些特定的测评工具，如职业性格测评、人格测评、心理测评等，更全面地了解应聘者的自控力水平。这些测评工具通常包括一些选择题或问卷，要求应聘者根据自己的实际情况进行回答，以评估其在自控力、时间管理能力、规则意识等方面的表现。

9. 求职动机

在招聘成本和应聘成本都很高的人才市场，求职动机是一个不可回避的问题，但又是一个不易考查的问题。对于招聘单位而言，了解应聘者的求职动机很关键。招聘单位通过了解应聘者为何选择应聘本单位，其职业规划如何，进而判断本单位所能提供的职位或工作条件等能否满足其工作要求和发展规划等。

10. 爱好特长

爱好是指人们对某种事物具有浓厚的兴趣，如琴棋书画、各类体育运动等，在一定程度上会影响一个人的性格特征。特长一般是指人们在某个领域或技术方面，有着较为明显的优势和超出常人的能力。爱好特长与职业兴趣有很强的相关性，面试官可以通过爱好特长来预测应聘者的职业倾向。

（二）了解面试类型

随着人才市场的不断开拓与发展，用人单位的面试类型越来越丰富，面试流程也日益科学化，面试的准确率和效率不断提高。对于大学生来说，了解用人单位的面试类型，有利于提前做好"应试"准备，在面试中挥洒自如、从容自信。下面简要介绍6种常见的面试类型。

1. 视频面试

视频面试是通过视频通话工具进行的面试。随着科技的发展，视频面试越来越普遍，尤其适用于跨国企业或远程招聘。视频面试可以更加直观地展示应聘者的形象和表达能力，同时也需要应聘者具备良好的视频通话技巧和形象管理能力。

2. 行为面试

行为面试是通过挖掘应聘者过去的行为和经验来预测其未来的工作表现。行为面试的理论基础是：根据一个人过去的行为可以预测这个人将来的行为。行为面试是企业招聘时最常用的一种面试类型，面试官基于应聘者对以往工作事件的描述及对应聘者的提问或追问，运用素质模型来评价应聘者在以往工作中表现出的素质，并以此推测其在今后工作中的行为和表现。

3. 案例面试

案例面试是指面试官给出一个具体案例，并以此为基础延伸出一系列问题，要求应聘者对其加以分析、解决，通常用于专业能力的测评，主要考查应聘者的知识水平、分析能力和沟通能力等。案例可以通过口头表达给出，也可以通过书面形式给出。案例可能是真实的事例，也可能是虚构的故事。

4. 结构化面试

结构化面试，也称标准化面试，是面试官根据特定职位的胜任特征和要求，遵循固定的程序，采用专门的题库、评价标准和评价方法，通过应聘者对特定面试试题运用口语进行面对面作答的方式，评价应聘者是否符合招聘岗位要求的人才测评方法。这种面试方法克服了"面试官提问时太随意，想问什么就问什么；评价缺少客观依据，面试官想怎么评就怎么评"的弊端。

5. 半结构化面试

半结构化面试是指只对某些方面有统一要求的面试，如规定统一的程序和评价标准，但面试题目可以根据面试对象而随意变化。它结合了结构化面试的标准化和非结构化面试的灵活性，既保证了面试的规范性和公正性，又让面试官能根据应聘者的实际情况进行有针对性的提问和评估。

6. 小组面试

小组面试，又称无领导小组讨论，俗称"群面"，是指将一定数量（一般为5～8人）的应聘者组成一个小组来共同解决一个问题。小组成员以讨论的方式，经过各种观点和思想的碰撞、提炼，共同得出一个最合适的答案或结果。在讨论过程中，每个成员都处于平等的地位，面试官不指定小组的领导，也不进行分工，让所有应聘者作为一个团队自行安排组织并完成指定任务。小组面试常见的问题类型包括要素排序题、讨论辩论题、案例分析题、活动策划题、创意制作题等。小组面试主要考查应聘者的组织协调能力、领导能力、合作能力、沟通能力、辩论说服能力等各方面的能力和素质是否满足招聘需求，以及其自信程度、情绪稳定性等个性特点是否符合团队工作需要。

（三）结构化面试的详细介绍

在以上提及的面试类型中，结构化面试是一种标准化的面试类型。下面专门对结构化面试进行进一步讲解。

结构化面试采用事先设计好的标准化的面试问答卷，其中包括面试过程中的所有问题和评分细节。结构化面试的一般流程：5～9名考官负责考查，其中设一名主考官，他负责向应聘者提问并把握面试的总体进度；面试时间因题目数量的不同而不同，一般为20～60分钟，每个问题的平均问答时间为5分钟。全体面试官对各要素的评判需根据设定好的分值结构来进行。

结构化面试的测评要素一般包括一般能力、工作能力和个性特征。

1. 一般能力

（1）逻辑思维能力。这考查的是应聘者通过分析与综合、抽象与概括、判断与推理，揭示事物的内在联系、本质特征及变化规律的能力。

（2）语言表达能力。这考查的是应聘者清楚流畅地表达自己的思想、观点，说服、动员别人，以及解释、叙述事情的能力。

2. 工作能力

（1）计划能力。这考查的是应聘者根据实际工作任务设定实施目标、进行宏观规划及制定实施方案的能力。

（2）决策能力。这考查的是应聘者对重要问题进行及时有效的分析判断并做出科学决断的能力。

（3）组织协调能力。这考查的是应聘者根据工作任务，对资源进行分配，同时控制、激励和协调群体活动，使之相互配合，从而实现组织目标的能力。

（4）沟通能力。这考查的是应聘者通过情感、态度、思想和观点的交流，与他人建立良好协作关系的能力。

（5）创新能力。这考查的是应聘者发现新问题、产生新思路、提出新观点和找出新办法的能力。

（6）应变能力。这考查的是应聘者面对突发事件，能迅速地做出反应，寻求合适的方法，使事件得以妥善解决的能力。

（7）其他能力。不同职位有特定需要的工作能力，该能力测评要素应根据不同职位的要求确定。

3. 个性特征

面试官主要通过应聘者在面试中表现出来的气质风度、品德修养、情绪稳定性、自我认知等考查其个性特征。

（四）半结构化面试的详细介绍

半结构化面试是介于非结构化面试和结构化面试之间的一种面试形式。相对于结构化面试来说，半结构化面试题目可以根据应聘者的实际情况和面试进程进行灵活调整，面试官可以根据应聘者的回答进行追问和深入探讨，以获取更全面的信息。

1. 半结构化面试的考查内容

半结构化面试的考查内容通常包括以下几个方面。

（1）基本信息。应聘者介绍个人基本信息，如学历、工作经历、专业技能等。面试官了解应聘者的个人背景，如家庭情况、兴趣爱好等，以评估其是否适合企业文化和团队氛围。

（2）职位匹配度。评估应聘者的专业技能和工作经验是否与应聘职位相匹配。面试官会询问应聘者的求职动机和职业规划，以了解其对该职位的兴趣和期望。

（3）综合能力。面试官通过提问、追问和讨论，评估应聘者的沟通能力、团队协作能力、问题解决能力、创新能力、逻辑思维能力、应变能力等综合能力。

（4）价值观等个人观点。面试官通过询问应聘者的个人价值观、工作意愿、工作态度和职业准则，评估其是否与企业的核心价值观和文化相契合，能否为企业的发展做出贡献。

2. 半结构化面试的应对策略

对于应聘者而言，准备半结构化面试的关键在于充分了解职位要求、梳理个人经历并提炼亮点，同时注重表达技巧和沟通能力的提升。

（1）**熟悉职位要求**。仔细阅读职位描述和招聘公告，了解职位要求和评估标准。根据职位要求准备相应的经历和案例，以展示自己的专业技能和工作经验。

（2）**梳理个人经历**。回顾自己的学习经历、实习经历和工作经历，梳理出与职位要求相关的关键事件和成功案例。按照一定的逻辑顺序整理这些事件和案例，以便在面试中清晰、有条理地描述。

（3）**展示亮点成效**。在描述过去学习或工作的经历时，突出自己的亮点和成果，如获得的奖励、解决的问题、创造的价值等。表述时，可用具体的数据和事实来支撑自己的描述，增强说服力。

（4）**注重沟通技巧**。注意语速、语调和音量等细节，保持自信、自然的态度，清晰、流畅地表达自己的观点和想法。学会倾听面试官的问题和意见，积极回应并展示自己的沟通能力。

二、求职中的自我介绍

在面试开始后，面试官一般都会要求应聘者做一个自我介绍，时间一般为1～2分钟。自我介绍看似简单，但如果处理得不好，应聘者就会全盘皆输。为了让面试官全面、具体地了解自己，应聘者应真实地向对方介绍自己的情况，并应介绍与求职相关的、最主要的情况。与求职有关的要介绍清楚，不要遗漏；与求职无关的则不必介绍，以防眉毛胡子一把抓，反而削弱了主要内容。要做好自我介绍，需要做到知己知彼。

（一）充分了解自己

介绍自己的基本情况时，一般包括以下几个方面。

基本信息：包括姓名、年龄、教育背景、工作或学习单位、社团或社会活动等。

能力和经历：列举自己所具备的一些能力，最好分项阐述，并辅以相关经历作为例证，这些经历应与你所应聘的职位基本相关。

在构思自我介绍时，建议注意以下几点。

（1）找出自己的闪光点。

（2）了解用人单位及其企业文化，找准岗位匹配结合点。

（3）简洁清晰，不相关的信息不用介绍。介绍时应层次分明、重点突出，使自己的优势自然地逐步显露，不要一上来就急于罗列自己的优点。

（4）为了给面试官留下深刻印象，建议多用数字、修饰性的词语来描述。

（5）总结过去并规划未来。

在自我介绍中应注意以下几点。

（1）正面评价自己，只讲正面的事，讲出自己的闪光点。

（2）介绍的内容要与应聘岗位的要求有较高的契合度。

（3）自我介绍的细节必须与简历保持一致。

（4）介绍过程中，保持与面试官的眼神交流，以便及时调整介绍的重点。

（5）真诚交流，不要做作。

（6）简明清晰，控制时间，以2分钟左右为宜。

（7）介绍完毕后致谢。

（二）充分了解用人单位

在这个充满竞争的信息社会，想要谋求一个理想、心仪的职位，光有专业知识是远远不够的，还要具备把握机遇的能力和掌握求职面试的沟通技巧。为了使求职面试过程更加顺利，应聘者要事先做好充分的准备，了解用人单位的一些情况。

（1）做到"情有独钟"。你要在面试前做一个"有心人"，尽可能地熟悉用人单位的历史、规模、现状、发展规划等信息，充分了解用人单位的基本情况。这样，既可以增强你面试时的自信心，又可以使面试官确信你对该单位兴趣浓厚。

（2）达到"非你莫属"。对应聘职位有充分的了解，并做好相应的准备，可以使你在众多的应聘者中脱颖而出。你需要了解应聘职位的工作性质、岗位职责、薪酬待遇、职业升迁路径，以及它在用人单位中所处的地位。在求职前了解应聘职位，有利于你在面试中有的放矢，针对该职位的招聘需要充分展现自己的能力和特长，增加你与应聘职位的匹配度。

三、求职面试的沟通技巧

面试时，应聘者的沟通能力标志着应聘者的成熟程度和综合素养。对应聘者来说，掌握求职面试的沟通技巧无疑是重要的。

（一）处理好语言表达的形式

1. 表达清晰

表达清晰包括发音清晰和内容清晰。

发音清晰，就是注意发音准确、吐字清晰、语言流利、文雅大方。你在控制心理紧张带来的影响的同时，应控制好说话的速度，避免结巴，以免影响语言的流畅性和思维的清晰度。

内容清晰，就是要做到简洁明了，尽量使用简单的词汇和句子直接回答问题，避免绕弯子或离题太远，避免使用过于复杂或行业内部的专业术语（除非面试官明确表现出对这些术语的熟悉）。这样可以帮助面试官更好地理解你的回答，减少误解。

2. 控制语速

面试过程中，要有意识地控制语速，表现沉稳。一般来说，人在精神高度紧张的情况下，语速会不自觉地加快。如果语速过快，一方面不利于面试官听清你的讲话内容，另一方面还会给面试官一种慌张、不自信的感觉。语速过快往往容易出错、词不达意，进而加剧紧张情绪，导致思维混乱。当然，语速过慢也容易给人一种缺乏激情、沉闷的感觉，可能使你显得缺乏自信或准备不足。

面试初期，紧张是不可避免的，此时你就要有意识地放慢语速，待自己进入状态后，再适当加快语速，并合理运用不同语气来表情达意。这样既能稳定自己的情绪，又可以扭转面试的沉闷局面。在关键信息或转折点上适当停顿，可以给面试官留出思考的时间，同时也能帮助你更好地组织接下来的内容。这有助于保持对话的流畅性和节奏感。另外，应避免或减少"那个""然后"等口头禅的使用。

3. 控制声音

一个人的音质不易改变，但音量是完全可以自主调节的。面试时，要注意语音、语气、语调的正确运用。语气代表着说话人对某一行为或事情的看法和态度。语调是指说话的腔调，就是一句话中声调高低、抑扬轻重的变化。面试交谈时，要掌握语气平和、语调恰当的表达技巧。自我介绍时，最好使用平缓的陈述语气，不宜使用感叹语气或祈使语气。

音量的控制也很重要。音量过大令人厌烦，音量过小则难以让人听清，音量的大小要根据面试现场的情况而定。两人面谈且距离较近时音量不宜过大，群体面谈且场地开阔时音量不宜过小，以确保每个面试官都能听清你的讲话。在整个面试过程中，尽量保持音量一致。突然提高或降低音量可能会让面试官感到不适，也可能影响他们对你的专业性和自信心的判断。音量一致并不是音量一成不变，我们需要根据讨论话题的情感色彩适当调整音量，如在讲述成功案例时可以适当提高音量以展现兴奋和自豪，而在讨论挑战时则可能需要降低音量以体现沉稳和思考。

（二）设计语言表达的内容

1. 内容真实

在任何情况下，诚实都是重要的品质。在面试中，无论是你的教育背景、工作经验还是个人技能，你都要确保自己提供的信息是准确和真实的。面试是一个双向选择的过程，你展示的真实个性和兴趣，有助于你找到与自己相匹配的工作机会。

虽然要诚实，但你也可以适度地"包装"自己的经历和成就，以突出你的优势和价值。这并不意味着夸大其词，而是通过选择恰当的例子和强调关键成果来展示你的能力。

2. 开门见山

因面试时间有限，你应确保自己的回答聚焦于面试官最关心的方面，如你的专业技能、工作经验、解决问题的能力等。在回答中突出这些重点，可以加深面试官对你的印象。

回答问题要开门见山，你可以采用总分式结构来组织语言，即直接说出自己的主要观点，千万别为自己的主要观点做铺垫。否则，你还未说出自己的主要观点，对方可能就会打断你，甚至提出新的问题。

3. 逻辑清晰

逻辑清晰，就是语言表达的逻辑性强。在回答问题前，你应先打好腹稿，快速构建好回答的逻辑框架，确保观点有条理地展开。可以使用"首先、其次、最后""第一、第二、第三""一方面、另一方面"等结构来组织语言，使回答更加清晰连贯。如果面试时提供了草稿纸，可以在草稿纸上快速列出几个有逻辑性的要点，然后按要点依次表达。

面试中如何做到回答有逻辑

在回答问题时，可以使用时间顺序、空间顺序来体现时空逻辑，可以从正反两个方面来组织回答以体现辩证逻辑，也可以按照处理事务的先后顺序组织回答来体现事理逻辑等。具体使用什么逻辑顺序来组织语言，需根据回答的问题而定。

（三）把握好面试沟通中的互动

1. 善于倾听

在自我介绍之后，面试官一般会针对简历、岗位等进行提问，应聘者要善于倾听，沉着应答。主动倾听面试官的问题和意见，可以展现出你对问题的认真思考和尊重。

通过倾听，努力理解面试官提问的真正意图和背后的需求，捕捉对方对自己的兴趣点，这有助于更准确地回答问题，避免偏离主题或误解问题，从而增强回答的针对性和有效性。

在倾听过程中，可以通过点头、微笑等肢体语言或简短的话语来确认你理解了面试官的意思。这有助于保持沟通的流畅性，并展现出你的积极态度。

2. 关注反应

面试不同于演讲，面试更接近于一般的交谈。在面试过程中，应密切关注面试官的表情、肢体语言和语气变化，因为面试官的这些反应往往能反映出他们对你的回答或表现的看法。

你应根据面试官的反应，灵活调整沟通策略。如果面试官对某个话题表现出浓厚的兴趣，你可以进一步展开；如果面试官对某个问题感到困惑或不满，你可以提供更多解释或进行澄清；如果面试官表现得心不在焉，可能说明你的声音过小，对方难以听清，也可能是面试官对所答内容不感兴趣。无论面试官的反应如何，你都要保持礼貌和尊重。只有根据面试官的反应，及时地调整自己的语速、语调、语气、音量、修辞及陈述的内容，才能取得良好的面试效果。

3. 坦诚回答

面试时，面试官的问题层出不穷，且提问意图令人捉摸不透。如果面试官提到了你的某些不足或挑战，不要害怕承认。相反，你可以借机展示你如何面对这些挑战，以及你计划如何改进和提升自己。在回答问题时，你要坦诚地表达自己的想法和经历，不要试图掩盖或夸大事实，否则可能会让面试官对你的诚信水平产生怀疑。

例如，面试官问"你在来我们单位面试之前，还去过哪些单位面试"这样的问题，其实让应聘者陷入了两难。如果回答"没有去其他单位面试过"，对方会认为你不优秀，因为其他单位都没有给你面试机会。如果回答"去过两个单位，分别是××、××"，对方马上又要追问："他们录用你了吗？"你说"没有"，则可能说明你不够优秀；你说"已被××录用"，对方会问："为什么还来我们这里？"面对这类追问怎么办？最好的处理方法就是充分了解应聘单位，并找好自己的能力与岗位的契合点，坦诚回答。

4. 伺机而动

面试时，要善于把握时机来展示自己的能力和价值。例如，当面试官提到某个与你专业相关的话题时，你可以主动分享你的见解和经验。

面试过程中，要时刻注意礼貌，若双方同时开口，应聘者应让面试官先说，即使对方请你先说，你也要在有礼貌地谦让过后，再开口说话。伺机而动还包括对时间的把握，若面试官提问后，你不观察对方有无兴趣听下去，只顾自己说个不停，会耽误面试官很多时间。对问题的回答，说多说少，也需要把握好分寸。

面试结束前，面试官通常会给你提问的机会。这时，你可以提出一些与职位、公司或行业相关的问题，以展现你的兴趣和积极性。

🎯 拓展训练

1. 根据自身情况，设定某一应聘职位，针对这一职位撰写一份求职面试时的自我介绍。

2. 面试官问："如果你的上司是一个工作能力不强但资历很老的人，你该怎么办？"请思考你将如何回答这个问题。

3. 如果在工作中，你的上级非常器重你，经常分配给你做一些属于别人职权范围内的工作，对此，同事对你颇有微词，你将如何处理这类问题？

4. 假如领导派你和一个与你有矛盾的同事一起出差，你如何处理？在日常生活中，与他人有矛盾时你是如何处理的？试举例说明。

5. 当前人们对有些单位实施的"末位淘汰制"有不同看法，你怎么看待这种用人措施？

6. 如果你在某次面试后没有被录用，你怎么打算？

7. 谈谈你对跳槽的看法。

8. 你在领导他人和被他人领导之中更喜欢哪一种？

第七章
职场语言与管理沟通

　　身在职场，要和各种各样的人打交道，沟通是最为有效的方式之一。把握职场沟通的语言特点，掌握竞聘演讲和就职讲话的语言表达，领会与领导、与同事、与下属的沟通技巧，可以使人际关系更和谐，与他人凝心聚力，共创事业辉煌。

第一节　职场单向表达

● 学习目标

1. 了解职场沟通的语言特点。
2. 掌握竞聘演讲和就职讲话的语言表达。
3. 掌握领导即席讲话的基本方法。

● 课堂训练

1. 如果你的意见与老板或者上司的意见不一致，你会怎么办？
2. 在以往的生活经历中与他人意见不合时，你是如何处理的？
3. 如果比你学历低的同事和你拿到的起薪是相同的，你如何看待这件事？
4. 假如你在一家公司工作了10年，仍然是一名小职员，你怎样看待自己？
5. 假如你的上司是一个非常严厉、手腕强硬、时常给你巨大压力的人，你觉得这种领导方式对你有何利弊？
6. 如果你的工作出现失误，给你所在的公司造成经济损失，你认为该怎么办？

◤ 训练解说 ◢

教师组织同学们思考上述问题，大家可以进行分组讨论，然后各小组推荐代表进行发言；教师也可以请几个同学上台谈谈自己的想法。

同学们思考这些问题时，可以使用AI大模型辅助思考，看看AI大模型能否给自己带来启发。

⚑ 知识串讲

在职场中，精准高效的语言表达是展现个人能力与推动工作进展的关键。我们需运用语言清晰阐述想法、意见，并与领导、同事有效互动，这涵盖了单向的信息传达及双向的深入交流。掌握职场语言沟通技巧，不仅能够提升个人在职场中的影响力，还能为职业生涯的稳健发展奠定坚实的沟通基础。

这一节主要从工作者自身角度出发，介绍职场沟通的语言特点、竞聘演讲与就职讲话的语言表达、领导即席讲话的基本方法，为个人在职场中的发展奠定基础。

一、职场沟通的语言特点

（一）语言精练，重点突出

作为下属，在与领导讲话时，语言要简洁，目的要明确，重点要突出。跟领导汇报工作时，可以采用"结论先行"的方式，先简要说明要点或请求，再提供支撑细节或理由。对于重要信息或需要领导特别关注的点，可以通过重复、加重语气或使用强调词（如"特别""关键"等）来突出。如果任务没有达到预期效果，也要先说结果，再从主观原因和客观原因两个方面进行解释，不宜只说客观原因，在领导面前要敢于承担责任。

作为领导，语言应精练准确、干脆利落，体现自己干练果断的工作作风和说一不二的权威性。领导讲话的目的就是让下属明白自己的意思，以便其完成任务或工作，因此在下达任务或部署工作时，应确保指令清晰、具体，避免模糊或冗长的表述，让下属能快速理解并执行。

如果领导说得太多，下属不得不努力去把握领导到底说了些什么。领导讲话时，应当让下属能够对自己的观点准确把握。为此，领导在讲话之前，应该先进行思考，打好腹稿，挑出那些最关键、最重要的话语；可以事先将自己的观点归纳一下，最好能够形成几个重点，并逐一陈述。这样做可以避免下属因记忆太多的内容而产生混乱，也可确保自己说出的是那些确实需要说的话。

（二）言辞得当，把握分寸

言辞是否得当，谈话的分寸是否合适，是职场人士在职场中谋求发展的综合考量因素，同时也是考察领导者是否具备领导素质和是否掌握领导语言艺术的重要尺度。

作为下属，在与领导沟通时，应始终保持尊重的态度，避免使用过于随意或冒犯性的语言。即使提出异议或建议，也应以建设性的方式表达，避免产生冲突。在表达意见或需求时，既要确保信息完整，又要避免内容冗长或过度详细，以免给领导带来不必要的负担。

汇报工作时，不要因为担心汇报不周全就一一道来，需要把握分寸。汇报成绩时，不要夸大其词；剖析问题时，不要避重就轻。口头交流时，不要把话说得过满，要给自己留点余地；书面汇报时，要把握材料篇幅，结构要清晰，句子要简短。

对于领导的指示或反馈，需要适时反馈，及时给予回应，表达感谢或理解。在必要时，可以提出自己的疑问或需要澄清的问题，但应确保方式得体，不引起误解。在完成任务后，主动向领导汇报工作进展和结果，保持沟通的连续性。

作为领导，由于所居的地位以及说话的分量和影响力与一般员工不同，因此无论说什么都要把握好分寸，不要信口开河、随口表态，尤其是对待结论性的意见更要谨慎，切忌头脑发热、感情用事。

领导在与下属沟通时，应给予他们充分的倾听时间，理解他们的观点和感受，避免打断或忽视下属的发言。领导应以身作则，对下属保持尊重和理解，避免使用贬低或命令式的语言。

在传达指示或提供反馈时，应确保语言清晰、具体，避免模糊。同时，注意语气和态度，保持平和与公正，避免给下属带来不必要的压力或误解。在给予下属反馈意见时，既要肯定他们的努力和成就，也要指出需要改进的地方。

（三）语气自然，情真意切

下属在与领导沟通时，若太过于注重礼节，会显得十分拘谨，影响表达时的语气。其实，在尊重领导的基础上，自然陈述自己的观点、想法、方案即可，不必过分注重礼节，不要为核心表达内容做太多铺垫，否则会给人"见外"的感觉，显得不够坦诚。在职场中，虽然需要保持一定的专业距离，但适当的情感表达能够增强沟通的亲和力。

在与领导或同事沟通时，保持真诚的态度，避免虚伪或做作。无论是表达意见、提出建议还是寻求帮助，都应基于真实的想法和需求，用真诚的语言来传达。

领导具有发号施令的地位优势，其沟通方式会对团队产生深远的影响。在与下属沟通时，领导可以通过自然的语气和真诚的情感，拉近与下属的距离，增强团队的凝聚力。领导展示权力和维护自己的尊严不是靠声音、靠语气，而是靠态度，因此，不必刻意让自己的声音听起来充满威严，要尽量用自然的语言表达自己的关心和理解，增强团队的归属感和凝聚力。

"平易近人""和蔼可亲"都是群众对领导的认同，所以领导要想获得下属的认同，就需要语气平易近人、态度和蔼可亲、情真意切；要摒弃那些文绉绉的言辞、命令式的官腔、不易亲近的面孔。领导应营造一个开放、包容的沟通环境，鼓励下属表达自己的真实想法和感受。

二、竞聘演讲与就职讲话的语言表达

在职场上，岗位竞聘是一种常用的竞争上岗方式。**岗位竞聘**，是指用人单位面向内部或面向社会，公开、公平、公正地选拔具备相应资格或条件的人员，通过一定的测试或考核方法，竞争上岗的过程。这种机制主要用于企事业单位的职位晋升、岗位转换或新岗位的设立等场景，旨在通过竞争的方式，选拔出最适合该岗位的人员，以提高工作效率和组织的整体效能。

（一）竞聘演讲

竞聘演讲是演讲的一种，具有一般演讲的共性特点，如口语性、群众性、交流性等，但因为它是针对某一竞聘岗位而进行的，所以它还具有以下特点。

1. 竞聘演讲的特点
（1）目标的明确性

目标的明确性是竞聘演讲区别于其他演讲的主要特征。目标的明确性主要体现在两个方面。

一是所要竞聘的岗位是明确的。竞聘者需明确自己所竞聘的岗位，并阐述自己为何对该岗位感兴趣，以及个人职业规划与该岗位的契合度。这有助于考核小组理解竞聘者的动机和期望，判断其是否适合该岗位。

二是演讲的目的是明确的，即以竞聘成功为目标。竞聘者为了争取某个具体的岗位或工作机会，需要清晰地表达自己对该岗位的兴趣、热情以及为什么自己是该岗位的最佳人选。

（2）内容的竞争性

一般性的演讲（演讲比赛除外）中演讲者可以发表自己的观点，抒发自己的情感，不过

于注重展示自己的优势，也就是演讲者之间不会进行比较。

竞聘演讲的内容需要具有竞争性，这意味着竞聘者不仅要展示自己的能力和经验，还要突出自己与其他竞聘者相比的优势。这通常涉及对个人成就的强调、专业技能的展示以及对行业趋势的理解和把握。竞聘者需要通过具体事例和数据来支撑自己的观点，使评委或听众信服自己的能力确实超出其他候选人。

竞聘演讲的核心在于展现竞聘者相较于其他候选人的独特优势。这些优势包括专业技能强、过往成功案例、管理能力强、团队合作精神良好等。因此，竞聘者无论是讲自身所具备的条件，还是讲自己以后的工作措施和思路，都要尽最大努力体现出"人无我有""人有我强""人强我新"的优势。

（3）材料的针对性

竞聘演讲不同于工作中先进个人评选的展示，也不同于先进事迹的口头报告。竞聘目标的明确性也决定了竞聘材料的针对性。竞聘者就是要证明自己有能力胜任目标岗位的工作，并且比其他候选人更具优势，所以在选材时，要围绕目标岗位所需能力进行。

准备竞聘演讲前，竞聘者需对竞聘岗位有深入的了解，包括岗位职责、所需技能、团队文化等。竞聘者需要根据岗位的特点和公司的需求来准备相关的材料，包括个人简历、过往业绩、专业证书、推荐信等。这些材料应该能够证明竞聘者是最适合该职位的人选。同时，竞聘者还应该注意材料的呈现方式，确保信息清晰、逻辑性强，便于评委或听众理解和记忆。

2. 竞聘演讲的技巧

在单位内部的竞聘演讲中，听众一般由专家评委、组织部门、人事部门、岗位所在部门的人员组成，大多数人都具有投票表决权。因此，竞聘演讲要针对竞聘岗位及评判团来进行，时间一般为5～15分钟。竞聘演讲的内容主要涉及以下方面：个人基本信息、报名理由、自身优势与不足（现岗工作思路及业绩）、竞聘岗位的简单工作措施和思路等。下面介绍竞聘演讲的一般技巧。

（1）明确竞聘演讲的内容结构

竞聘演讲的内容结构一般由人事部门或组织部门事先规定，演讲者一定要按这个程序来组织材料。"程序"是指竞聘中先讲什么、后讲什么的顺序。竞聘演讲的内容结构不像一般演讲的结构那么自由，一般包括以下程序。

第一步，开场自报家门，简要介绍自己的基本信息，如姓名、年龄、政治面貌、学历、现任职务等。

第二步，说明竞聘动机和竞聘理由。

第三步，结合现岗工作情况和竞聘岗位的报名条件，从政治素质、业务水平、工作能力、工作业绩等方面展示自己优于其他候选人的竞聘条件。

第四步，假设自己竞聘成功，设想一下任职后的工作思路。

第五步，用最简洁的话语表明自己的决心和请求。

以上5步只是简单的演讲思路，竞聘者要针对具体岗位的实际需要略加变动。

（2）重点展示

岗位不同，竞聘时展示优势的方式就不同，侧重点也就不同。

如果是竞聘自己所在部门的领导岗位，以前的工作内容、工作能力与相关岗位的相关度就高。竞聘时，竞聘者在突出自己对工作的熟悉程度的同时，要重点展示今后的工作思路。

如果是跨部门竞聘，竞聘者往往缺乏关于竞聘岗位的工作经历，并且可能不太熟悉竞聘岗位的大部分工作内容，这时就可以重点展示现岗的工作思路、工作能力，证明自己有能力胜任竞聘岗位的工作，并且还可以突出自己的创新意识、开拓精神等。

另外，如果是公开竞聘，竞聘者知道都有哪些候选人时，还需要分析竞争对手的优劣势，以便自己选准角度，扬长避短。

（3）演讲内容逻辑清晰

在讲工作思路时，一般会提及以前采取的措施和以后的初步打算。工作思路不便分出一、二、三点，但最好要将工作措施整理出一、二、三点，以体现工作措施的条理性。为了把工作措施讲得有条理、有逻辑，可采用分条列项的方法，如使用"首先、其次、最后""第一、第二、第三""其一、其二、其三"等来引出具体内容。值得注意的是，演讲内容是一个整体，所以在每一部分之间要使用过渡语来衔接，做到承上启下。

例如，在介绍完个人基本信息之后，可以说"我之所以报名竞聘，是因为我具备以下3个条件和优势"来引出下文；讲完条件和优势之后，再用过渡语引出以后拟采取的工作思路和措施部分，可以说"以上是我的应聘条件，如果我能竞聘成功，我有以下初步设想"。这样承上启下，不仅逻辑清晰，而且使演讲上下贯通，浑然一体。

（4）演讲主题重点突出

不管是对现岗工作情况的提炼，还是对竞聘岗位工作思路的初步设想，都应做到主题集中，重点突出。竞聘演讲不同于现岗工作述职报告，竞聘者没有必要对自己的工作进行全面汇报，要找准竞聘岗位需要的核心能力并进行举证陈述，不要搞多重点、多中心。对未来工作进行设想时，也需要抓住核心工作领域的问题提出"施政"措施，不要企图在简短的竞聘演讲中说明和解决很多问题。

例如，在一次学生事务管理科科长的公开竞聘会上，一位很有"希望"的本科室副科长讲得面面俱到，由于时间有限，他只能在每个方面"蜻蜓点水"，在讲获奖情况时，他把工作以来的获奖情况历数了一遍，说得听众直笑。在讲工作措施时，他根据学生事务管理科的工作职责，讲了科室综合事务、辅导员班主任队伍建设、本科生日常事务管理、学生信息管理系统建设与维护、学生安全教育、校园文化建设、部门网站建设、安全稳定工作、文件收发、学生违纪处分等很多方面，毫无重点。对比之下，另一位其他科室的副科长，就围绕"如何在学生事务管理中发挥好教育和服务功能"这一中心问题来讲，讲得合情合理，头头是道，给听众留下了深刻印象，使自己竞聘成功。

（5）数据材料实事求是

实事求是地展示自己的工作业绩和水平，这体现在语言表达上，就是语言要准确，材料要准确，数据要准确。因此，竞聘者在竞聘演讲中所讲述的事例和所用的材料、数据都要真实可信，准确无误。

例如，在谈自己曾两次获奖时，就不能笼统地表达为"曾多次获奖"；涉及业绩数据时，要尽量讲具体，分清个人业绩与集体业绩之间的关系，不能把集体业绩都归功于自己，只有自己起到主要作用的集体业绩才能拿出来说，且要把握好分寸，不夸大其词。

竞聘者在需引用数据时，需确保所引用的所有数据都有权威、可靠的来源，并且尽可能使用最新的数据，以反映当前的情况和趋势。不要为了增强说服力而故意夸大或扭曲数据，否则，即使是小幅度的调整也可能损害你的信誉。

例如，在竞聘产品经理时谈论产品的市场占有率，不要为了显得更有竞争力而夸大该数字。即使市场占有率不高，也可以通过其他方面（如用户满意度、创新功能等）来展现产品的优势。

（二）就职讲话

就职讲话是新任领导在正式任职时，面对其职权范围内的群众或代表发表的公开讲话。这种讲话通常旨在阐述施政纲领、表达决心和展望未来，同时也是新任领导与听众之间建立联系和信任的重要环节。

不论是单位领导、部门领导还是科室领导，他们都不会直接赴任，组织部门或人事部门的负责人一般会召集相关人员召开会议，宣布人事任免决定。在会议上，新任领导要进行就职讲话。职位较高的领导，在就职讲话之前，大多需要准备讲话稿；一般的领导的就职讲话多以即席讲话为主。

领导干部的就职讲话，是对其各方面综合能力的充分展示，如展示领导的语言表达能力、应变能力、逻辑思维能力等。新任领导要在就职讲话中向听众表明工作态度，确立工作目标，处理好领导班子之间的关系，等等。

1. 就职讲话的基本内容

新任领导的就职讲话一般需要包括以下几个部分的内容。

一是称谓，就是讲话开始时对在场听众的称呼，一般运用统称，如"各位领导、各位同事"或"各位领导、各位老师、同事们"。

二是开头，一般用来致谢，表达就职者的心情及其对组织、选民、代表、群众的谢意，要简短亲切。例如："我是×××，承蒙各位领导和同事们的信任与支持，非常荣幸能够担任这一职位。"同时，开头也可以用来表达自己对竞聘职位的深刻认识和责任感，例如："我深刻地认识到，这次任职不仅是对我的一种肯定与鼓舞，更是对我的一份希望与重托，我一定会珍惜这次机会，虚心向各位学习，努力完成工作。"

三是主体，这部分的内容根据岗位级别的高低有所不同。如果是级别比较高的职位，新任领导可以先肯定上一届领导带领大家取得的成绩和形成的优良传统，然后阐述自己的工作思路、初步措施、近期重要工作等，并指明预期效果、目的等，内容要具体充实，以激发群众的斗志。例如："在××的带领下和各位同事的共同努力下，我们已经取得了有目共睹的成绩。但是不得不承认，我们依然面临着严峻的挑战。在我看来，我们下一步主要应做好……"如果是级别比较低的职位，新任领导可以先简单说说自己以前的工作情况，让大家有所了解，然后表示要继续学习上一任领导的好思想、好作风，并谦虚表态，如"非常高兴和大家一起工作、共同学习、共同进步，希望大家多多支持与帮助"。

四是结尾，结尾通常用于表示决心，展望未来，鼓舞人心，统一战线，强调团队合作和共同努力的重要性，号召大家同心协力，创造新的辉煌。例如："任务很艰巨，但我丝毫不感到畏惧，因为我们有一个非常优秀的团队。我希望，在接下来的工作中，大家团结一致，你们只管放心大胆去做，有任何问题我都会帮你们解决。我承诺，我会奋斗在第一线，团结和带领同事们克难制胜，以崭新的风貌、高昂的斗志、求实的作风，共同谱写新篇章，共同开创属于我们每个人的美好明天！"

2. 就职讲话的逻辑结构

下面通过一个模拟的就职会议，来展示就职讲话的一般程序和发言模式。

会议的主题：某校宣布任命某学院党委书记

会议参与人：学校党委副书记、学校组织部部长、某学院党政领导班子成员、学院各教研单位负责人、各教工党支部书记、学院行政管理人员、教师代表、学生代表等。

会议主持人：学校组织部部长宣布会议开始，宣读人事任免决定或通知，然后请学院党委原书记讲话。

学院党委原书记：学院党委原书记调往其他部门任职，属于离任领导讲话，他的离任讲话的逻辑结构和内容提纲如下。第一，致谢。感谢学院师生员工×年来的支持与帮助，学院党委团结带领全院上下取得了什么成绩（讲几个具有代表性的）。第二，表态。服从组织安排，前往某部门继续努力工作。第三，祝愿。祝愿学院的教育事业在新一届领导班子的带领下取得更好的成绩。自己今后还将继续关注学院的发展，尽量为大家提供支持。

会议主持人：先感谢学院党委原书记，然后请新任命的学院党委书记进行就职讲话。

学院党委新书记：他的就职讲话的逻辑结构和内容提纲如下。第一，表示感谢。先表达自己很荣幸能就任学院党委书记一职，然后感谢组织的信任。第二，继承传统。先简要介绍自己以前工作岗位的情况，并与新岗位相结合来谈认识（或表明工作的延续性，或表明自身的优势以证明自己有能力胜任这个职位）。第三，谦虚表态。对要承担的责任进行表态，表示要继续学习上一届领导的好做法、好传统，并希望尽快融入新的领导班子，希望得到大家的支持与帮助。第四，展望未来。表明自己打算如何尽快适应新岗位的工作要求，近期目标是什么，最后号召大家一起努力，共创新的辉煌。

会议主持人：感谢学院党委新书记的就职讲话，然后请学院院长讲话。

学院院长：学院新一届党政领导班子组建后，作为院长，也需要讲话表态。他的讲话逻辑结构和内容提纲大致如下。第一，感谢并欢送学院党委原书记。第二，欢迎学院党委新书记。第三，表示愿意与学院党委新书记一道，团结带领学院师生继续拼搏。

会议主持人：感谢学院院长的讲话，然后请学校党委副书记总结。

学校党委副书记：他讲话的逻辑结构和内容提纲大致如下。第一，感谢与会者参加这次会议。第二，对学院以前的工作进行一定程度的肯定。第三，希望学院新一届领导班子团结奋进，为学校的发展做出贡献，并借此机会提出几点要求或希望。

会议主持人：感谢学校党委副书记，宣布会议结束。

以上是一个模拟的就职会议，会议中，不同岗位的人员分别进行了即席讲话。仔细观察，就可以发现不同领导的讲话都有一定的模式，值得我们借鉴。在第四章中，我们学习了"感谢+回顾+愿景"和"过去+现在+未来"发言模式，这个案例中的学院党委原书记、学院党委新书记、学院院长和学校党委副书记的讲话基本遵循了这两种发言模式，体现出较强的逻辑性。需要说明的是，这两种发言模式能用于很多场合，但是比较中规中矩，模式性很强，缺乏新意。学生要想构思新颖、内容深刻，还需要从内容上多下功夫。学生可以扫码看就职讲话的案例，体会其中的构思技巧。

三、领导即席讲话的基本方法

即席讲话，又称即兴讲话。第四章已讲过即兴发言的一般方法，在此主要讲解领导在某些场合进行即席讲话的基本方法。

就职讲话

有时，领导会被邀请参加某些仪式或活动，可能被安排进行即席讲话，不仅能体现领导的临场语言艺术，同时也能考验领导的讲话水平。讲得好，听众会由衷地敬佩领导；讲不好，则有损领导形象。因此，领导应重视即席讲话，掌握即席讲话的方法。

（一）紧扣主题，突出个性

领导的即席讲话缺乏事前的精心准备，完全属于临场发挥。这时，领导就需要紧扣活动或会议主题来组织讲话内容，不可随意、随性讲话。在有些场合，主办方邀请领导讲话只是想体现领导对活动的重视，而不是需要领导发表高见，加之领导又不可能是各个领域的专家，对相关问题不可能都做到认识深入、观点深刻，因此，这种即席讲话主要应以表示欢迎、感谢、鼓励、激励为主。

如果是在开场讲话，领导应代表活动的主办方对来宾表示欢迎，对活动的顺利举办表示祝贺，再以自己的名义对主办方表示感谢等，给活动参与者以"领导重视"的感觉。如果是在活动结束时讲话，领导应对大家的支持表示感谢，对以后的活动或工作进行展望，鼓励更多人参与以后的活动或工作。

如果对参加的活动比较熟悉，比较在行，领导就可以围绕主题进行简要阐述，并站在一定的高度进行总结性讲话。领导要在不长的讲话时间内取得比较好的讲话效果，还得善于寻找角度，力求讲话内容新颖别致，最好不要重复别人的观点，但可以对别人的观点加以肯定。在遣词造句上，力求新鲜生动，最主要的是要运用个性化的语言。**语言的个性化**是领导即席讲话出奇制胜的法宝。

（二）注重逻辑，短小精悍

即席讲话对领导的临场应变能力和语言表达能力是巨大的考验，领导如何在即席讲话中不乱阵脚，有礼有节，这需要掌握一些语言表达的逻辑结构。不管是3分钟的即席讲话，还是10分钟的即席讲话，都要体现出讲话内容整体上的逻辑。一个完整的讲话，其结构由"开场白—主体—结束语"3部分组成。

开场白不能太随意，不能说"今天我本来不打算讲，既然让我讲，那我就随便讲几句"之类的话，领导应该结合现场主题，寻找一个切入点开始自己的讲话。

对于主体部分，多数领导都喜欢讲"三点"，并按并列关系或递进关系逐一展开。要想讲好"三点"，其实并不容易。在没有把握的时候，建议灵活使用"过去＋现在＋未来"的即兴发言模式。"过去"，就是对以前的一些看法或做法进行表述，表达对以前工作的关注或肯定。"现在"，就是谈谈参加本次活动的一些感受和体会，表达对本次活动的肯定。"未来"，则是对以后工作的希望或展望。

领导在说到"未来"时，应以提出相关要求或发出相关号召作为结束语，这样的结束语显得极其自然。因为是即席讲话，所以在提出要求部分，就尽量不要具体展开了。

（三）控制时间，点到为止

虽然是即席讲话，领导也要注意控制时间。一是因为会议主持人可能并没有给予充分的讲话时间；二是因为发言仓促，领导没有充分的时间考虑讲话内容，讲得越多，出错的概率就越大。所以领导的即席讲话时间不宜过长，多则五六分钟，少则两三分钟，要言不烦，点到为止。领导的即席讲话言不在多，关键在于分量。

还有些情况比较特殊。例如，在一次比赛活动的最后，评委都评完分了，但是工作人员需要一定的时间来计分、核分，并准备获奖证书等。如果利用领导即席讲话来填补这段时间，就需要领导视情况来安排讲话的内容，领导要对工作人员所需时长进行预估，并提前与相关人员做好沟通，否则很容易出现空场、冷场的情况。

🔶 拓展训练

1. 假如你所在学校的学生会正在筹备换届竞选大会，届时将公开竞选学生会主席。你作为学生会主席候选人之一，请进行一次竞选演讲。

2. 假设你被任命为某科技公司市场推广部的经理，你需要在市场推广部全体员工面前发表就职讲话。请撰写一份就职讲话稿，并进行模拟演讲。

3. 在学习或工作中，你将参加很多会议或活动，最后如有领导总结讲话环节，请认真听取并分析领导讲话内容的逻辑结构。

第二节　职场多向沟通

● 学习目标

● 课堂训练

1. 让上司不放心的员工。

陈曦来公司4年了，平时工作认真严谨、兢兢业业，但她觉得自己只要工作做好、任务完成就可以了，平时不常与主管接触。因此，陈曦虽然在工作上表现不错，但始终得不到主管的赏识。

和陈曦相反，她的同事王静就很喜欢和主管沟通，经常找主管汇报工作。

有一次，公司接了一个大客户的单子，上级非常重视，把这项任务派到陈曦所在的部门。陈曦非常激动，觉得自己一定能在这次任务中展示自己的能力。但令她始料未及的是，在晨会上，主管宣布这个任务的主要负责人是王静。

陈曦在会后找到主管，问："为什么是王静？她的能力明明不如我。"

主管说："王静总是积极主动地汇报工作，让我可以随时地了解她的工作动态。尽管她的能力不是最强的，但她的状态是可控的。这个任务十分重要，不能有任何闪失，如果交给你来办，等于全权委托你，而你不怎么向我汇报，我没有办法掌握你的工作进度，这样一来，风险太大，我不放心。"

◆◆◆◆ 训练解说

这个案例说明了与领导沟通的重要性，也体现了下属主动汇报工作的价值。陈曦虽然工作能力很强，但由于与主管缺乏沟通，导致主管无法及时了解她的工作进度。而王静通过频繁的汇报和总结，使主管能够随时掌握她的工作动态，从而获得了主管的信任和支持。王静积极主动地与主管沟通，不仅展示了她的工作能力，还体现了她对工作的热情和责任感。这种主动性让她在关键时刻获得了更多的机会。

另外，风险控制在职场中也是很重要的。主管在选择项目负责人时，不仅考虑了个人能力，还考虑了任务的风险和可控性。尽管陈曦能力强，但因为缺乏沟通，主管认为将任务交给她存在较大的风险。

下属要让领导放心，就需要做好请示汇报。在工作中，何时向领导汇报？一般来说，往往不能等任务全部完成了才汇报，取得阶段性的进展时也要及时报告。一方面要让领导和同事放心，另一方面及时反馈情况能为正确决策提供依据。

有人说，汇报不汇报，要看领导的好恶，有的领导就不喜欢下属经常汇报。还有人可能会说，有些事毕不汇报的人能力很强，他们只是不拘小节罢了。可是，小事都靠不住，大事还敢托付吗？如果在有能力和靠得住两种人当中只选一种，你会选择哪一种人呢？

在我们周围，总能看到有的人办事特别靠谱，*凡事都有交代，件件都有着落，事事均有回音*。对于让我们放心的人，但凡遇到重要的事，我们一定会想起他来。因为不用担心，我们委托的事他一定会放在心上，尽心尽力去完成，并且随时回复，绝不让我们焦急等待。

2. 实习生这样说话，领导和同事们会如何看待他？

某公司刚来一名实习生，他担任的是运营助理一职。公司刚好要举办一个节假日活动，需要一份策划方案，部门经理要求所有人员加班，争取在两天内做出一份活动方案。

实习生对工作还没有完全上手，嘟囔了一句："这个事情我不太清楚，而且只用不到两天的时间做出来的方案肯定不够吸引人，客户肯定不会满意的。我们加班加点都可能做不出来，另外，我家离得远，我也没办法加班加得太晚。"

◆◆◆ **训练解说**

职场中，当领导布置工作任务时，很多人都会下意识地说"我不清楚""这么短的时间内，我肯定完不成"之类的话，这在不经意间就会传递出一种消极的情绪，从而给领导一种"不靠谱""没担当"的感觉。

领导和同事可能会这样看待这名实习生：还没有尝试，就预判最坏的结果，从而开始抱怨；以个人为中心，不愿配合团队工作、影响团队士气。大家要想避免给人留下和这名实习生一样的印象，在转变工作态度的同时，还要掌握与领导、同事沟通的表达技巧。

⚐ 知识串讲

上一节主要讲了职场中单向的语言表达，本节介绍职场中的多向沟通。按照沟通双方的上下级关系，职场多向沟通可以分为与领导沟通、与同事沟通、与下属沟通三大类。

一、与领导沟通

（一）与领导沟通的原则

1. 积极主动

积极主动是指在沟通中表现出前瞻性和主动性，不等待问题出现后再去应对，而是提前思考，主动提出问题和解决方案。向领导汇报工作是下属的职责。作为下属，就要具备主动与领导沟通的意识，经常向领导汇报自己的工作进展情况，而不是等领导找自己询问情况。对领导交办的事情要积极回应，完成后要及时告知领导已完成。如果发现工作中的问题或看到改进空间，不要仅仅停留在抱怨层面，而是要积极提出可行的建议和解决方案。面对任务或挑战时，展现出愿意接受并努力完成的态度，主动承担责任，展现自己的能力和决心。

2. 不卑不亢

不卑不亢是指在与领导沟通时保持自尊自信，既不因职位差异而自卑，也不因个人能力强而傲慢。这种态度有助于营造平等、尊重的沟通氛围，促进双方的有效交流。领导通常经验丰富、见多识广、工作能力强，所以下属要尊重领导、谦虚谨慎，但不要采取卑躬屈膝的态度。绝大多数有见识的领导并不太理会那些阿谀奉承的下属。下属应尊重领导的决策和意见，即使不同意也要以理性和建设性的方式表达自己的看法，避免产生情绪化的反应。

3. 把握分寸

把握分寸是指在沟通中能够准确判断并控制话题的深度、语气的轻重以及信息的披露程度，确保沟通既有效又不越界。上下级之间的关系主要是工作关系，因此，下属在与领导沟通时，应从工作出发，以做好工作为沟通协调之要义。正确认识自己的角色、地位，真正做到出力而不越位，这是处理好上下级关系的一项重要艺术。下属与领导的关系要保持在一个有利于工作推进、事业发展及二者关系正常的适当范围内，形成和谐的工作环境。

（二）与领导沟通的技巧

向领导汇报工作并听取领导的意见，是提高下属自身工作能力的好机会。在与领导沟通时，下属要全身心投入，做到以下5点。

1. 心：精心做好准备工作

跟领导汇报工作之前，要精心准备。首先，梳理清楚跟领导汇报几件事情，每件事情有哪些关键要点，哪些是难点所在，领导关心哪些事项，领导需要决定什么内容，领导可能还要问哪些事项。整理后，把这些要点写在本子上，即使不写在本子上，起码也要打好腹稿，把这些事项弄明白后，再去找领导沟通。在**谈话要点**搞清楚前不能贸然找领导，汇报不清楚不如晚汇报，或者宁可不汇报。准备工作要充分，要熟悉工作情况及前因后果，这样，在领导询问相关事项时才能够及时应答，防止因为不清楚情况被问个手足无措。

2. 耳：认真倾听，接受任务

在跟领导沟通时，不仅要做好汇报，还要倾听领导讲话，精准捕捉领导讲话的要点和把握领导的工作意图。没听清楚或者有歧义的，要当面跟领导询问清楚，不要不懂装懂。领导指出工作中的错误或者细节上存在的问题时，一定要保持虚心接受批评的态度，敢于认错，并不时地进行自我批评。避免与领导发生争执，学会与领导和谐相处。跟领导汇报完工作后，可能需要接受下一步的工作任务，这时要听懂领导指令并接受合理的工作安排。回去后，要第一时间消化吸收领导讲话，落实被安排的新任务，并在合适时间报告落实情况。

3. 眼：察言观色，读懂领导

跟领导沟通时，不但要认真倾听、入耳入心，而且要善于察言观色。察言观色主要包括以下内容：注意观察领导对你汇报内容的感兴趣程度及反应情况，如果领导不感兴趣就及时调整汇报重点及表达方式，迅速考虑调整或压缩汇报内容，或者干脆适可而止；注意观察领导对你汇报内容的反应后，争取让领导对你的汇报内容提出明确指示或者意见；注意观察领导情绪，如果领导手头工作繁忙、心情不佳、注意力不集中或者即将离开办公室，就要迅速停止沟通。

4. 手：好记性不如烂笔头

跟领导沟通时，不仅要听懂，还得记下来。与领导交谈时，难免会有些紧张，不一定能记全领导意见，所以与领导交流工作时，一般应该备好笔纸，做好笔记，特别是要记录好重大的事项。领导交办的事项要逐一记录在案，以便以后逐一落实，同时对于重要事项，记下来后，如果还不是十分明确领导的意思，就要及时跟领导再次请示确认，以防理解有偏差。

5. 口：该说才说，要管好嘴

跟领导汇报工作后，在听取领导意见时，要做到不插话、不抢话、不废话。

领导讲话时不要插话。任何人都不喜欢讲话时被别人插话和打断思路。下属随便插话，本身就是不尊重领导的表现，如果是在公开场合插话，还容易影响领导的形象。跟领导交谈时，你一定要等领导讲完再讲话，即使你要讲的内容非常正确，也要等领导讲完后再以恰当的方式表达出来。实际上，不插话对所有人都同样适用。

不该讲话时不要抢话。与领导沟通时的话题一般交由领导掌控，交谈的节奏也应由领导来控制。交谈中，如果双方同时开口，你应当机警停住，等领导说完后再接着讲话，务必注意什么时候该说，什么时候不该说，不该说时要保持沉默。

跟领导不讲无用或多余的话。跟领导请示、汇报工作前，该请示哪些事项，该汇报什么内容，事先需要思考清楚。汇报时直奔主题、重点突出、简洁明了、条理清晰，不能絮絮叨叨、东拉西扯，跟汇报事项没有关系的内容半个字不说，拿不准的尽量少讲或者不讲。

（三）与领导沟通的注意事项

在职场中，与领导沟通质量的高低不仅影响办事效率，而且还会影响个人的职业发展。与领导沟通的"雷区"比较多，大体来说，需要注意以下方面。

1. 分清轻重缓急，把握汇报时机

在把握时机方面，基本的原则是汇报工作不要等领导来催，请示工作不要催促领导。

汇报工作时，要树立主动与领导沟通的意识，但不是随时都可以向领导汇报的，应选择领导乐意听取汇报的时机汇报，以取得预期的效果。在工作中，要善于把握工作的关键节点进行阶段性汇报，关键节点就是汇报时机。工作完成后，也要及时总结汇报。

请示工作时，应该选择适宜的时间来反映工作中的问题。如果请教的是私人琐事，不要在领导工作的时候打扰他。如果请示的是工作事项，但不知道领导何时有空，可以通过电话或微信等途径，跟领导预约一个他方便的时间，交谈时间由领导来决定。

总之，我们要分清事情的轻重缓急，选择恰当的沟通时机。

2. 设想领导提问，做好充分准备

跟领导汇报工作时，领导会询问、追问什么问题是捉摸不定的，所以，准备得越充分越好。下属可以设想领导会如何提问，事先准备答案。在**内容准备**上，要简明扼要、重点突出；在**思想准备**上，要考虑周全、搞好"战术想定"；在**支撑材料**上，要全面、准确、具有延伸性。请看下面的案例。

> 布鲁贝克年轻的时候曾经在一家公司就职，当时他所在部门的经理问他："印刷工人把报纸送过来了吗？"他回答说："送过来了，总共5000令。""你自己数过了？"经理又问。他回答："没有，数据是在单子上写着的。"经理毫不客气地说："请您另谋高就，公司不能要一个自己都证明不了自己的员工。"布鲁贝克失业以后吸取了一个教训：自己没有把握的事情，千万不要向领导汇报。

案例说明，下属在汇报工作时一定要有真凭实据，不能"差不多"就行。在日常工作中，有些领导很关注效果，看重数据，因此下属提供的数据要真实、清楚且有说服力。

3. 下属做问答题，领导做选择题

下属如果在开展工作的过程中出现了问题，遇到了一定困难，需要及时向领导汇报，不要自己担着、兜着。为解决问题进行的汇报不等于请示，所以下属要给领导出选择题。

给领导出选择题，就是在向领导反映问题的同时提供多种方案或建议，讲清楚每一种方案的可行性、优缺点，最后阐述自己认为合理的建议和相应的理由，请领导来定夺最后的方案，这样可以让领导不用思考对策，只需进行比较。大多数领导都喜欢这样的问题汇报。

要想给领导设计好选择题，下属就需要自己做好问答题，做好前期的调查研究和方案设计。当然，实际工作中还会有更多细节需要陈述，并且要做综合对比分析。领导很有可能针对某些细节继续追问，下属只要能够将调研工作提前做好，对每个方案的优缺点认识到位，并提出自己的建议，领导综合评估后，就会选出最优方案。

4. 了解领导风格，沟通因人而异

不同的领导有不同的风格和性格特点，下属对不同的领导应采用不同的沟通技巧。

如果是**控制型的领导**，其性格特点多表现为：讲究实际，行事果断，拥有竞争心态；态度强硬，要求下属服从；关注结果而非过程，对琐事不感兴趣。下属与其进行沟通时，要做到简明扼要，干脆利索，不拖泥带水，不拐弯抹角；尊重其权威，执行其命令；称赞其成就而非个性。

如果是**互动型的领导**，其性格特点多表现为：善于交际，喜欢互动；愿意倾听下属的困难和诉求，商量余地较大；喜欢参与活动，主动营造融洽氛围；喜欢倾听他人对他的赞美，赞美的话一定要真心实意，言之有物。下属与其进行沟通，要做到开诚布公地发表意见，公开且真诚地赞美他，忌背后发泄不满情绪。

如果是**务实型的领导**，其性格特点多表现为：讲究逻辑，做事理性，不喜欢感情用事；注重细节，探究来龙去脉；为人处事自有标准；注重干事创业，是方法论的最佳实践者。下

属与其进行沟通时，要做到开门见山，就事论事；据实陈述，不忽略关键细节；直接谈其感兴趣而且具有实质性的内容。

5. 接受领导指导，感谢领导点评

跟领导汇报完工作后，不可以马上离开，聪明人还会感谢领导点评。通常情况下，领导听完下属的汇报，大多会做出一些评判或点评两句。不同的是有些领导会当场讲出来，有些领导可能把他的评判保留在心里。事实上，那些保留在心里的评断往往是最重要的评断。下属要想了解领导听取汇报后的态度和想法，应该以真诚的态度去请教领导，让领导把心里话讲出来。

如果领导当场发表意见，不管是赞美之词，还是批评之言，下属都要以认真的精神、负责的态度去倾听。领导评判下属的过程也是在把他自己的想法无偿地、无私地传授给下属的过程，这是下属接受领导指导的绝佳机会。同时，也只有那些能够虚心接受领导点评的下属才能受到领导的信任和赏识，并被领导委以重任。

6. 领导交办事项，事毕及时回复

除了专门向领导正式汇报工作，在日常工作中，还有一些工作需要及时告知领导，并做到事毕回复。工作汇报的基本原则是凡事有交代，件件有着落，事事有结果。

所谓**事毕回复**，说的是对于领导交办的事情，下属办完后要及时回复，让领导放心。我们经常有一些临时任务需要完成，如领导指派我们给某部门某个人送一份材料，我们送过去时，那人不在办公室，我们就委托其同事转交给他，然后我们就不再关注这件事了。也许我们相信委托人一定会帮我们及时转交材料，就没有把这件事的办理情况告知领导。如果这份材料是需要紧急处理的，但领导却迟迟没有收到处理结果，那领导会怎么看待我们？

事毕不回复，就像任务完成了99%，只差1%没落实。有人问，不同的领导可能要求不一样，下属应该怎么把握这个尺度呢？这和领导没有关系，而是下属在职责范围内应该做的。该回复就回复，并且要根据事情的轻重缓急做出回复。如果领导催问了，就说明你的回复已经不及时了，领导再次催问就表示对你不放心了。

二、与同事沟通

（一）与同事沟通的原则

1. 互相尊重，互谅互让

与同事沟通时应常带微笑，展现友善态度，营造轻松愉快的交流氛围；多倾听对方意见，真正理解并重视对方的观点，体现对同事的尊重。通过积极倾听，我们能够更好地理解同事，从而与同事和睦相处。

尊重是每个人的基本社会需要，也是建立良好沟通关系的前提。同事作为我们日常工作中不可或缺的伙伴，与我们共同面对挑战，分享成果。因此，同事之间必须互相尊重、真诚相待、团结互助，这样才能增强团队的凝聚力，使团队更加和谐高效。

此外，在团队中，成绩的取得与分享、利益的分配都是大家关注的焦点。我们应当明白

"不患寡而患不均"的道理，确保团队成员在付出努力后能够得到公平合理的回报。公平分配利益能够进一步激发团队成员的积极性和归属感，促进团队的长期稳定发展。

2. 平衡心态，保持距离

对待升迁、奖励之事，要保持平常心，不要嫉妒。许多同事平时一团和气，一遇到利益之争，就使出各种手段，背后互相使绊子，或者嫉妒心发作，背后说他人风凉话。嫉妒与不满只会徒增个人烦恼，破坏团队和谐。

同时，与同事交往时，保持适当的距离同样重要。过于亲密的同事关系可能会让一些同事在无意识中形成"小圈子"，这不仅容易让其他同事产生被排斥的感觉，还可能影响工作中的公正判断与决策。正所谓"过密则狎，过疏则间"，适度的距离能让同事之间的相处更加自然、健康，有助于维护团队的团结与稳定。

3. 大局为重，携手共进

同事之间因工作而结缘，形成了一个紧密的利益共同体。在这个共同体中，每个人都应具备强烈的集体意识，时刻以大局为重。无论是日常工作的推进，还是与外部单位的交流合作，我们都应牢记团队的整体利益高于个人利益。在与外部单位人员接触时，我们更要展现出团队的整体形象，避免因个人行为不当而损害团队的整体利益。

在具体工作中，我们要时刻保持大局观念，做到多补台、少拆台。面对同事的失误或不足，我们应持包容和理解的态度，积极提供帮助和支持，而不是看笑话或落井下石。我们只有携手共进，共同面对挑战，才能确保团队在面对困难时能够团结一心，共同克服难关。

4. 开放包容，求同存异

同事之间由于经历、立场等方面的差异，难免会对同一问题产生不同的看法和意见。这时，我们需要秉持"求同存异"的原则，尊重彼此的差异，寻求共识。对于非原则性的问题，我们可以不必过分争论，以免激化矛盾，影响团队的团结氛围。而当遇到原则性问题时，我们则要敢于坚持自己的观点，勇于争论，但也要注重方式方法，避免伤害对方的感情。

在处理分歧时，我们还可以采取"冷处理"的策略。对于一时无法达成共识的问题，我们可以先暂时搁置，表明自己的立场和意见，同时保持开放的心态，在合适的时候再次探讨这些问题。这样既能维护团队的和谐氛围，又能为未来达成共识打下基础。

（二）与同事沟通的技巧

1. 学会倾听，懂得相互欣赏

首先，倾听不仅是耳朵听到声音那么简单，它是一种深度的、全面的沟通方式。倾听时，你的大脑其实在高负荷运转。我们在倾听同事发言时，需要全神贯注地跟随他们的思路，尝试进入他们的内心世界，理解其言语背后的意图和情感。这种深度倾听不仅有助于我们准确捕捉信息，还能展现出我们对同事的尊重与重视。

然而，真正具备倾听能力的人并不多见。许多人虽然表面上在听，但实际上却心不在焉，甚至频繁打断对方，这不仅影响了信息的有效传递，还可能伤害对方的情感。因此，**学会倾**

听，意味着我们需要刻意训练自己的专注力和同理心，学会在对方讲话时保持耐心，不打断、不插话，给予对方充分的表达空间。

在倾听的过程中，我们还应该学会相互欣赏。每个人的观点和想法都有其独特之处，值得我们去发现和赞美。我们真正倾听并理解了同事的发言后，往往会发现其中蕴含的智慧和价值。这时，及时给予肯定和鼓励，不仅能够增强对方的自信心，还能营造团队内部的和谐氛围。

2．当面交流，注重沟通效率

在职场环境中，与同事当面交流，注重沟通效率，显得尤为重要。尽管随着信息技术的飞速发展，利用网络沟通工具（如微信、QQ和电子邮件等）发送消息已成为同事间传递信息的常用手段，但当面交流的价值依然不可替代。

网络沟通虽然便捷，但往往缺乏面对面交流所特有的"温度"和即时反馈。通过眼神交流、肢体语言等非言语信息，我们可以更全面地理解对方的意图和情感，而这些在单一的文字沟通中是难以捕捉的。此外，网络沟通中的信息有时可能因表述不清或理解偏差而被误解，尤其是在传达复杂或敏感的工作指令时。因此，对于需要精确理解和即时反馈的沟通内容，当面交流往往更为有效。

当面交流不仅能够确保信息的准确传递，还能增进同事之间的感情。在面对面的交谈中，我们可以更直观地感受到对方的情绪和态度，从而更容易与对方建立起信任和尊重的关系。更重要的是，当面交流能够显著提高沟通效率。在会议或一对一的交流中，我们可以直接提出问题、分享观点，并当场进行讨论和解答。这种即时的互动不仅能够加速问题的解决，还能激发团队的创造力和协作精神。

因此，在与同事沟通时，我们应优先考虑当面交流的方式。当然，在某些情况下，如需要跨地域沟通或紧急传递信息时，网络沟通工具也是不可或缺的。但无论如何，我们都应始终保持对沟通效率的关注，确保信息能够准确、及时地传递给对方。

3．持续沟通，重视沟通反馈

在现代社会，分工的精细化极大地提升了工作效率，但同时也衍生出一个显著问题：同事间相互理解的缺失。为解决这一问题，强化沟通成为职场中不可或缺的关键环节。有关研究表明，普通员工及中层管理者在内部沟通上投入的时间约占其总工作时间的40%～50%，而对于高层管理者而言，这一比例往往更高。

持续沟通

同事之间的沟通不同于上级对下级的任务部署，而是更多地体现在对共同任务的协作推进上。有效的同事沟通要求双方不仅就工作内容达成共识，还需在后续执行中保持紧密的联系与协作。因此，重视并获取沟通反馈显得尤为重要。获取沟通反馈不仅是对沟通效果的检验，更是确保双方能在沟通后继续保持动态互动、共同关注工作进展的有效手段。

及时的反馈能够确保双方捕捉到工作推进中的关键节点，避免因信息滞后而错过最佳应对时机。持续沟通的核心在于其双向性和即时性：双向性意味着沟通不仅是信息的单向传

递，更是意见和理解的双向交流；即时性则要求双方能够迅速响应，确保信息流通的顺畅无阻。通过这样的沟通模式，同事之间能够建立起更加紧密的工作联系，共同推动任务的顺利完成。

4．不急于拒绝，做到有效沟通

在日常工作的沟通中，同事之间、部门之间的协作是推动项目进展不可或缺的一环。面对同事的咨询，特别是关于不确定事项的咨询，我们很容易出于本能反应，随口说出"我不太清楚这该怎么处理"或"你问其他部门吧，我不清楚"。然而，在职场中，仅仅完成自己分内的工作是远远不够的，进行良好的团队协作很重要。

当同事向你请教某件事情，而你暂时无法提供确切答案时，切忌草率地拒绝或推诿。相反，你可以采取更加积极、有建设性的态度来回应。例如，你可以说"关于这个问题，我需要先去了解一下具体情况，然后再给您一个准确的回复，您看这样可以吗？"或者"我帮您向××部门咨询一下，看看他们有没有好的处理建议"。在获取有效信息后，及时、清晰地告知同事他所需要的答案，并提供解决问题的具体方法。这样的沟通方式不仅展现了你的责任心和专业素养，还有助于增强同事之间的信任和默契。记住，不急于拒绝，努力寻找解决方案，才是实现有效沟通的关键所在。

5．敢于担当，不推卸责任

在与同事协作的过程中，若最终结果未能达到预期，首要的态度应是反思"是否双方沟通不到位"，而非将责任归咎于对方，认为其消极应对或应独自承担责任。设想这样一个场景：你与同事共同负责一项任务，起初一切顺利，符合预期，然而因突发状况，任务未能如期完成，还给团队带来了一定损失。面对这种情况，责任实则应由双方共同承担，但假如你的同事选择了沉默或回避，此时你主动站出来承担责任显得尤为重要。

你可以主动向领导汇报情况，并诚恳地指出，在任务的执行过程中，自己的某些决策或行动可能间接导致了同事的错误，进而影响了整体结果。这种勇于担当的态度不仅能让领导看到你的责任心，而且往往能赢得领导的理解和认可。更重要的是，你的同事会因你的坦诚与担当而深感感激，未来在工作中更愿意与你携手共进，共同面对挑战。

人无完人，工作中出现失误在所难免。关键在于，当失误发生时，你是否能够坦然面对，勇于承认并寻求解决之道。敢于担当，不仅不会让你在同事中失去威信，反而能够让你赢得更多的尊重与信任。

（三）与同事沟通的注意事项

1．不问工资、奖金

工资、奖金，都是对员工工作的一种认可。很多人出于好奇，会不自觉地向同事打听其工资，更有甚者会打听很多同事的工资。这样做，一般会出现两种情况。一是对方并没有正面回答，而是搪塞过去，如对方说："没有多少啊，具体我也没太注意，每个月不一样，不太好说。"这会很尴尬，无形中也破坏了同事之间的关系。二是对方碍于面子，或者同样出于好奇，和你交换了各自的工资信息。工资低的一方心理会不平衡，即使自己确实因为工作量少才工资低，也依然会心理不平衡。工资高的一方可能会高兴，觉得自己的努力获得了合理回报，但也有可能和工资低的一方发生争执，因为他会觉得工资低的一方的抱怨不合理。

2. 不要好为人师

好为人师，是大多数人都喜欢做的事，因为教别人做事或者教别人道理能让自己获得精神上的满足。好为人师的人往往是在双方交流中占据话语主导权的那个人，这势必会大幅减少其认真倾听对方诉说的时间，只是凭着自己以往的经验并站在自己的角度为对方出谋划策，并没有真正地站在对方的立场去思考，却误以为自己帮到了对方。职场上藏龙卧虎，人才辈出，谁比谁高明多少？好为人师可能会引起别人的反感，令彼此疏远。所以在与同事沟通时，你可以对某个问题发表自己的见解，但不要随便纠正或补充同事的话，除非基于工作需要或对方主动请教。

3. 不要挑剔抱怨

职场中发牢骚是正常的，但是牢骚太多，就是在传递负能量、负面情绪，时间久了就会影响到团队氛围。在职场中，有的人无论在什么环境中工作，总是怒气冲天、挑剔抱怨、满腹牢骚，逢人就吐槽，喜欢大倒苦水，也许他们是把发牢骚、倒苦水看作与同事真心交流的一种方式，想以此得到同事的同情或认同。有的人会不断埋怨别人的过错，指责别人的缺点，他们觉得周围的环境与自己格格不入，别人处处跟自己作对。要跟这种人合作完成一项工作，不得不说是一种无法忍受的折磨，别人也会对这种人的工作能力产生怀疑。其实，抱怨、发牢骚不能解决任何问题。要在工作中真正得到他人的认可，必须不断提升自己的业务能力，以积极向上、乐观进取的精神面貌示人。

4. 不要表现过分

自我表现是人类天性中最主要的因素之一。虽然说人要想得到别人的认可，就得善于表现自我，免得怀才不遇，但是过分自我表现反而会引起别人的反感。自己的过分表现可能会抢了同事的风头，这等于在为自己树敌。初入职场的人，大多盼望自己尽快得到别人的认可并崭露头角，因而处处表现自己，急于求成，但这会给人功利心太强的感觉，反而让自己失去受重用的机会。职场中，建议谨小慎微，认真做事，低调做人。把"如有不周之处，还请多多指教""请多提宝贵意见""很多方面还需要向您多多学习"之类的话语挂在嘴边，会让人觉得你是谦虚有礼之人。

5. 不能影响同事

如果想在职场中得到同事的尊重，还需要讲究办公室礼仪。现在很多综合性的办公室中都隔出了相对独立的办公空间，这不仅是为了保障员工工作的私密性，更重要的是为了创造一个安静的环境。在工作时，每个人都想拥有安静的办公环境和和谐的人际关系。如果办公室有同事喜欢吵吵嚷嚷，影响到你的工作，那么你肯定会很不喜欢他，认为他的素质太差。隔断工位只是物理空间的隔开，不能隔离声音，因此在办公室打电话时声音要小，以免影响他人工作。

三、与下属沟通

在与下属的沟通交流中，领导处于优势地位与主导地位，领导与下属之间的沟通因双方的地位决定了沟通内容和方式的特殊性。可以说，领导与下属之间的沟通是一种**有级差的双边交流活动**，也是领导实施管理的常用方式之一。

领导与下属谈话是部署工作、交流信息、沟通情感、调节人际关系的重要方式。这种有级差的双边交流活动需要双方共同参与、相互配合。如何使与下属的沟通达到满意的效果呢？这就需要领导了解与下属沟通的形式和特点，并掌握与下属沟通的技巧。

（一）与下属沟通的注意事项

1. 树立随时随地可沟通交流的意识

领导与下属的沟通交流通常分正式和非正式两种形式，前者在工作时间内进行，后者一般在业余时间内进行。作为领导，不应放弃非正式沟通交流的机会。在下属无戒备的心理状态下与其进行沟通交流，哪怕是只言片语，有时也会让领导得到有用的信息，为今后做出正确管理决策提供重要的参考。**正式沟通交流与非正式沟通交流的区别**体现在沟通时机和沟通地点的选择上，领导应树立随时随地可沟通交流的意识，主动靠近下属，寻求沟通。

在沟通时机的选择方面，可选择工作的间隙、上下班的途中去交谈，这样的沟通自然、随意，双方容易谈得拢。如果时机选择不当，就有可能给下属增加负担，甚至会打击其积极性，带来不良后果。

在沟通地点的选择上，有些领导总是自觉或不自觉地把下属叫到他的办公室谈话。其实这种谈话就双方所处的不同位置来说，会在无形中给下属带来一种压力。作为领导，应努力冲破下基层、进车间"有失大雅"的思想禁锢，养成深入基层、同群众打成一片的良好习惯。这样，就到处有谈话的地方了。即使在非得到办公室交谈不可的情况下，也应注意互相的位置，如同凳而坐或同桌而谈，给下属以和蔼可亲、平易近人之感，这样下属才愿意跟领导讲心里话。

2. 不以身份说话而要推心置腹

领导的身份在一定程度上决定了领导讲话的权威性和指导性。有些领导往往把与下属谈话视为教育、管理下属的一种方式，这是不妥的。为了使双方的交谈成为平等的沟通，而不是上级对下级的教育、训导，领导就需要放下架子，以平等的姿态与下属进行交谈，这是尊重下属的表现。如果领导居高临下，下属只能敬而远之，也就不愿敞开心扉。如果领导能够与下属推心置腹，无疑会缩短双方的心理距离，给谈话营造和谐融洽的氛围。

领导可以采用多激励、少斥责的交谈形式来达到沟通的目的。因为每个人的内心都有自己渴望的"好评"，下属往往希望自己得到领导的赏识。身为领导，应适时地给予鼓励、慰勉，认可并褒扬下属的某些具体能力。当下属不能愉快地接受某项工作任务之时，领导可说："我当然知道你很忙，抽不开身，但这件事只有你能解决，我对其他人做这件事没有把握，思前想后，觉得你才是最佳人选。"这样一来，下属难以拒绝，下属的回答往往从"不"变成"是"。也就是说，对下属某些固有的优点给予适度的褒奖，使其得到心理上的满足，能使其在较为愉快的情绪中接受工作任务。对于下属工作中出现的不足或者是失误，要特别注意，不要直言训斥，要同下属共同分析出现失误的根本原因，找出改进的方法和措施，并鼓励下属，相信下属一定会做得很好。单纯的斥责会使下属产生逆反心理，而且这种心理很难消除，会给以后的工作带来隐患。

（二）与下属沟通的技巧

1. 掌握沟通主动权

在与下属的沟通中，领导处于主导地位，要发挥在交流活动中的主体性作用，无论是自己说话还是倾听下属讲话，都要掌握主动权。掌握沟通主动权可体现在以下几个方面。

第一，把握谈话的主题。如果谈话时下属偏离中心话题太远，领导应适时地引回话题，即使下属就某一话题谈兴正浓，领导也要婉转地提醒："这件事情我们改天再谈，好吗？"

第二，控制谈话的节奏。谈话开始时的寒暄是必要的，但不能拉家常似的谈得太多，要及时地切入正题。在进入谈话正题之后，更要注意如何引导沟通走向深入，同时还要控制谈话的内容和时间的安排。

第三，调节谈话的气氛。领导跟下属谈话，更多是为了听下属的意见和想法，所以要营造和谐轻松的气氛，引发下属谈话的欲望。领导要以和蔼的态度和轻松的话题与下属交谈，打消下属紧张和戒备的心理，使其放松，坦诚地进入谈话情境。

2. 互动交流多倾听

领导对谈话的掌控还表现在对说话机会的控制上。没有交流就不能相互了解，因此，领导要善于利用恰当的话题引发下属的谈话欲望，让下属说出心里话。在下属说话时，领导不要随意打断、即兴点评，更不要心不在焉、旁顾左右，一定要耐着性子认真倾听。只有这样，才能鼓励下属继续说下去。作为领导，必须努力"套"出下属的心里话，从而使沟通达到预期效果。

领导能否有效而准确地倾听下属的想法或意见，将直接影响与下属深入沟通的可能性及其决策水平和管理成效。一个擅长倾听的领导能通过倾听，从下属那里及时获取信息并对这些信息进行思考和评估，以此作为决策的重要参考。如果是下属主动找领导谈话，那领导更应该认真倾听，一个成功的领导应该是一个最佳的倾听者。

3. 海纳百川善决断

领导与下属的交谈中免不了不同思想的交锋，领导要有海纳百川的度量，也要有清醒的头脑。领导在倾听下属谈话时，应尽可能地让下属充分发表意见。对待不同的意见和看法，领导不要急于评论或下结论，更不能独断专行。领导要有兼容并蓄、求同存异的胸怀，能包容各种不同的意见。领导只有心胸开阔、涵养深厚，才能真正树立自己的威信，赢得下属的拥戴。在遇到不同的意见时，领导如果马上鲜明地亮出自己的观点或急于反驳下属，就会使下属处于尴尬的境地，这样，下属就不敢再讲下去了。

领导同时也是决策者，在兼容并蓄后，也需要科学决断。决断应该在广泛、深入听取下属意见之后再进行。因此，与下属沟通的前期，尽量让下属先谈，这时主动权在领导一边，领导可以从下属的讲话中发现问题，同时给自己留出思考的余地，之后再谈自己的看法就容易被下属接受。如果领导在没有掌握全部事实，没有经过充分思考的情况下就说出自己的意见，万一说得不对，或受到下属的追问而回答不出，将会很尴尬，有失自己的威信。因此，让下属先讲，领导自己思考其中的问题，最后决断，可谓后发制人，既能体现自己对沟通过程的强大的掌控能力，同时也有利于表现自己高超的沟通水平。

4. 控制时间讲效率

有些领导与下属长时间交谈后，不一定能达到良好效果。下属与领导谈话时，一直处于心理紧张的状态，其紧张情绪和心理压力可能会随着谈话时间的延长而增加。领导谈话内容较多，也会增加下属理解领导意见或意图的难度。领导说话时，应该条理清晰，以便于下属领会。有些领导生怕下属不能领会其思想、意图，常常将自己的观点进行不必要的重复，以至于下属疲于点头而感到厌烦。战略性的重复可以强调领导的观点，但是，不厌其烦地重复那些无关紧要的话语只会削弱领导讲话的分量。

沟通必须突出重点，简明扼要。一方面，领导要以身作则，在一般的寒暄之后，应迅速转入正题，阐明问题实质；另一方面，领导也要让下属养成这种谈话习惯。要知道，说得太多会加大信息理解的难度，从而会降低沟通效率。

（三）与下属沟通的注意事项

1. 批评下属要讲究方法

批评下属的基本原则是对事不对人。这意味着领导在批评犯错的下属时，应专注于批评其错误的行为和做法，而非个人性格或能力。首先，领导可以开门见山地指出问题所在，清晰阐述错误的具体事实，同时避免直接表达个人感受，让下属通过领会事实进行自我反思，认识到错误的存在及其可能带来的后果。在此基础上，领导应与下属共同探讨解决方案或补救措施，甚至主动承担部分责任。

领导除了直接批评外，还可以采用"**欲批先扬**"的策略，即以真诚的赞美作为批评的开场白，肯定下属过去的成绩或较强的能力，营造良好的沟通氛围，然后根据客观事实指出错误之处，再次强调批评的是错误的行为而非个人，以保护下属的自尊心和自信心。批评的目的是促进改正，因此，领导应深入了解下属犯错的原因，以便提出有针对性的改进建议。批评结束时，领导应以鼓励性的语言收尾，增强下属改正错误的决心和信心。

此外，**批评下属时还需注意场合的选择**。对于非原则性的小过错，应避免公开批评，以免给下属带来不必要的压力。同时，批评中应杜绝使用威胁性的言辞，以免激化矛盾，影响团队和谐。通过恰当的方式和态度进行批评，不仅能够纠正下属的错误，还能增进上下级之间的理解和信任，促进团队的健康发展。

2. 体谅下属，发扬民主

当领导有任务需要分配给下属或请求他们协助解决某些问题时，首先应当清晰、明确地阐述自己的意图、要求以及选择该下属完成任务的缘由，同时提供尽可能详尽的相关信息。在传达完这些信息后，领导应主动询问下属是否已充分理解自己的意图和要求，不要理所当然地以为自己都表达清楚了而忽略了下属可能存在的困惑或误解。如果下属表现出理解上的困难，或因压力而不敢提出疑问，甚至流露出为难的情绪，此时领导应展现出体谅和关怀，耐心倾听他们的想法和感受，共同寻找最佳的解决方案。领导切勿事后因下属未能完全理解自己的意图而责怪其悟性不足。

在与下属的沟通中，领导还要发扬民主，保持开放的心态，不搞"一言堂"；怀有真诚的态度，听取各方意见，并采纳合理建议，不要让对群众意见的收集流于形式。

通过体谅下属的感受，发扬民主精神，领导不仅能够营造更加和谐、积极的团队氛围，还能够激发下属的积极性和创造力，从而更有效地实现团队目标。

拓展训练

下面展示两段情景对话，请分析其中运用的沟通技巧。

情景一

下属：老板，我刚听说又要更换颜色，我们刚才持续生产了30分钟，现在又要把设备拆洗一遍，我和伙计们都不情愿。

老板：巴布，你和你的伙计们最好别忘了谁在这儿说了算，该做什么就做什么，别再抱怨了！

下属：我们不会忘掉这事儿的！

情景二

下属：老板，我刚听说又要更换颜色，我们刚才持续生产了30分钟，现在又要把设备拆洗一遍，我和伙计们都不情愿。

老板：你们真的为此感到不安吗？巴布？

下属：是的，我们得多做许多不必要的工作。

老板：你们是觉得这类事情实在没必要经常做是吗？

下属：也许像我们这种一线部门没法儿避免临时性变动工作，有时我们不得不为某个特别顾客加班赶订单。

老板：对了，在现在的竞争形势下，我们不得不尽一切努力为顾客服务，这就是为何我们都有饭碗的原因。

下属：我想您是对的，老板，我们会照办的。

老板：谢谢，巴布。

（资料来源：崔佳颖. 360度高效沟通技巧 [M]. 北京：机械工业出版社，2010.）

拓展资料
教学语言与教育沟通

本书第1版设有"第八章 教学语言与教育沟通",主要讲解教学语言和教育语言的特点、教学语言的使用技巧等,本书第2版将其作为选学内容,供有需要的高校任课教师和学生选用。

要想成为并做好一名优秀的人民教师,你需要具备言传身教的本领。教学需要的不仅仅是爱与奉献,还需要高超的教学语言艺术和会教育、懂教育的心。

第一节 教学语言

● 学习目标

1. 了解教师语言的基本特点。
2. 了解教学语言的含义及特点。
3. 掌握导入语、讲授语、提问语、评价语和小结语的使用技巧。

● 课堂训练

假如你应聘某学校的教师岗位，需要进行试讲面试。请根据自己所学专业或应聘岗位，做一次15分钟的课堂教学试讲。

▶▶ 训练解说

试讲，就是在有限的时间内，教师通过口语、体态语和各教学技能与组织形式的展示而进行的一种教学形式。教师是特殊的职业，面试官仅仅通过求职简历是无法判断和识别应聘人员的真实能力的。一般情况下，招聘单位（学校）都会有专门的人员组织面试和试讲。面试教师岗位时的试讲主要是考查应聘人员是否具备教师岗位所需要的基本素质和基本技能。试讲的时间一般不是一堂课的时间（45分钟），大多为10～15分钟。

教学试讲需要准备教案。教案是授课教师在授课前准备的教学方案，包括教学对象、目的、内容、时间、方法、步骤、考核以及教材的组织等。教案可分为课程整体的教学方案、每个课时的教学方案。在教案中，需要写明教学目标与教学要求，一般包括知识目标、能力目标和素质目标；分条列出教学的重点和难点；根据教学内容，进行时间分配。

在试讲时，15分钟的课也要设计出**起承转合**。在语言表达上，试讲人员可以采用时空分割法，如用"上节课我们讲了……。通过预习，我们又初步了解了……，今天我们来讲解……""刚才我们学习了……，下面我们接着探讨……"这样的话术，花十几秒钟，便可以很快把学生或评委引入另一个教学环节。

试讲时，主要考查哪些方面的能力和素质呢？

所有应聘人员都面临一个共同的问题——如何在有限的时间内展示自己的长处，获得评委的认同？评委在进行考查时，注重的是应聘人员的状态、能力及潜质，考查的重点是教学基本功，一般包括表达能力、板书情况、教学内容、教学方法及组织教学等几个方面。

1. 表达能力

对教学语言来说，表达能力主要是指口语表达能力和体态语言表达能力。口语表达的基本要求是口齿清楚、语言流畅、音量适中、教学用语规范，有一定的启发性和生动性。体态语言表达的基本要求是教态自然、目光亲切、表情与手势自然，并表现出激情和热忱。

2. 板书情况

教学板书的基本要求有以下几点：第一，字迹清楚，工整漂亮，颜色搭配得当，无错别字；第二，不同级别的标题在黑板上应有不同的存留时间和合理的位置安排；第三，标题和内容的布局恰当，可适时擦掉说明性内容，始终在黑板上呈现出清晰的教学脉络。

3. 教学内容

教学内容主要包括内容的选择、内容的组织性和条理性、重点和难点问题的把握与分析、提问技巧的运用及教学方法的适用性等。讲授的内容要全面、完整，同时突出重点、难点及关键知识点；内容的讲解安排要由浅入深、由表及里，符合学生的认知规律；教学手段要多样化，恰当使用类比、图解、举例、提问等方法。

4. 教学方法

教学方法的基本要求是灵活多变、恰当适宜。现阶段，学校倡导将信息技术与教育教学深度融合，在教学方法上不断创新。应聘人员可将在线开放课程引入课堂，结合信息技术，采用多媒体、AI工具等，更新教学方法。在制作PPT课件时，需要注意版式设计和字体字号选择等，以便更好地呈现教学内容。

5. 组织教学

组织教学是在教师主导下的学生个体的认识过程、发展过程。在这个过程中，学生主动地探索未知领域，获得知识，提升能力，形成良好的思维品质、心理品质和行为习惯等。组织教学的具体内容包括确定教学目标、选择教学方式、实施教学设计等方面，另外，还包括对学生价值观的引领、对学习兴趣的培养、对创新意识的激发等。

知识串讲

不少大学生毕业后会从事教育事业，成为人民教师。这一节主要介绍教学语言。

一、教师语言概说

唐代韩愈说："师者，所以传道受业解惑也。"这就是我国古代较早对教师角色的行为、义务及权利比较精确的概括。教师作为人类文化的传播者，在人类文化的继承和发展中起着桥梁和纽带的作用。随着人类文明的发展及社会需求的变化，教师这一角色被赋予了更新和更多的内容和意义，从而使教师在人类社会生活中担负起更重大的责任，发挥着更重要的作用与影响。

教师的职责主要体现在教书和育人两个方面，其工作方式大体是言传身教，其中语言是教师与学生交流的主要载体。与其他职业的语言不同，教师语言有以下特点。

（一）交际对象的特殊性

教师的交际对象主要是学生，他们所处的年龄阶段不同，教师的语言运用会有所侧重。

幼儿教师担负智慧启蒙的重任。幼儿教师要善于运用语言塑造直观形象，以帮助幼儿理解和感知各种抽象事物等。同时，幼儿教师的语言要尽量浅显易懂，发音清晰流畅，态度和蔼，语气、语调柔和，体态语比较夸张。

小学教师担负着带领学生从幼儿园向中学过渡、从具象思维向抽象思维发展的责任。小学教师除了用通俗易懂的语言之外，还要逐渐运用丰富的词汇进行缜密表达，兼用直观和抽象的方法，潜移默化地教导学生。

中学教师要用富有启发性的语言，多鼓励学生，注意民主管理，平等待人。中学生正逐步形成抽象思维，因此，中学教师的语言要有相对丰富的信息量和严密的逻辑。同时，中学生的逆反心理较强，中学教师要针对中学生的个体差异，因材施教。

高校教师要潜心研究教学艺术，综合运用多种教学手段。大学生具有一定的创造性思维能力，求知欲旺盛，思维敏捷，接受新事物的速度快，所以高校教师要不断吸收专业发展的最新成果，使用专业性强的语言，涉及特定的专业术语时要字斟句酌，严谨缜密。

（二）沟通语境的特殊性

首先，教师与学生的语言交流主要发生在学校这一特定场所，这是一个充满教育性和目的性的环境。在学校，教师不仅扮演着教学者的角色，还是教育者和管理者的综合体。这种多重身份使得教师的语言在特定语境下展现出独特的风格和要求。

其次，教学语境的局限性，如教室内的有限时间和空间，要求教师的语言必须高度精练、准确且富有感染力。在几十分钟的课堂时间内，教师需要通过生动的语言、恰当的例子和清晰的逻辑来组织教学，引导学生深入理解知识，从而有效完成教学任务。这种语言的高效性和针对性是教师语言在特定语境下的重要体现。

最后，不同场合下的语境差异也对教师语言提出了不同的要求。例如，教师在办公室与犯错误的学生进行谈话时，正式且稍带严肃的语言环境可以给学生带来一定的心理压力，促使他们反思自己的行为，进而实现积极的转变。而教师在校园与学生漫步谈心时，则应注重营造一种轻松、平等的对话氛围，这种语境下教师的语言应更加亲切、自然，以便更好地与学生建立信任关系，促进沟通的有效进行。

（三）沟通目的的特殊性

沟通目的的特殊性是教师语言区别于其他职业语言的又一显著特征。教师和学生之间的沟通的核心目的就是传播知识、培养品德。这一明确的目的深刻影响着教师语言的内容选择、表达方式及运用策略。

在传播知识方面，教师的语言必须科学严谨，确保信息准确无误；同时，它又要生动有趣，富有启发性，能够激发学生的好奇心和求知欲，引导学生主动学习，独立思考。这要求教师不仅要传授具体的知识（即"授之以鱼"），更要教会学生如何学习（即"授之以渔"），培养学生的学习能力和批判性思维。

在培养品德方面，教师语言发挥着塑造学生人格、价值观和社会责任感的重要使命。通过言传身教，教师用语言传递正能量，引导学生形成正确的道德观念和行为习惯，帮助学生成长为有责任感、有担当的社会成员。

教师语言的运用不仅服务于知识的传授，更着眼于品德的塑造，这一双重目的决定了教师语言在内容、形式及运用上的独特性和艺术性。教师需精心锤炼自己的语言，使之既能准确高效地传递知识，又能潜移默化地影响学生的心灵成长，从而全面实现教育的目标。

教师语言按其目的的不同，大致可以分为教学语言和教育语言两大类，这两大类语言又有各自不同的特点和技巧。

二、教学语言的含义及特点

教学语言，是指教师在课堂教学过程中，针对学生的具体学习状况，依据规定的教材或教学大纲内容，运用恰当的教学方法与教学策略，在限定的课时内，为促进学生理解、掌握知识技能并达成预期教学效果而采用的表达与交流工具，亦称教学用语。这种语言不仅包含口头语言，还可能涉及书面语言、肢体语言及多媒体辅助语言等多种形式。

同其他专业语言相比，教学语言有以下几个特点。

1. 科学性

课堂教学作为知识传授的核心环节，要求教学语言必须严格遵循各学科的科学原理与规律。科学性最基本的要求是传授正确的知识，教师不能向学生传播无用的信息，更不能传播错误知识。教师应当采用周密严谨的语言表达，选用精确的词汇来界定概念、阐述定理与公式，并在逻辑上进行严密的分析综合、推理判断，确保所传授知识的真实性和可靠性。

2. 启发性

在现代教育理念中，启发式、互动式教学备受推崇，旨在摒弃传统的"满堂灌"模式。教学语言的启发性体现在知识讲授、组织课堂讨论、指导学生练习等各个环节中。教师应根据实际教学情境，灵活运用多样化的教学方法，如生动讲述、精准点评、直接陈述、巧妙质疑及难题解析等，使教学语言充满灵活性与启发性。这样的语言不仅能够激发学生的好奇心与求知欲，更能有效引导学生主动思考、积极探索，培养他们独立思考、自主学习的能力，从而使学生能够更加深入地理解知识、独立地获取新知。

3. 生动性

教学语言的生动性，是指教师在授课过程中运用的语言应富有色彩、生动且充满活力。风趣幽默、形象贴切、充满灵性的语言，能够极大地激发学生的学习兴趣与参与度。生动活泼、幽默形象、耐人寻味的语言，最能启迪人的智慧。空洞无物、千篇一律的陈词滥调，或是简单复述课本内容，只会让课堂变得沉闷压抑，降低学生的思维活跃度，使他们在学习上感到索然无味，甚至可能产生抵触情绪，阻碍其思考能力和创新能力的培养。

4. 简洁性

教学语言的简洁性，是指教师在传授知识时，应采用清晰、凝练的表达方式，避免冗长、模糊的言辞。教师需具备高超的语言驾驭能力，能够将复杂的内容提炼成易于理解的核心要点，实现化繁为简、化深为浅的讲解效果。简洁的教学语言不仅有助于学生在有限的时间内高效吸收信息，还能激发学生的思维活力，避免信息过载导致的注意力分散。因此，教师在备课时应精心组织语言，确保每一句话都精准有力，既传达必要的知识信息，又保持课堂的节奏感和学生的专注度，从而有效提升教学质量和学习效率。

三、教学语言使用技巧

按照教学过程来分，教学语言可分成导入语、讲授语、提问语、评价语和小结语。

1. 导入语及其使用技巧

导入语又叫开场白，是指教师开始上课时对学生讲的与教学目标有关，能引起学生学习兴趣的一席话。导入语短则一两分钟，长也不超过五六分钟。它虽然不是课堂教学的主要内容，却是与教学内容紧密相关的一个重要的教学步骤。成功的导入语就犹如一把开启学生兴趣闸门的钥匙。成功的导入语既要新奇，用新鲜的东西吸引学生；又要自然，要跟教学内容自然衔接，浑然一体。因此，导入语设计得如何，往往关系到整体教学效果。

导入语应该依据学科的不同、内容的更新、环境的变化和师生的实际情况而精心设计，常见的使用技巧有以下几种。

（1）创设悬念，激发求知欲

这种技巧的使用很广泛，既适用于所有学科，也适用于不同的学龄段。运用时，教师应该注意设计难易度适中的问题，结合当堂内容与知识点，巧妙切入，引导学生逐层深入，揭示问题，明晰教学思路。

（2）巧用旧知，温故而知新

开场时，教师可先用几句话温习上次课讲解的主要内容，再引出本次课的内容，也就是从学生已有的生活经历或已学过的知识出发来设计导入语，温故而知新，把旧知识作为学习新知识的台阶。

（3）创设情景，增强带入感

刚上课时，大多数学生能很快调整精神状态，把注意力集中到听课上面，但也有部分学生不能很快完成这一心理转变。这时，教师可以采用生动的导入语，用一种与教学内容相关的情感和情绪，将学生带入将要讲解的内容中。

（4）故事导入，课内外结合

许多教师都有这样的感觉，在课堂上提到课本以外的内容时，学生的积极性很高，这表明学生对课外内容特别感兴趣。教师如能根据学生的这一特点以一些故事来导入课程，无疑会达到事半功倍的效果。

（5）视觉吸引，激发好奇心

从直观的生活到抽象的思维，是人们认识事物的规律。教师可从视觉上吸引学生的注意力，向学生展示实物、模型、标本、视频或图片资料等，学生就会在好奇心的驱使下，聚精会神地学习。

2. 讲授语及其使用技巧

讲授语是指教师较系统、完整地阐释教学内容时使用的语言，一般包括讲解语、讲析语、解说语、介绍语等。讲授语的使用技巧如下。

（1）严谨规范，通俗易懂

教师应该注意讲授语的思想性、逻辑性、准确性、规范性，语言脉络要清晰；同时也要特别注意学生对讲授语的接受性，应深入浅出，用明白、晓畅的话语来阐释深奥的学科知识，使学生易于接受。

（2）控制语速，富有节奏

课堂教学中，语速的缓急、节奏的变化直接影响着学生的思维活动。一般来说，在低年级授课或讲授重点、难点时语速可慢一些，在高年级授课或复习旧课时，语速可快一些。总之，教师的"讲"和学生的"听"必须协调一致，才能使学生进入最佳的听课状态。

3. 提问语及其使用技巧

提问语是教师依据教学内容和学生的问题而提出的询问，是教学语言中使用最广泛、最普遍的语言。教师在课堂上不失时机地提出高质量的问题，犹如一石激起千层浪，能引起学生思维涟漪的扩散，进而使学生迸发出智慧的火花。此外，课堂提问还是促进师生之间相互交流、相互了解的主要手段。提问语的使用技巧如下。

（1）问题具体，可参与性强

教师从将要讲授的知识点出发，提前设计有价值的、学生感兴趣的思考题，调动学生参与的积极性，活跃课堂气氛，进而让学生对所学知识点留下深刻印象。

（2）多元开放，可讨论性强

问题是给学生提的，教师不应自问自答，所以教师设计的问题要具有可讨论性，这样才能变教师的独自讲解为师生共同讨论，让学生"思而后得"。可讨论性强的问题一般是多元开放式问题。

4. 评价语及其使用技巧

教师对学生的回答进行点评，或教师评价学生的作业、学习行为时所使用的语言被称为评价语。教师恰到好处的评价会使学生发现自己的长处，看到自己的能力和进步，产生一种愉悦感，从而激起学习的兴趣，学生将付出更大的努力来换取更大的成功。切忌使用批评语代替评价语。评价语的使用技巧如下。

（1）正反结合，把握分寸

教师在评价学生时既不能简单地一味赞扬，也不能草率批评，一般采用的方式是肯定一部分，批评一部分。肯定性评价语能使学生体验到成功与喜悦；否定性评价语一定要慎用，不能滥用，更不能以挖苦、讽刺的口吻说出。教师可采用委婉的说法，有效地保护学生的学习积极性和维护其自尊心。

（2）客观具体，针对性强

教师应针对学生的不同表现，利用评价语客观地指出学生的长处或存在的缺点。不能笼统评价，对所评价的方面要讲得清清楚楚，有据可寻。要让学生知道好的好在哪里，错的错在何处，评价语要有针对性。

（3）发自肺腑，真诚亲切

教育是一种温暖的抚爱，没有爱就没有教育。教师的评价语必须是发自内心的，教师对学生的赞美一定要真诚而亲切，对学生的评价一定要将心比心。

（4）即时生成，随机应变

课堂教学的不确定性和学生的多变性，决定了教师要根据不同的教学语境，做出不同的教学评价，因此，评价语具有即时性和随机性。教师要关注课堂，关注学生的即时表现，对自己评价什么、何时评价、如何评价提出应变策略。

5. 小结语及其类型

小结语又称课堂教学结尾语、断课语，是指教师讲完一部分内容后或在课堂教学结束时所说的话。它具有高度的概括性，简洁而准确，有画龙点睛之效。教师的小结语可以帮助学生整理思路，使学生所学的知识成为一个相对清晰的系统化、规律化的体系，有助于学生完成由整体认识到理性认识的飞跃。

小结语的设计有以下几种常见类型。

（1）总结归纳式

这种小结语就是把某一部分或某一节课的教学内容用寥寥数语进行归纳总结，一般以知识点为线索进行串联，可以帮助学生理清思路，纵观全局。

（2）承上启下式

教师可以在讲完一部分内容后，一方面总结刚才学过的内容，另一方面启发学生深入思考，激发学生对即将学习的知识产生兴趣。这样的小结语就像是新旧知识之间的桥梁，既可以使学生巩固已学的知识，又能激发起学生学习新知识的欲望。

（3）首尾呼应式

如果在导入语中设置了疑问或悬念，经过课堂中的讲解，这些疑问或悬念已经得到了消除，因此，教师可以在小结语中再有意呼应一下导入语中的疑问或悬念，使重点更加突出，知识更完整、更系统。

（4）设置疑问式

这种小结语就是教师在课堂教学结尾部分，在本次教学内容的基础上，进一步提出有一定难度或与原先思维角度完全不同的问题，让学生带着疑问走出课堂，引导学生更深入地学习相关知识。

（5）布置练习式

这种小结语就是在课堂教学即将结束时，教师把本次教学内容的重点或难点设计成课后习题留给学生进行课后练习。学生在解决这些练习题时，可以对教学内容进行巩固和延伸。

最后需要说明的是，以上各种教学语言并不是完全割裂的，而是一个有机整体。

拓展训练

1. 组织一场模拟讲课大赛。赛前需准备包括参赛教学内容在内的15分钟讲课教案，内容包括课程题目、教学目的、教学进程、教学内容、教学方法、教具、习题和时间分配等。比赛时，教学内容应包含丰富的知识，注重理论联系实际；逻辑性强，条理清楚，重点突出，难点处理得当，并有所创新；教学态度严肃认真，仪表端庄，自然大方；普通话授课，教学熟练流畅，语言准确、简洁、生动，富有启发性。结合实际需要，可借助辅助教学方式进行授课，要求运用合理，符合教学要求，视听效果好。

讲课教案和试讲教案

2. 假设你是一名初中语文教师，即将为七年级学生讲授《背影》这篇课文。请根据教学过程的不同阶段，运用5种类型的教学语言（导入语、讲授语、提问语、评价语和小结语），确保课堂既生动有趣，又能有效促进学生理解和思考。要求如下。

导入语：设计一个能够激发学生兴趣，引导他们进入《背影》的学习情境的开场白。

讲授语：选取《背影》中的一个关键场景或情感点，用生动、易懂的语言进行讲解，帮助学生理解文章的深层含义。

提问语：设计两个问题，第一个问题旨在引导学生对文本内容进行回顾和细节捕捉；第二个问题旨在激发学生的批判性思维，引导学生深入探讨文章主题或人物性格。

评价语：具体指出学生回答中的亮点或正确之处，鼓励学生进一步思考或表达，增强其学习动力。

小结语：总结本课学习要点，同时激发学生对家庭、亲情等主题的反思和情感体验。

第二节　教育语言

● 学习目标

1. 了解教育语言的基本特点。
2. 掌握启迪语、暗示语、激励语、批评语的使用技巧。

● 课堂训练

请同学们分析以下案例中的教师在与学生进行沟通时，采用了哪些沟通艺术。

A同学和B同学今天没穿校服来上学。课间休息时，我把他们叫到走廊上，问他们没穿校服是什么原因。A同学说是因为裤子破了，拿去缝补了。B同学没有解释，在上学期他也有过类似的问题，我认为有必要和他的父母沟通一下，一起做好教育。由于我刚换了手机卡，没有他家长的联系方式，我向他询问他父亲的电话号码。他没有说，我很生气，又问了一遍，他还是没有说。这时我观察到他的表情，不像是"我不会说"，而是"不方便说"，我注意到A同学还在旁边，所以我让A同学先回教室。

之后谈话进行得很顺利，B同学给了我他父亲的联系方式，但他不想让我联系他父亲。我问他为什么，他说是不想吵醒他父亲。哦，对了，他父亲是夜班出租车司机，现在正在休息。我当下就心软了，称赞他在关心、体谅父母这点上做得很好。然后我们谈到了他的家庭，我知道了他母亲在某家公司工作，并且一直住在公司里。我很惊讶，问他父母是否离婚了，他点了点头。我恍然大悟，以前和他母亲谈过几次话，她为了不让孩子在老师和同学面前难堪一直向我隐瞒着这个秘密。原来刚刚B同学也是怕我在A同学面前问他家里的事，所以他不想给我他父亲的电话号码。

在谈话过程中，我也渐渐理解他了，还和他谈了他目前在学校的整体表现，如何处理这样的家庭情况，如何适应现状。关于没穿校服这件事，他承认自己错了，态度很诚恳，决心改正错误，并保证以后不会这样了。

◆◆◆ 训练解说

教育最需要沟通，教育从沟通开始，甚至可以说教育即沟通。沟通无疑是建立师生关系最重要的途径。从上面的案例中，我们可以意识到：

（1）教育沟通离不开师生之间的相互理解；

（2）教育沟通应建立在师生平等关系的基础之上；

（3）教育沟通需要教师理解和尊重学生，教育是有温度的；

（4）教育沟通需要教师做一个热爱教育事业的坚守者。

⚑ 知识串讲

一、教育语言的含义及特点

教育语言是教师针对不同年龄阶段学生的教育方针和教育目标，对学生进行思想政治教育的语言。教育语言与教学语言不同，教育语言有以下一些特点。

1. 分清时地，因人施教

教育语言的运用必须坚持因时制宜、因地制宜和因人而异的原则。也就是说，教师要根据教育的时机、场合、对象来选择合适的表达内容和表达方式。

第一，教育沟通要选准时机，因时制宜。教育沟通并不是在任何时候、任何地方都能进行的，教师一定要选准能引发学生思想转变的时机。例如，在学生情绪激烈或有对立情绪时，不宜立即进行语言说服，此时，宜冷处理，待其不良情绪缓解后再说服教育，否则可能出现学生当面顶撞教师的尴尬场面。

第二，教育沟通要注意场合，因地制宜。场合不同，心情不同，教育的效果也就不一样。例如，当批评某人或某事时，对于涉及个人隐私或可能伤害别人自尊心的问题，就应该尽量采取私下交谈的方式，避免当众揭短，伤害其自尊；而在众人面前和公开场合表扬某人效果则更佳。

第三，教育沟通要了解对象，因人而异。例如，同样是批评，对开朗大方的学生可以直言不讳，直奔主题，教育他们应该怎样、不该怎样；对于内向敏感的学生可以委婉提示，点到为止，切不可使其当众出丑。

2. 情感沟通，以理服人

在运用教育语言时，教师不仅要激发学生的深层理性思考，还要让学生获得强烈的情绪体验。人和人之间有了感情才有利于进行更好的沟通，有了融洽的沟通才能产生更深的感情，教师才能如春风拂杨柳、细雨润新苗般影响学生，使其步入良性轨道。

首先，教育语言需具备严密的逻辑和较强的真实性，即"有理有据，以理服人"。教师的话语应建立在确凿的事实之上，教师应坚持实话实说，摒弃虚假、夸大或不切实际的言辞，拒绝主观臆断和传达片面信息。通过这样的交流方式，教师能够建立起与学生之间的信任桥梁，使学生在心悦诚服中接受指导，进而促进师生之间心灵的共鸣与沟通默契的形成。

其次，教育语言还应富含情感色彩，具有强烈的感染力。教育的本质在于心灵的触碰与沟通，而情感的传递则是这一过程中的关键。鉴于青少年时期的学生拥有强烈的自尊心和荣辱感，教师在表达时应当融入真挚的情感，用充满爱意的语言去理解、关怀和激励学生；采用平等、尊重的语气，以朋友的身份而非权威的姿态提出建议，可以有效帮助学生认识到并改正错误，克服不足。此外，教师应避免使用任何可能伤害学生自尊心的表达方式，如命令式、讽刺或挖苦的语言。

3. 控制情绪，循循善诱

在教育实践中，教师难免遭遇种种挑战，诸如学生的违规行为、固执性格或不当行为，这些都可能激起教师的情绪反应。然而，优秀的教师深知，在此时保持冷静与理智至关重要。他们懂得，唯有以平和的心态、耐心的态度去引导学生，才是教育的真谛。一旦情绪失控，任由愤怒支配言行，不仅无助于问题的解决，反而可能激发学生的逆反心理，导致师生关系紧张。因此，教师需时刻提醒自己，即便面对再棘手的情况，也要保持情绪的稳定，用平和的语言与学生沟通，耐心解释道理，以理服人，以情感人。

同时，教育语言的艺术性同样不可或缺。优秀的教育语言应当是生动有趣的、富有哲理的，教师能够深入浅出地表达复杂的思想内容。这要求教师不仅要具备扎实的专业知识，更要拥有广博的文化素养和敏锐的语言感知力。教师要善于从生活中汲取灵感，积累那些蕴含智慧、精练且富有感染力的语句，如群众中流传的歌词、谚语、歇后语等，巧妙地将这些元素融入日常的教育工作中，使得教育内容更加鲜活、易于接受。这样的教育方式，不仅能够吸引学生的注意力，激发他们的学习兴趣，更能在潜移默化中培养学生的思维能力、审美能力和道德情操。

二、教育语言使用技巧

教育语言大致分为启迪语、暗示语、激励语、批评语。

1. 启迪语及其使用技巧

启迪语，作为教育语言艺术中的重要组成部分，是教师通过谈心、对话、报告等多种口语交流形式，开拓学生思路、激发学生思考、引导学生自我探索与发现的一种交流语言。它不仅仅是一种信息的传递，更是一种智慧的启迪与心灵的触动。

启迪语的核心在于"启"与"迪"，即启发与引导。教师在使用启迪语时，需巧妙地把握"引而不发"的度，既要给予学生足够的思考空间，又要适时地点拨，避免直接给出答案，从而激发学生的好奇心与求知欲。在分析问题、解决问题的过程中，教师应充分信任学生的自我认识水平与问题解决能力，通过提问、讨论等方式，引导学生逐步深入问题的本质，鼓励学生从不同角度审视问题，培养其批判性思维与创新能力。

具体而言，教师在使用启迪语时，可以采取以下技巧。

情境创设：通过创设具体而生动的情境，引导学生深入问题的核心，促进学生的情感共鸣，激发学生的思维活力。

问题引导：提出富有启发性的问题，引导学生主动思考，逐步深入问题的核心，培养学生独立思考与问题解决的能力。

案例分享：引入相关案例，通过案例分析，帮助学生理解问题的多样性与复杂性，拓宽其视野与思维广度。

反馈与鼓励：对学生的思考成果给予及时的反馈与肯定，即使是不完全正确的答案，也应鼓励其勇于尝试、敢于表达，保护其探索未知的热情。

总之，启迪语是教师智慧的体现，它要求教师具备深厚的专业知识、敏锐的问题意识与高超的语言艺术，通过巧妙的引导与启发，学生可以在思考与探索中成长，在发现问题与解决问题的过程中获得自信与成就感。

2. 暗示语及其使用技巧

暗示语，作为教育语言中的一种巧妙形式，是指教师巧妙地运用含蓄委婉的赠言、对话、故事、笑话、寓言等载体来间接传达某种意图或教育信息的话语。暗示语的使用可以保护学生的自尊心，不同于直接、尖锐或当众揭短的批评方式，从而可以营造一个更加和谐、充满尊重的教育环境。

暗示语的核心优势在于其间接性，其能够以一种不引起反感或对立的方式，引导学生自我反思与领悟。特别是在批评的情境中，教师不必直接点出学生的错误或不足，而是通过暗示的方式，如利用比较（包括纵横比较、个人与他人之间的比较）来引导学生自我发现差距，进而激发其自我改进的动力。

要用好暗示语，教师需要具备两个关键要素：一是对学生的深入了解，这有助于教师精准地把握学生的心理状态与个性特点，从而选择最合适的暗示方式与内容；二是掌握暗示的技巧，这要求教师在表达时既要保持语言的含蓄与委婉，又要确保信息的清晰与有效传达，避免信息模糊不清或让人产生误解。

含蓄委婉的暗示语，相较于直接的呵斥或批评，其语气更为平和，更能维护学生的自尊心，同时也有助于维护师生之间的良好关系。运用好暗示语，教师不仅能够有效地传达教育意图，还能在潜移默化中培养学生的自我反思与自我管理能力，为学生的全面发展奠定坚实的基础。

3. 激励语及其使用技巧

激励语是指教师用于赞美、表扬、表彰、讲述先进事迹等的一种教育用语，旨在针对学生的动情点给以刺激，把社会、学校、教师或家长的期望变成学生的动机或兴趣，从而激起学生的荣誉感、责任心和奋发精神。

针对不同类型的学生，激励语的运用需灵活多样。

对于性格内向、缺乏自信的学生，教师应更多地进行正面肯定与鼓励，如具体指出其进步之处与优点，用温暖的话语增强其自信心，使其感受到被认可的价值。

面对具有竞争意识、争强好胜的学生，教师可适当采用激将法，通过提出挑战性问题或设定更高目标，激发他们的斗志与潜能，但需确保方式得当，避免伤害学生的自尊心。

在引导学生树立正确的价值观时，讲述先进事迹、成功人士的故事尤为有效。励志故事不仅能为学生提供榜样，还能激发他们的崇拜与向往之情，进而转化为他们自我提升的动力。

此外，教师在运用激励语时还需注意时机与节奏的把握。激励的时机至关重要。教师应敏锐捕捉学生的闪光点或关键成长节点，及时给予正面反馈，使激励效果最大化。激励的节奏也需适度调节。持续的正面激励可能导致"激励疲劳"，而间歇性的、有针对性的激励则能更好地保持学生的兴奋度与参与度。同时，教师还应关注激励后的持续效应，通过跟进指导、反馈评估等方式，确保激励效果能够持久。

4. 批评语及其使用技巧

批评语是指教师对学生的缺点、错误给出否定评价的一种言语形式。教师批评学生的目的在于引起他们的警觉和注意，以便他们及时地改正错误和缺点。教师对学生犯的错误及相关的来龙去脉了解清楚后，才能进行符合实际的、恰当的善意批评。教师不应厉声呵斥，更不能不分青红皂白地挖苦讽刺，伤害学生的自尊心。

批评语要慎用，教师要运用好批评语需注意以下几点。

（1）**因人施策**。对那些平时表现很好的学生，教师可采用惋惜的口吻来表达自己的批评。对于逆反心理较强的学生，教师可采用商讨性的批评方式，使其能心平气和地接受批评。对性格外向、对自己要求不严格的学生，教师则可把话说得重些，使其充分重视教师的批评，在思想上对所犯错误足够警觉。

（2）**就事论事**。教师对待违纪学生要就事论事，不把错误扩大，不要将学生的过错与人格发展混为一谈。在语言表达方面，忌用"你总是""你从来""你永远""你一辈子"这些表达，以免把"错事"与发展中的人混为一谈。

（3）**重在教育**。教师要清楚没有不犯错误的学生。人无完人，教师不能处处苛求学生。当学生犯了错，教师不能心生嫌弃，态度粗暴，全盘否定，而要以"治病救人"的态度，本着教育的目的，尽量言语得体、轻重有度、切中要害地进行批评。

总之，教师要通过客观地指出学生的缺点和错误，与学生进行思想沟通，促使学生产生积极行为，自觉改正自己的错误，从而使学生更健康地成长。

拓展训练

1. 分析下列案例中小明产生思想问题的原因，并尝试设计教育语言。

小明，男，17岁，高二学生，上课经常迟到，上课睡觉或搞小动作。他不能按时完成作业，或者应付了事，甚至抄袭同学的作业。各科目的课代表经常要催他交作业，他因为没有完成作业而与课代表发生过冲突。任课老师也因为他上课睡觉和不完成作业而经常批评他。逐渐地，他对一些老师有了意见，产生了抵触情绪。一提到学习，小明就无精打采，直说没兴趣。

2. 分析下列案例，如果你是小芳的辅导员，你该如何对她进行开导？

某天，大一学生小芳的辅导员接到小芳室友发来的一条微信消息。据室友说，小芳在宿舍不停地哭泣，无论室友们如何安慰她，她都无法平静下来。辅导员把小芳请到了办公室，开导一番后，她的情绪慢慢稳定下来。通过初步交流，辅导员了解到，小芳作为所在班级的班长，在开展班级工作和学生社团的工作中屡遭不顺，尤其是最近的班级工作开展得极其不顺利，同学们不配合她、不支持她。为了完成辅导员、班主任交办的班级建设任务，她付出了很多时间和精力，这在一定程度上影响了她的学习，她的付出没有得到同学们的支持和肯定，原来关系不错的同学也渐渐疏远她，对她开展的工作表示不解并极为抵触，这使得她对自己不断丧失信心，进而情绪失控。

参考文献

[1] 崔梅，周芸. 话语交际导论 [M]. 北京：北京师范大学出版社，2010.

[2] 杜蓉. 实用沟通与写作 [M]. 北京：机械工业出版社，2009.

[3] 耿二岭. 体态语概说 [M]. 北京：北京语言学院出版社，1988.

[4] 耿二岭. 仪态万方：体语学丛话 [M]. 厦门：厦门大学出版社，2001.

[5] 关彤. 交际写作 [M]. 北京：北京师范大学出版社，1999.

[6] 金正昆. 大学生礼仪 [M]. 3 版. 北京：中国人民大学出版社，2014.

[7] 康家珑. 交际语用学 [M]. 厦门：厦门大学出版社，2000.

[8] 李真顺. 脱稿演讲与即兴发言 [M]. 北京：北京大学出版社，2013.

[9] 刘艳春. 语言交际概论 [M]. 北京：北京大学出版社，2007.

[10] 吕行. 言语沟通学概论 [M]. 北京：清华大学出版社，2009.

[11] 马志强. 语言交际艺术 [M]. 2 版. 北京：中国社会科学出版社，2009.

[12] 茅海燕. 公关言语表达学 [M]. 苏州：苏州大学出版社，2008.

[13] 卢卡斯. 演讲的艺术 [M]. 顾秋蓓，译. 北京：外语教学与研究出版社，2014.

[14] 王用源. 写作与沟通（慕课版）[M]. 2 版. 北京：人民邮电出版社，2025.

[15] 王用源. 中文沟通与写作 [M]. 2 版. 北京：机械工业出版社，2021.

[16] 吴婕. 有效沟通与实用写作教程 [M]. 北京：中国人民大学出版社，2011.

[17] 伍新春. 高等教育心理学 [M]. 北京：高等教育出版社，1999.

[18] 夏中华. 交际语言学 [M]. 沈阳：辽宁教育出版社，1990.

[19] 徐春艳，赵一. 说话艺术全知道 [M]. 北京：华文出版社，2010.

[20] 应届生求职网. 应届生求职面试全攻略 [M]. 上海：上海交通大学出版社，2009.

[21] 张波. 口才与交际 [M]. 北京：机械工业出版社，2008.

[22] 周希希. 演讲与口才 [M]. 北京：中国致公出版社，2016.